Time

a arte de fazer
acontecer com
sua equipe

Time

a arte de fazer acontecer com sua equipe

O método GTD aplicado ao ambiente de trabalho

David Allen

e Edward Lamont

Traduzido por Carolina Simmer

SEXTANTE

Título original: *Team: Getting Things Done with Others*

Publicado mediante acordo com a Viking, um selo da Penguin Publishing Group, uma divisão da Penguin Random House LLC.

coordenação editorial: Sibelle Pedral
produção editorial: Lívia Cabrini e Guilherme Bernardo
preparo de originais: Ângelo Lessa
revisão: Luís Américo Costa e Ana Grillo
revisão técnica: Thais Godinho (Call Daniel)
adaptação de projeto gráfico: Ana Paula Daudt
diagramação: DTPhoenix Editorial
adaptação de capa: Gustavo Cardozo
impressão e acabamento: Bartira Gráfica

CIP-BRASIL. CATALOGAÇÃO NA PUBLICAÇÃO
SINDICATO NACIONAL DOS EDITORES DE LIVROS, RJ

A427t

Allen, David, 1945-
Time: a arte de fazer acontecer com sua equipe / David Allen, Edward Lamont; tradução Carolina Simmer. – 1. ed. – Rio de Janeiro: Sextante, 2024.
288 p.; 23 cm.

Tradução de: Team : getting things done with others
Apêndice
ISBN 978-65-5564-931-4

1. Comportamento organizacional. 2. Grupos de trabalho – Administração. 3. Motivação no trabalho. I. Lamont, Edward. II. Simmer, Carolina. III. Título.

CDD: 658.4022
24-93126 CDU: 005.551

Meri Gleice Rodrigues de Souza – Bibliotecária – CRB-7/6439

Todos os direitos reservados, no Brasil, por
GMT Editores Ltda.
Rua Voluntários da Pátria, 45 – 14º andar – Botafogo
22270-000 – Rio de Janeiro – RJ
Tel.: (21) 2538-4100
E-mail: atendimento@sextante.com.br
www.sextante.com.br

Para todos que trabalham em equipe
para fazer coisas boas acontecerem

Sumário

PARTE 3

GERENCIANDO UMA EQUIPE

Introdução

O lançamento de *A arte de fazer acontecer* nos Estados Unidos em 2001 foi revolucionário. Ao revelar os princípios do alto desempenho saudável em nível individual, o livro ofereceu um mapa da mina confiável para escapar da sobrecarga e transformou a experiência do trabalho e do lazer para milhões de pessoas.* Ele continua transformando vidas por todo o mundo e conta com uma rede global de profissionais que, todo mês, desvendam seus princípios para milhares de aprendizes em palestras e seminários. Hoje, décadas após o lançamento, sabemos que o GTD® funciona em nível individual, mas também se tornou claro que a melhor maneira de ampliar o sucesso individual é no trabalho em equipe.

O JOGO DA EQUIPE

Este livro fala sobre equipes, como elas podem dar errado e nossas perspectivas sobre o que fazer para restaurar a eficiência do trabalho em grupo. Queremos fazer pelos times aquilo que David originalmente fez por indivíduos: esclarecer os princípios do alto desempenho saudável e, a partir daí, oferecer um guia para aplicá-los em organizações que almejem colaboração produtiva e liderança eficiente. Compartilharemos nossas experiências sobre como melhorar a percepção do "campo de jogo" e ofereceremos ferramentas e intervenções que irão elevar o nível do fluxo de trabalho em equipe. O objetivo é ajudar pessoas boas a fazerem coisas ótimas acontece-

* Para um resumo da metodologia GTD, consulte o Apêndice 1.

rem em suas vidas (ou a ficarem à toa, se for o que tiverem vontade de fazer após se libertarem do mar de opressão).

A maioria das coisas produtivas, criativas, inventivas, interessantes e até divertidas que fazemos envolve algum nível de coordenação e, num mundo ideal, cooperação. Isso vale tanto para feitos monumentais, como pousar na Lua, quanto para acontecimentos comuns, como um piquenique em família. A parte irônica é que, apesar da importância organizacional ou pessoal que associamos a esses projetos, a maior parte dos métodos que usamos para prepará-los é inadequada.

Queríamos escrever um livro sobre times abrangendo tudo que pudesse ser relevante para compreender, melhorar, destacar ou simplesmente aprimorar a experiência de trabalhar com outras pessoas para fazer coisas legais acontecerem. Nossos mais de 60 anos somados de experiência trabalhando com indivíduos em grupos nos ensinaram que as equipes são o futuro do trabalho de qualidade no século XXI. Acreditamos que ajudar times a trabalhar com mais eficiência é nossa maior oportunidade de afetar positivamente o desempenho individual, os resultados coletivos e as organizações em que operam.

Temos visto uma mudança de panorama. Por décadas, a ênfase no desempenho humano girou em torno da mudança individual; porém, nos últimos anos, o contexto ou sistema em que o indivíduo opera passou a receber mais atenção. Ninguém trabalha isolado, então, por melhores que sejam nossas práticas, todos somos afetados pelo ambiente em que trabalhamos e vivemos. Mesmo quando o indivíduo é organizado, não significa que sua colaboração com os outros será a mais eficiente possível. Se algo der errado no sistema em que essas pessoas operam, mesmo uma sugestão infalível para solucionar o problema em nível individual só resolverá parte da questão.

Quando ensinamos o gerenciamento de fluxo de trabalho com o método GTD para indivíduos, vemos como as pessoas ficam frustradas ao tentar alcançar ótimos desempenhos dentro de equipes que não funcionam. É muito comum vermos pessoas realizarem mudanças drásticas na própria vida, mas trocando as empresas em que trabalhavam por ambientes mais promissores devido à falta de estrutura e à ineficiência da equipe ao redor delas.

O PROBLEMA

Isso acarreta consequências. Quando o Gallup publica, no *State of the Global Workplace Report* (Relatório de estado do ambiente de trabalho global) de 2022, que apenas 21% dos funcionários se engajam no trabalho, é improvável que a fonte do problema esteja nos outros 79%; por si sós, os números apontam que os suspeitos mais plausíveis são a equipe ou a empresa. A média global inclui grandes variações, mas, mesmo na América do Norte, apenas 33% das pessoas se consideram engajadas, enquanto na Europa o percentual cai para apenas 14%.

Esses números nos levaram a algumas perguntas que clamavam por resposta: décadas após o início do século XXI, por que não conseguimos descobrir como organizar um grande número de pessoas no ambiente de trabalho? O que nos impede de trabalhar bem uns com os outros? Por que não aprendemos a fazer com que uma força de trabalho maior seja sinônimo de mais eficiência na concretização dos propósitos da empresa? Acrescentar pessoas nem sempre significa resultados melhores. Muito pelo contrário.

Mais de 130 anos após as primeiras iniciativas de "gerenciamento científico" conduzidas por F. W. Taylor, parece que ainda somos incapazes de coordenar interações humanas de uma forma que não prejudique a saúde física, mental e emocional dos funcionários de empresas.

Claro que existem exceções – não estamos falando de todas as organizações –, mas os raros sucessos só servem para destacar a natureza aleatória e efêmera de seus resultados. Pesquisas vêm mostrando que a maioria das pessoas se sente distante e desmotivada no trabalho, mesmo que sejam muito bem pagas. Nos piores casos, a experiência de trabalhar em algumas organizações é tão ruim que ganhou um adjetivo próprio: *tóxica*.

A SOLUÇÃO

Nós acreditamos que existe um caminho melhor. Não é complicado, mas também não é sempre óbvio nem necessariamente fácil.

Sugerimos um retorno aos princípios originais e um afastamento de soluções muito baseadas em softwares para desafios que são, acima de tudo, humanos. Acreditamos que é possível tomar medidas simples para gerar, em uma equipe, uma cultura de trabalho que estimule tanto o desempenho individual quanto o coletivo.

É raro encontrar culturas de alto desempenho saudável, mas não impossível. Este livro explora o que é necessário para aplicar os princípios comprovados do GTD de modo a criar e incentivar essa cultura em equipe. Respeitando-se esses princípios, é possível desenvolver e manter o espaço e a perspectiva para criar planos rápidos, com base em novas contribuições, elencar prioridades em um ambiente dinâmico e tomar atitudes de modo a permanecer à frente da concorrência e manter o controle da sua vida e do seu trabalho. Ao identificar alguns padrões, estruturas e processos simples em nível de equipe, os indivíduos do time enfrentarão menos ruídos e poderão realizar um trabalho colaborativo eficiente para alcançar objetivos coletivos.

Hoje vivemos num mundo que, infelizmente, é cada vez mais volátil, incerto, complexo e ambíguo (VUCA, na sigla em inglês), no qual o sucesso corporativo se resume à capacidade de fazer planos rápidos, elencar prioridades em cima da hora e agir com base nelas. Sem planejamento, não temos rumo. Sem prioridades, nos perdemos em um mar de possibilidades. Sem execução, não conseguimos avançar.

Se você for capaz de planejar, priorizar e executar, sua equipe aprenderá a lidar melhor com os problemas – afastando-se da reatividade e sempre melhorando nos pontos de fato importantes para o time. Acontecimentos recentes vêm demonstrando que uma das habilidades essenciais para a sobrevivência das organizações é a rapidez com que elas reagem em momentos de mudança radical.

Escrevemos essas últimas frases com uma pandemia e uma guerra inesperada na Europa em mente, mas atualmente as mudanças vêm ocorrendo tão rápido que, quando este livro chegar às suas mãos, talvez você esteja vivendo crises mais recentes – o mundo não se cansa de nos oferecer eventos que exigem reações rápidas e criativas para sobrevivermos e prosperarmos.

POR QUE ESTE LIVRO? POR QUE AGORA?

A ideia para este livro surgiu quando estávamos trabalhando com uma transportadora regional na Europa. Após anos oferecendo seminários do GTD na empresa, o cliente queria ver se seu investimento em treinamento estava causando algum impacto. Nossa missão era conduzir uma pesquisa com centenas de participantes com quem já tínhamos trabalhado e descobrir o que eles acreditavam ter aprendido com os seminários. Os resultados foram impressionantes: a produtividade era maior, os níveis de estresse, menores, e as pessoas sentiam que passavam mais tempo de qualidade com a família.

Esses eram os impactos que esperávamos em nível individual, mas ficamos surpresos ao encontrar impactos sistêmicos positivos que não imaginávamos. Por exemplo, em nossos seminários, reservávamos várias horas para mostrar aos participantes como resolver seu backlog de "coisas" e zerar a caixa de entrada dos e-mails. Quando começamos a trabalhar com a empresa, a maioria dos participantes tinha milhares – às vezes, dezenas de milhares – de e-mails não lidos na caixa de entrada. Eles precisavam de todo o tempo que oferecíamos para liberar os backlogs. Após alguns anos de trabalho com a empresa, muitos participantes começaram a aparecer com apenas centenas – às vezes, dezenas – de e-mails. Isso se tornou um problema, porque precisávamos encontrar outra coisa para eles fazerem no tempo que havíamos alocado para a limpeza de milhares de e-mails da caixa de entrada, mas ao mesmo tempo foi uma surpresa agradável em termos do que estava acontecendo na cultura da organização. As pessoas que já haviam treinado com a gente estavam "infectando" os colegas não treinados, ensinando a eles as vantagens de manter a caixa de entrada vazia e organizada. O padrão para o que era "normal" no gerenciamento da caixa de entrada havia mudado. Quando percebemos essa mudança nos perguntamos: e se, em vez de esses impactos acontecerem "acidentalmente", conseguíssemos ampliá-los para a equipe com intervenções um pouco diferentes?

Outro motivo para escrevermos este livro é que, embora seja recompensador mandar pessoas de volta às trincheiras com ferramentas melhores, chegou um momento em que começamos a sentir que não estávamos lidando com grande parte do problema que elas enfrentavam. Tornou-se doloroso vê-las voltar para times com estruturas e processos tão ineficientes que obrigavam os indivíduos – mesmo os que adquiriram as excelentes habilidades que ensinamos – a se proteger do caos que os cercava. Começamos a sentir que estávamos distribuindo ataduras durante um tiroteio. Elas podem até ajudar, mas o ideal seria impedir a carnificina.

Chega um momento em que devemos parar de tirar as pessoas do rio. Precisamos nadar contra a corrente e descobrir por que elas estão caindo nele.

– DESMOND TUTU

Não que nosso trabalho não causasse impacto – nossos clientes eram gratos pelo apoio que oferecíamos –, mas estávamos vendo que, para ajudá-los a aproveitar todas as vantagens, precisávamos lidar com o que acontecia em nível de equipe.

Com muita frequência, as estruturas e os processos de uma equipe podem dificultar o trabalho e a colaboração em vez de facilitá-los. Quando a eficiência individual deixa de ser um problema, a solução para os males que afetam boa parte das equipes é óbvia, embora não seja fácil: conceber e manter um ambiente que minimize os ruídos e atritos na colaboração. Se acertarmos esses dois pontos, o time passará a produzir muito mais que a soma dos trabalhos individuais. Quando montamos uma equipe, precisamos eliminar os problemas que impedem seus membros de fazer seu verdadeiro trabalho e criar ambientes que permitam o melhor desempenho possível. Este livro nasce da percepção de que existem passos simples – quase mecânicos – que equipes podem dar no intuito de facilitar a colaboração e apoiar os indivíduos na execução do próprio trabalho.

O mercado vinha pedindo que escrevêssemos um livro com essa perspectiva. A partir do momento em que nossos clientes compreendem o poder do GTD para ajudar indivíduos a trabalhar de forma mais eficiente, uma das perguntas que mais passamos a ouvir é: “Como eu consigo que o restante da minha equipe faça isso?”

Essa questão mostra uma necessidade urgente de conectar e alinhar a excelência individual com o desempenho coletivo mais amplo. Ao se fundamentar nos princípios da produtividade otimizada para indivíduos, este livro oferece um jeito melhor de trabalhar com as pessoas e ao mesmo tempo gera um ambiente que incentiva a criatividade e o aprimoramento de habilidades.

Muitos dos princípios para a produtividade da equipe se baseiam em ideias explícitas ou implícitas em livros anteriores sobre o GTD, enquanto outros são completamente novos. Embora este livro recorra a ideias anteriores – ou pelo menos na presunção da habilidade individual para lidar com o volume e a complexidade do trabalho moderno –, não nos parece necessário que você já esteja usando o GTD em nível individual neste momento para aplicar o método em equipe. Tentamos escrever este livro de forma que qualquer um possa compreendê-lo e utilizá-lo sem precisar ler outros para conseguir trabalhar bem em equipe.

É claro que nós dois nos dedicamos com muito afinco ao GTD: David, como criador do método e autor de livros anteriores, e Ed, como fundador de duas das maiores franquias do GTD no mundo. Consideramos *fundamental* que os membros de sua equipe sigam uma abordagem sistemática na lida com o fluxo de trabalho, pois acreditamos que as bases da produtividade e da coordenação de equipes são a capacidade de priorização e a confiabilidade dos indivíduos. A eficácia das sugestões que fazemos ao longo deste livro será completamente minada se os membros do seu time não forem capazes de realizar tarefas simples. Mas se você souber de outra abordagem que capacite os indivíduos a criar, controlar e cumprir compromissos de forma muito mais produtiva e ao mesmo tempo bem menos estressante, fique à vontade para utilizá-la. Além de oferecermos um resumo para relembrar o material original (Apêndice 1), não nos aprofundaremos em habilidades e princípios específicos citados em *A arte de fazer acontecer*, *Gerencie sua mente, não seu tempo* e *Faça tudo acontecer!*. Se você quer melhorar seu desempenho – ou o de alguém da sua equipe –, recomendamos que também leia esses livros.

LIÇÕES DO FUTEBOL

Para compreender o foco de *Time*, talvez valha a pena pensar nas diferentes maneiras de melhorar uma equipe esportiva. Qualquer esporte serve, mas vamos usar o futebol, o mais praticado no mundo. Ao longo das últimas décadas, o método GTD se mostrou capaz de impactar a eficiência em qualquer país ou cultura em que foi utilizado. E o melhor: em equipes multiculturais e geograficamente dispersas, o GTD serviu como um acordo mútuo e um idioma comum para fazer acontecer em grupo.

Existem diversas formas de melhorar o nível inicial de uma equipe: uma delas é começar aprimorando as habilidades individuais, treinando cada indivíduo para fazê-lo atuar melhor; outra é observar e melhorar a interação entre as pessoas, analisando se elas passam ou seguram a bola, ou como cada elemento trabalha no ataque e na defesa; também é possível manter o foco na identidade ou na cultura da equipe.

Um ponto de partida óbvio é o desenvolvimento das habilidades individuais, por ser relativamente fácil de realizar. Todo mundo quer jogadores melhores, e, com o tempo e os treinamentos consistentes, os jogadores melhorarão o desempenho individual. Ninguém pode treinar pelos jogadores; eles são responsáveis por dedicar tempo à sua evolução.

Mas mesmo um grupo de indivíduos com excelente técnica não alcançará seu potencial máximo como equipe se não souber atuar junto. Exemplo: um time de crianças correndo juntas atrás da bola, querendo fazer tudo ao mesmo tempo e atrapalhando umas às outras.

Se esses mesmos atletas receberem orientações simples para aprender a jogar juntos, o desempenho da equipe será melhor. O caos interno vai perder força, e o time vai se organizar em campo e criar jogadas coletivas com base na tática. Não só cada jogador melhorará individualmente como o grupo se movimentará de maneira mais eficiente e coordenada. Os indivíduos mais capazes de driblar, chutar e passar a bola receberão papéis específicos no time. Os que tiverem mais facilidade para fazer gols serão os atacantes. Os que forem melhores em marcar e desarmar treinarão para ser zagueiros. Em dados momentos os atacantes podem defender e os zagueiros podem fazer gols, mas eles sabem que sua responsabilidade principal é outra. Quando a equipe posiciona corretamente os jogadores nas posições que aproveitem melhor seus pontos fortes e habilidades, o time se torna mais capaz de desmontar a defesa do adversário, por um lado, e cortar os ataques dele, por outro. Os jogadores se inserem numa estrutura de equipe que os leva a direcionar seus esforços e recebem liberdade para improvisar dentro desse esquema, o sistema tático do time.

Quando bem aplicadas, as habilidades pessoais começam a melhorar o desempenho e a reduzir o esforço necessário para que o time jogue bem. Por exemplo, quem dá passes precisos faz com que o receptor precise se esforçar menos para recebê-los. Quando um jogador faz um lançamento perfeito para o ponto futuro para onde o companheiro está correndo, este não precisa diminuir o ritmo para controlar a bola, aumentando a chance de a jogada dar certo. O time também treina jogadas de bola parada – como escanteios, faltas e tiros de meta – para não precisar inventá-las do zero toda vez. Com essa automatização, o time como um todo evita pagar o preço de improvisações constantes, quais sejam, erros em excesso e um gasto extra de energia criativa.

Essas vantagens não são aprimoradas com a simples melhoria das habilidades individuais – só podem ser alcançadas com a coordenação dos indivíduos no nível da equipe. Equipes inteligentes não se limitam a se dedicar mais ao mesmo jogo. Elas já se dedicam o máximo possível. Em vez disso, mudam a forma de jogar. Elas não se tornam melhores no mesmo jogo; simplesmente jogam melhor.

Esse tipo de trabalho de organização tática de um time é fundamental para a melhoria do desempenho, porém é mais desafiador do que apenas treinar pessoas. Fatores extracampo – como a gestão dos egos, o clima entre os atletas e conflitos de personalidade – dificultam o controle e a evolução da equipe, em comparação com o desenvolvimento das habilidades de um único indivíduo.

Quando há uma melhoria tanto nas habilidades dos indivíduos quanto nas táticas da equipe, começa a se instaurar outra mudança no grupo: na identidade e na cultura. Esse aspecto é difícil de explicar, mas todos percebem que está acontecendo. É possível enxergá-lo nas grandes equipes que marcaram época: o time de hóquei no gelo Montreal Canadiens do fim da década de 1970; o time de basquete Chicago Bulls do início dos anos 1990; ou, no futebol, o Manchester United do fim da década de 1990. Todos esses grupos tinham ótimos jogadores e faziam um trabalho em equipe impecável. Mas, além disso, tinham uma identidade que fazia seu desempenho ir além de todas as expectativas baseadas apenas nesses elementos, uma autoconfiança coletiva que os tornava imbatíveis. Em seu livro *The Game* (O jogo), o goleiro dos Canadiens, Ken Dryden, escreveu: "Às vezes nós perdíamos só para nos lembrarmos de como a sensação era ruim."

Um ótimo exemplo do impacto desse aspecto foi quando o Manchester United venceu o Bayern de Munique na final da Liga dos Campeões da UEFA de 1999. Faltando poucos minutos para o fim da partida, o time estava perdendo por 1 a 0. A essa altura, muitas equipes teriam desistido. Mas aquele time do Manchester United estava acostumado a vencer. Eles *esperavam* vencer. Já tinham conquistado dois troféus nacionais naquela temporada e não aceitariam uma derrota justamente na final da competição europeia. Assim, nos três minutos de acréscimos, eles marcaram dois gols e levaram o título continental para casa.

Foram a cultura e a identidade que os levaram a triunfar? Centenas de outros times com uma identidade forte perdem em circunstâncias semelhantes. Talvez tenha sido apenas sorte. Talvez. Mas, com certeza, a identidade vencedora os levou a persistir, mesmo quando a partida parecia perdida. Esse foi o bilhete de loteria que lhes rendeu o grande prêmio.

Pense assim: cada jogador melhora individualmente. Com isso, o time aprende a jogar melhor junto, e isso molda a cultura e a identidade do grupo. Então, quando a equipe estiver forte o suficiente, essa identidade começará a afetar tanto o desempenho individual quanto o do conjunto. Qualquer uma dessas três intervenções elevará o desempenho da equipe, mas ela só alcançará os melhores resultados se realizar as três. Quando a habilidade técnica individual se une ao esforço estratégico coletivo em uma cultura de alto desempenho, coisas incríveis acontecem. Quando uma equipe tem objetivos e padrões claros sobre como atuar juntos, começa a alcançar seu verdadeiro potencial.

O livro original do método GTD, *A arte de fazer acontecer*, é basicamente voltado ao primeiro desses três aspectos – ajudar as pessoas a lidar com o caos ao seu redor e ter um desempenho individual muito melhor. Mostrou ser uma resposta bastante necessária ao impressionante aumento de volume e complexidade do conhecimento individual que os trabalhadores passaram a encarar no começo do século XXI. Em termos de mudança organizacional, também era o ponto mais fácil de atacar. Estava claro que, embora indivíduos ambiciosos estivessem se dedicando ao máximo, havia disparidades em sua produtividade. Enquanto fazia pesquisas para escrever o livro, David concluiu que grande parte da diferença entre a baixa e a alta produtividade era uma questão de compreender – ou ignorar – alguns princípios básicos. Quando *A arte de fazer acontecer* foi publicado, suas ideias correram de boca em boca, se espalhando rápido. Uma geração inteira de pessoas inteligentes e dedicadas finalmente havia entendido o segredo para melhorar a produtividade. Assim como os atletas individuais de um time de futebol, essas pessoas entenderam que precisavam encontrar tempo para fazer treinos individuais e melhorar seus sistemas e seu fluxo de trabalho.

Neste livro vamos nos afastar do nível individual para tratar de ideias que, no fim das contas, beneficiam tanto o indivíduo quanto o grupo, ao ajudar as equipes a minimizar atritos, melhorar o trabalho colaborativo e reduzir os "passes errados": mensagens respondidas tarde demais ou não respondidas; atrasos no começo de reuniões; processos não documentados; e informações inacessíveis.

UMA PESSOA NÃO É UMA EQUIPE

O aspecto individual do fluxo de trabalho já é tema de muitos livros, e não pretendemos voltar a falar sobre isso.

As equipes que funcionam bem vêm usando, há anos, alguns dos elementos que propomos. Quando indivíduos em cargos de liderança ligam os pontos por conta própria e enxergam a possibilidade de grande parte de seus colaboradores melhorar em conjunto, surge um oásis de sanidade dentro do time. Mas, tal qual acontece com indivíduos de alto desempenho sem treinamento, eles costumam ter dificuldades em algumas partes de um sistema maior, pois não entendem como esse sistema funciona. Nosso intuito é unir todos os elementos do modelo e esclarecer as melhores práticas em cada um deles.

DA "MENTE COMO ÁGUA" PARA "ALTO DESEMPENHO SAUDÁVEL"

Um dos conceitos do primeiro livro sobre o método GTD que chamou a atenção de milhões de leitores foi a ideia de trabalhar e viver com uma "mente como água": o fato de que, tal qual um lago, a mente pode reagir de forma apropriada àquilo com que se depara e depois voltar à calmaria em vez de ficar remoendo o passado ou se preocupando com o futuro.

Trabalhar dessa maneira continua sendo essencial para este livro, mas vamos encarar o conceito sob outra perspectiva. No nível da equipe, o equivalente da "mente como água" é algo que vamos descrever como "alto desempenho saudável" – um jeito de trabalhar em conjunto que não só mantém ou supera o ritmo da concorrência como também é sustentável – e até divertido – a longo prazo. Muitos acham que é possível alcançar uma "mente como água" por acaso, mas os livros anteriores mostram que você precisa construir isso em si mesmo com algumas práticas simples e consistentes. Da mesma forma, acreditamos que o alto desempenho saudável em equipe não surge por acaso. Existem alguns passos fáceis que podemos dar para aumentar a probabilidade de o time passar muito mais tempo trabalhando nesse nível.

Há pessoas que adoram falar da importância da saúde, mas, na hora H, a colocam em segundo plano para alcançar os objetivos da equipe. Tudo bem num primeiro momento – mesmo que esse primeiro momento dure alguns anos –, mas em algum ponto do futuro a equipe enfrentará as consequências. De repente aparece o primeiro caso de burnout. Depois outro. *Hum, que estranho. Mas podemos substituir essas pessoas.* Claro que podem, mas a que preço? Uma pergunta melhor seria: "Como ter um desempenho excelente usando práticas mais humanas do que as atuais?"

Assim como os cinco passos originais do GTD levam a mais produtividade *e* menos estresse em nível individual com base no mesmo conjunto de comportamentos, não há necessidade de uma equipe fazer uma coisa para manter a saúde e outra para melhorar a performance. Acreditamos que as práticas, os padrões e os processos descritos neste livro produzirão bons resultados na saúde *e* no desempenho do time.

Em princípio, o conceito é fácil de entender. E não há nada desagradável nele – também em princípio. Todo mundo quer ter alto desempenho, e todo mundo quer manter a saúde. O desafio nasce da tensão que existe entre esses dois aspectos. Para muitos, são objetivos opostos. *Posso ter alto desempenho ou posso ter boa saúde.* Essa crença é tão disseminada que muitos trocam a saúde pela riqueza, trabalhando para alcançar alto desempenho financeiro, mas tendo uma vida extremamente desequilibrada. E, quando falamos de saúde, não nos referimos apenas à saúde física, mas também aos aspectos mental e emocional – e até à saúde dos nossos relacionamentos de trabalho e pessoais.

Por um lado, não é difícil encontrar pessoas tendo alto desempenho e deixando a saúde de lado. Elas trabalham incrivelmente bem, mas ignoram que estão pagando mais caro do que gostariam: "Eu adoraria passar mais tempo com meus filhos, mas vou poder fazer isso quando alcançar a meta de vendas do ano." Boa parte do nosso trabalho foi conduzida com equipes que já tinham bons desempenhos. Muitas vezes, somos chamados quando o time tem alto desempenho há muito tempo, mas as coisas estão começando a dar errado.

Algumas equipes simplesmente estão ocupadas demais para serem bem--sucedidas de verdade. Não importa o nível de sucesso que alcançam – elas estão sempre tão atarefadas que não conseguem aproveitá-lo ou sequer tirar os olhos do trabalho para descobrir qual será a próxima grande sensação do mercado em que atuam.

Nós trabalhamos com clientes de Wall Street que esperavam que seus colaboradores de alto desempenho se aposentassem perto dos 50 anos para finalmente aproveitar a vida. Em geral eles acertam. Veja, por exemplo, o caso de uma equipe motivada com um líder cheio de expectativas. Ela alcança o sucesso, mas isso exige expedientes de 12 horas por dia. Se é o que ela precisa fazer para cumprir metas desafiadoras, tudo bem. Com isso, expedientes de 12 horas passam a ser o normal. No ano seguinte, as metas são ainda mais difíceis. Para cumprir as expectativas elevadas que nascem do próprio sucesso anterior, a equipe passa a ter que trabalhar por mais tempo, e, aos poucos, as pessoas começam a fazer expedientes de 13 horas. Em questão de meses, esse passa a ser o novo normal. Esse modelo de trabalho tem limites óbvios, mas só percebemos quando fica claro como ele é insustentável.

É hora de aceitar que não vivemos mais num tempo em que é aceitável nossa vida se resumir a trabalhar em prol do crescimento rápido. Basta assistir a cinco minutos de noticiário para saber que até o nosso planeta apresenta sinais diários de que, na natureza, não existe crescimento infinito sem um preço. Então, por que seria diferente para uma equipe, uma empresa ou uma economia? Para sobreviver e alcançar o sucesso, precisamos seguir uma abordagem mais sã e humana na forma de trabalhar. A pergunta que precisamos nos fazer é: que nível de desempenho podemos manter ao longo do tempo sem prejudicar os membros da equipe, os relacionamentos ou o ambiente?

Por outro lado, existem pessoas que usam o "autocuidado" como desculpa para não ir atrás do que querem para si, suas famílias e suas comunidades. Muitas equipes trabalham de forma sustentável sob a perspectiva de saúde, mas não chegam nem perto de alcançar seu potencial. O desejo de harmonia afeta o desempenho, e elas podem passar anos – ou até décadas – trabalhando em um nível de mediocridade aceitável que não se aproxima de seu potencial e do impacto que poderiam causar em seus clientes.

Ambos os resultados são indesejados e desvantajosos. Acreditamos que é possível ter uma cultura sustentável de equipe, que incentiva a saúde de seus membros e, ao mesmo tempo, o nível de desempenho dos sonhos da maioria das equipes. É um padrão elevado? Sem dúvida. Mas por que você iria querer trabalhar de outra maneira, sabendo que o que está em risco é a saúde dos membros do seu time e a sustentabilidade do planeta?

Reconhecemos que existe uma tensão entre o desempenho e a manutenção de uma boa saúde, mas acreditamos que ela pode ser criativa – um pouco como a tensão entre estar focado em apreciar o momento presente e ao mesmo tempo estar disposto a planejar e criar uma visão atraente para o futuro. Aceitar a atual realidade como ela é e se esforçar para torná-la melhor para o amanhã.

Pensamos na saúde e no alto desempenho como parceiros. O importante é perceber quando um ou outro passa a dominar de forma nociva. Alcançar um equilíbrio não significa que ele permanecerá imutável. Em algum momento perderemos o equilíbrio. O segredo é notar isso quanto antes e agir para recuperá-lo.

Acreditamos que a única maneira sustentável de avançar é aceitar a tensão e saber que almejar boa saúde e alto desempenho levará a resultados melhores ao longo do tempo. Em qualquer equipe, os dois objetivos terão seus defensores. O conflito entre eles é criativo quando compreendido e tolerado como o caminho para o crescimento.

O poder é tão caracteristicamente calmo que essa calmaria tem o aspecto de força.

– EDWARD GEORGE BULWER-LYTTON

Neste livro, partimos do pressuposto de que a equipe deseja as duas coisas: alto desempenho, necessário para ser competitivo em qualquer mercado hoje em dia; e saúde, necessária para se manter competitivo a longo prazo.

Uma observação: haverá momentos em que as histórias ou exemplos se referem a apenas um de nós. Nesses casos, o trecho terá destaque e começará com [David] ou [Ed]. Exemplo:

[DAVID] Foi Ed Lamont – meu amigo de longa data, coautor e companheiro na defesa do método *Getting Things Done* – quem fez a maior parte do trabalho pesado de texto deste livro. Eu acumulei muita experiência com equipes nos meus primeiros anos como consultor, coach e instrutor, mas ele percorreu mais chão do que eu nas últimas duas décadas nessa área. Ele tem uma percepção, um estilo e uma conduta que o tornaram um recurso altamente confiável para algumas das equipes mais importantes e sofisticadas de multinacionais espalhadas pelo mundo. Além disso, escreve maravilhosamente bem. E apesar de "odiar pensar" – porque acha difícil –, fez isso melhor do que eu em muitos aspectos desse tema. No entanto, garanto que estamos completamente alinhados e de acordo com todo o conteúdo deste livro.

[ED] Trabalhar com David na criação deste texto foi uma exploração útil de muitas das ideias descritas aqui. Conforme mencionamos mais adiante, nos inspiramos nessas ideias, e foi um prazer trabalhar com David na evolução de seu pensamento original. Foi desafiador poder discutir e chegar a um acordo sobre como princípios que mudaram minha vida como indivíduo funcionavam em uma equipe, e travei esses debates com meu amigo que desenvolveu esses princípios. Isso, para mim, foi um desafio incrível. Para os que querem saber se David pratica o que prega, posso dizer que foi maravilhoso trabalhar com ele: oferece feedbacks rápidos, apresenta muitas ideias, tem mil inspirações e me divertia nos almoços em que debatíamos os assuntos.

Muitos leitores já devem conhecer a história de David por seus livros, entrevistas e podcasts anteriores, mas talvez vocês não saibam quem eu sou. Nas próximas linhas, vou falar um pouco sobre mim.

Na juventude, ninguém jamais me descreveria como uma pessoa organizada. Certo dia, um colega do ensino médio me explicou que organizava a mochila e separava as roupas que usaria no dia de aula seguinte, e quando ouvi isso achei que ele era o Einstein. No geral, eu fazia as coisas conforme elas iam aparecendo no meu radar. Durante boa parte da minha vida, essa tática deu certo. A faculdade não foi muito desafiadora, e eu escolhia profissões que não exigiam grande capacidade de organização. Durante uma viagem pela Europa aprendi a fazer malabares – minha primeira carreira. Não é um mercado conhecido por cronogramas rigorosos. Tive uma lesão. Com isso mudei de carreira: passei a trabalhar com commodities, e depois de um tempo como instrutor e coach. Foi só então, quando meu mundo deparou com algumas das maiores e mais bem-sucedidas organizações do planeta, que os problemas começaram a surgir.

Olhando de fora, eu era bem-sucedido profissionalmente. O problema era que não conseguia apreciar o sucesso que tinha. Meus clientes eram ótimos, e eu ganhava bem... mas o estresse acabava comigo. Uma lista curtíssima de impactos negativos na minha vida:

- Eu dormia entre três e cinco horas por noite durante a semana e tentava me convencer de que, para me manter saudável, bastava manter a prática constante de meditação e dormir mais tempo no fim de semana.
- Eu era um jovem em forma, mas quando cheguei aos 40 e poucos estava pesando 113 quilos, cerca de 30 quilos a mais do que deveria.
- Para lidar com o estresse, eu fumava cinco charutos grandes por dia, o que é um compromisso e tanto quando você também passa 12 horas por dia em seminários e sessões de coaching.

Como cheguei a esse ponto? Não foi nada fora do normal. Eu era só um cara inteligente e comprometido que estava sobrecarregado com o volume de coisas e a complexidade da vida no século XXI. Não tinha um sistema para lidar com as coisas que encarava. Quer dizer, eu tinha, mas ele era ruim – o equivalente organizacional de tapar o sol com a peneira, que eu tinha aprendido na faculdade na década de 1980. De sistema não tinha nada, e eu estava preso ao mesmo redemoinho de muita gente da minha geração. Para dar conta de tudo, minha única estratégia era dedicar mais tempo e esforço ao trabalho. As coisas continuavam andando, mas o preço – os charutos, o sono desequilibrado e a falta de energia – era alto demais.

Eu tinha lido os livros de Stephen Covey e de outros autores que falam sobre gestão de tempo. Comprei um organizador incrível, depois um computador portátil, dois assistentes pessoais digitais e por fim um BlackBerry. Nada ajudava. Na verdade, eu usava esses dispositivos de uma forma que só parecia piorar o problema, assim como os post-its que colava em todas as superfícies disponíveis do meu espaço de trabalho. Vivia checando meus aparelhos e tentando "recuperar o tempo perdido" a cada momento livre que surgia no meu dia. Tentava fazer várias coisas ao mesmo tempo para ver se conseguia aproveitar melhor meus horários. Durante reuniões, tentava responder e-mails para "me adiantar". Contratei uma assistente, que fazia o que podia, mas, devido ao meu jeito caótico, eu não conseguia orientá-la sobre a melhor maneira de me ajudar. E eu achava tudo aquilo normal, nada mais que o necessário para alcançar o "sucesso".

Então, alguém me deu um livro chamado *A arte de fazer acontecer*, e, depois de passar vários meses enrolando, dei uma lida rápida nele durante um voo para Nova York. Nessa primeira leitura não entendi quase nada, mas captei o seguinte: existia uma abordagem sistemática que me capacitaria a fazer mais com menos estresse. Parecia bom demais para ser verdade, mas eu estava tão desesperado que resolvi tentar. Li o livro de cabo a rabo duas vezes. Depois li de novo. Eu o dei à minha assistente e tirei dois dias para implementar tudo. Após uma semana, me converti. Não só estava fazendo mais coisas como sentia uma satisfação com o trabalho que havia desaparecido fazia anos. Como costumam fazer os recém-convertidos, comecei a distribuir cópias do livro a amigos e parentes. Tempos depois, me inscrevi em dois seminários de David. Passei pelo processo de coaching, depois pelo treinamento para me tornar instrutor.

Na minha prática atual, trabalhando o propósito, a visão e a estratégia de equipes e indivíduos, percebi que havia encontrado um elo que também faltava aos meus clientes: foi o GTD que deu força à visão e fez as coisas andarem para eles e suas equipes. Em 2009, obtive a licença para distribuir o GTD na Europa e, junto com meus sócios, ao longo dos anos seguintes construí equipes em duas companhias que se tornariam as maiores distribuidoras do trabalho de David em cinco países. Este é o livro que eu queria ter lido quando trabalhava com equipes no começo da minha carreira de consultor.

Qualquer um dos próximos capítulos se sustentaria como um assunto isolado, talvez até como um livro. No século passado, muitos autores e consultores trataram desses temas em milhares de publicações voltadas ao mundo empresarial. O que tentamos fazer é identificar as melhores entre as melhores práticas e oferecer um mapa completo dos assuntos e técnicas que podem ser relevantes em qualquer situação – formal ou informal, pessoal ou profissional – em que a coordenação e a cooperação com os outros forem essenciais.

Nem todos vão se identificar com o conteúdo inteiro, mas tentamos apresentar o material para contemplar todos que se identifiquem. Garantimos que este livro será um guia útil em determinadas situações que surgirão na sua vida, mas você não precisa aplicar todas as práticas a todas as equipes de que faça parte, só as que parecerem mais interessantes no momento, para uma equipe específica que passe por um desafio específico.

A maioria dos exemplos e sugestões deste livro trata dos ambientes de "equipe" mais comuns – o mundo corporativo de empresas, organizações sem fins lucrativos, startups, etc. No entanto, "equipe" pode significar qualquer contexto em que mais de uma pessoa participe de um projeto ou situação. Isso inclui casamentos, questões familiares, comitês locais, equipes esportivas, etc. Todos os princípios e melhores práticas que elaboramos se aplicam igualmente a tudo isso.

Não tem problema se você só quiser aproveitar "amostras" do livro. Com uma folheada rápida, provavelmente encontrará algo interessante para suas experiências passadas, atuais ou talvez futuras. Quanto mais você usá-lo, mais ele será útil. No entanto, não se sinta pressionado a ler tudo de uma vez. Escolha, implemente e integre os trechos mais relevantes para sua equipe agora, alcance o sucesso, então retorne em busca de mais quando sua equipe voltar a precisar.

Alguns temas podem ser recorrentes, mas, em geral, será sob um ponto de vista diferente. Existem muitas maneiras de compreender e utilizar as ideias e sugestões aqui contidas.

Fizemos o possível para que este seja um manual duradouro – que faça sentido daqui a 100 anos. A natureza do trabalho, das equipes e da tecnologia certamente será cada vez mais fluida e mutável. Assim, tentamos evitar termos da moda e detalhes técnicos que possam se tornar desatualizados com o passar do tempo. Acreditamos que descrevemos princípios e práticas universais e atemporais, que sobreviverão a isso tudo.

Em *Time*, defendemos padrões e processos claros, que mostram como podemos trabalhar uns com os outros para minimizar atritos corporativos e maximizar os resultados de esforços coletivos.

Assim como em *A arte de fazer acontecer*, não falaremos sobre questões pessoais e interpessoais. Sabemos que quando se trabalha em equipe é necessário ter boas relações e conversas difíceis. Essas soft skills – por exemplo, a capacidade de se fazer presente e escutar *de verdade* o que seus colegas de equipe dizem, em vez de apenas insistir nas próprias opiniões – são essenciais, porém não são o tema deste livro. Nosso objetivo é tirar equipes do caos e do desespero e levá-las para a esperança e a clareza. O escopo que determinamos já trata de muitos assuntos, e falar sobre todos os aspectos do sucesso em equipe tornaria este livro longo e pesado demais. Nosso objetivo é tentar reduzir a frequência e a gravidade dessas conversas difíceis.

Também não falaremos sobre como consolidar a equipe, resolver conflitos nem sobre qualquer um desses temas fundamentais. Seria interessante você buscar outras fontes que lidem com esses assuntos. Nosso foco será o funcionamento do time. Acreditamos que podemos melhorar a maneira como as pessoas trabalham umas com as outras em empresas. Nosso objetivo, por fim, é reduzir o burnout, restaurar a integridade, diminuir o estresse causado pela sobrecarga e ajudar líderes e equipes a criar culturas sustentáveis de alto desempenho saudável.

PARTE 1

O CENÁRIO

CAPÍTULO 1

Quando o "trabalho em equipe" não funciona para a equipe

Quando um dos nossos clientes ingressou na equipe de liderança de uma instituição financeira internacional sediada na Alemanha, havia um item recorrente na pauta das reuniões da equipe: casos de burnout. Claro que o simples fato de tratar desse assunto nas reuniões era uma perda de tempo, mas esse era o menor dos custos – humanos e financeiros – da empresa.

Na Alemanha, o burnout não é uma reclamação boba. As autoridades levam os casos muito a sério, e há consequências graves para empregadores cujos funcionários são afetados, e também para a economia. Os trabalhadores que sofrem de burnout recebem uma licença, mas continuam recebendo salário do empregador ou da seguradora por até um ano e meio. Quando retornam ao trabalho, têm direito a estabilidade e passam por um processo estruturado que aumenta a carga de trabalho aos poucos; 10 horas na primeira semana, 15 na segunda, etc. Do ponto de vista humano, o processo de reintegração é bem planejado, e em geral funciona. Ainda assim, muito tempo após o retorno, a incerteza continua: essa pessoa conseguirá aguentar novas pressões? Alguém que antes era um recurso confiável da equipe se torna um ponto de interrogação.

Em 2015 o Gallup estimou que o burnout custava à economia alemã cerca de 9 bilhões de euros por ano, mas esse não é um problema que afeta apenas a Alemanha. A mesma tendência é observada em outros lugares, sobretudo conforme as pessoas voltaram ao ambiente de trabalho após a pandemia de covid-19.

E, ao contrário do que seria de esperar, isso não acontece só com os indivíduos que compõem a base da pirâmide corporativa. Uma pesquisa recente da Deloitte mostrou que mais de *dois terços* dos gerentes executivos cogitaram pedir demissão por causa do burnout.

Mesmo antes da pandemia, a tendência era clara. Nosso cliente na Alemanha a descreveu da seguinte maneira: "Eu me via em conversa após conversa com as pessoas me contando que estavam trabalhando demais, que fulano estava sobrecarregado, que sicrano estava doente. A conversa era sempre negativa. Era 'Precisamos disso' ou 'Por que não temos aquilo?', em vez de 'Eis o que vamos fazer com os recursos disponíveis'. As pessoas estavam tão sobrecarregadas que se perdiam."

O QUE TORNA O TRABALHO NOCIVO?

Vários fatores colaboram. Um deles é o volume. Uma pesquisa conduzida por Martin Hilbert e Priscilla Lopez mostrou que, em meados da década de 1980, nós absorvíamos o equivalente à informação de 40 jornais por dia. Em 2007, esse número tinha mais do que quadruplicado. Desde então, não diminuiu. Infelizmente, o tempo disponível para processar toda essa informação adicional não acompanhou o ritmo.

Boa parte desse crescimento se dá em função do marketing e de vídeos virais de gatos, mas mesmo assim ele é exaustivo. Nossa experiência nos diz que as situações que demandam ação não aumentaram em grande número. O que aumentou foram as situações sobre as quais podemos tomar ou não decisões – por exemplo, e-mails em que estamos copiados, grupos de mensagens, recados e redes sociais.

É como se estivéssemos tentando nos manter à tona numa enchente poderosa que alaga o mundo do trabalho. Sem uma boa estratégia para lidar com ela, nos afogaremos. Por mais inteligente que você seja, a enchente é muito poderosa, um ser humano sozinho não é capaz de aguentar. Sem um plano, você é levado pela correnteza. E o que significa "ser levado pela correnteza" nessa enchente digital?

No nível individual, é checar o e-mail assim que acorda e logo antes de dormir todos os dias; chegar atrasado e despreparado nas reuniões; ficar indo e vindo na sua caixa de entrada, marcando e desmarcando e-mails; priorizar interações com pessoas que não estão presentes, e não com as que estão; e buscar no Google termos como "ansiedade", "depressão" e sim, "burnout".

Para tentar solucionar a sobrecarga, as pessoas criam mais caixas de entrada e alternam entre elas, mas no fundo acabam apenas acumulando caixas de entrada, o que piora o problema. Elas saem correndo de uma reunião numa plataforma de vídeo para entrar em outra, então voltam e fazem tudo de novo com a bexiga prestes a explodir, e muitas vezes nem têm ideia do motivo de estarem nessas reuniões.

Os indivíduos vivem nesse ambiente de sobrecarga e excesso de trabalho há tanto tempo que parece "normal". Talvez até confortável. Não entendem como sua família se sente por não estarem presentes nas datas importantes, são incapazes de entrar em contato com amigos em dificuldade e não fazem trabalho voluntário em suas comunidades. Com tanta coisa por fazer, como teriam tempo para isso tudo?

Com o aumento do volume de informações que chegam a nós, ficamos tão sobrecarregados que não aguentamos. A demanda constante por reatividade reduziu nossa capacidade de discernir o que é importante do que é apenas novo e pede uma resposta rápida. Com isso, reagimos imediatamente a coisas pouco importantes. Em geral, as respostas imediatas são necessárias devido à ineficiência e à falta de controle de outras pessoas. As interrupções se tornam a norma. É como se tivéssemos perdido a capacidade de entender a situação por tempo suficiente para nos localizarmos e lidarmos com ela. Em vez disso, passamos o tempo diante de telas, rolando, arrastando e clicando para acompanhar o ritmo. Quando o volume excessivo nos sobrecarrega, rolar a tela nos faz sentir algo parecido com paz. Infelizmente, não é paz; é entorpecimento. Mas, quando as pessoas passam muito tempo sem sentir paz de verdade, aceitam uma imitação fajuta.

As equipes também apresentam muitos sinais e sintomas de burnout.

Controle seu negócio, ou ele controlará você.

– BENJAMIN FRANKLIN

A NATUREZA CAMBIANTE DAS EQUIPES

As equipes – e o próprio conceito de equipe – vêm mudando conforme são submetidas às mesmas pressões constantes do tempo de resposta digital que todas as outras estruturas da sociedade. Elas podem ser motores poderosos da transformação ou um purgatório corporativo. Por exemplo, desde que as equipes existem, pessoas entram e saem delas. O que mudou no nosso mundo foi a velocidade com que isso acontece e a frequência com que o time precisa se perguntar o que deveria estar fazendo. Antigamente, mudanças no quadro de funcionários eram um inconveniente ocasional, mas hoje se tornaram uma porta giratória pela qual pessoas com as mais diversas personalidades entram e saem a todo momento. Tem sido tão difícil definir os limites do que constitui uma equipe que os líderes têm dificuldade de dizer quantos fazem parte dela. Hoje as pessoas entram e saem tão rápido que até os membros têm dificuldade em saber quem estará na próxima reunião.

Também nos deparamos com situações em que líderes desejam contar com a participação de todos e criam uma equipe de liderança com 20 pessoas, condenando a si mesmos e a "equipe" a reuniões longas e insuportáveis, em que todos dão opinião sobre tudo e dificultando os processos de tomada de decisão. E muitos desses 20 indivíduos também fazem parte de outras equipes.

O ritmo das mudanças e a alta rotatividade fazem com que o velho modelo de desenvolvimento de times – formação, confrontação, normatização, atuação – seja mais desafiado que nunca. Esse modelo exige que uma equipe permaneça junta por tempo suficiente para vivenciar todos os estágios, porém agora as equipes não têm estabilidade suficiente para passar por eles. No mundo atual, elas precisam de orientações melhores sobre como chegar quanto antes ao estágio de atuação antes de seus membros serem trocados ou realocados.

Outro grande problema encarado pelas equipes é a quantidade de atrito e ruído nas comunicações e nos processos de tomada de decisão. A necessidade de monitorar e responder em diversos canais faz com que muitos simplesmente joguem a toalha e declarem falência comunicativa.

Recentemente, uma cliente de coaching descreveu suas tentativas de se manter atualizada sobre sua equipe: ao chegar no trabalho, consulta um sistema de gestão de relacionamento com o cliente (CRM) para ver se há novidades nos projetos compartilhados. Lê tudo, analisando as ações dos colegas e checando se é sua "vez" de agir. Se for o caso, faz isso na hora, sem ordem de prioridade. Em seguida, consulta uma série de planilhas compartilhadas para ver as atualizações dos colegas e o que precisa de atenção. Feito isso, abre outra ferramenta de colaboração digital usada por suas equipes, na qual o título das entradas não costuma representar o assunto em detalhes e muitas vezes nem sequer indica em termos simples quais seriam os próximos passos e os principais resultados. Por fim, consulta os calendários das equipes com os prazos para as tarefas mensais. Tudo isso só para preparar o planejamento do resto do dia. Ela não é a única a fazer isso. É difícil conter o incômodo quando nossos clientes explicam o funcionamento de suas equipes. Conforme um deles descreveu, muitas equipes ficam correndo como galinhas sem cabeça em vez de combinar objetivos estratégicos e as urgências de cada dia.

A maioria das equipes fica presa numa armadilha que as mantém sempre ocupadas, reagindo, e não agindo. Não há tempo para planejar, priorizar e executar de forma sistemática, porque elas estão sempre atoladas em compromissos. O líder é o maior responsável por isso. Se ele vive dizendo *sim* para novos compromissos porque não sabe ao certo quais já foram assumidos pela equipe, então a cultura do grupo será um reflexo disso. Os indivíduos na equipe também dirão *sim* o tempo todo. Resultado: promessas não cumpridas e compromissos não finalizados, levando o time a se sentir ineficiente e deixando os stakeholders muito insatisfeitos com o desempenho dele.

Caso você se veja num buraco, a primeira
coisa que deve fazer é parar de cavar.

– WILL ROGERS

É tentador atribuir um ambiente de trabalho nocivo a uma força motriz nefasta – uma pessoa ou um grupo, em geral no topo – que planeja que seus colaboradores tenham experiências negativas de propósito. Porém, na nossa experiência, isso é resultado da falta de atenção na estrutura e na cultura em que os indivíduos trabalham todos os dias. Não é que as pessoas no topo sejam ruins ou mal-intencionadas. No geral, elas são mais pressionadas que os colaboradores, e sua forma de liderar e gerenciar costuma ser um reflexo disso. Elas ficam tão vidradas nas questões táticas e operacionais que quase nunca encontram tempo para elaborar estratégias sobre a estrutura e a cultura, de modo a destravar o talento e a motivação latentes nessa empresa.

Isso é o que as lideranças fariam se tivessem tempo, mas, à medida que os problemas táticos escalam a hierarquia da empresa, elas se veem limitadas a apagar incêndios. Embora os outros achem que elas têm o poder de fazer tudo acontecer, a verdade é que em geral elas têm pouca sensação de controle sobre os próprios atos. Um dos nossos clientes, diretor de uma grande multinacional, certa vez se pegou numa conversa séria com seus colegas sobre como "alguém devia fazer alguma coisa" em relação ao que estava acontecendo na empresa. Era como se ainda houvesse uma autoridade superior que impedisse as pessoas àquela mesa de tomar uma atitude que estava a seu alcance.

Esse comportamento não se limita a diretorias. Observamos essa sensação de falta de controle em todos os níveis hierárquicos. Todo mundo reclama da falta de controle, dos assistentes ao presidente, em organizações tão diversas quanto empresas públicas e entidades sem fins lucrativos.

Como chegamos a esse ponto?

Para começo de conversa, ninguém nos explica como trabalhar de forma eficiente. Nas escolas e universidades, aprendemos matemática, ciências e idiomas, mas não como lidar com a avalanche de informações e tarefas que precisamos encarar para aprender essas disciplinas. No trabalho, às vezes recebemos treinamento técnico sobre aspectos específicos do cargo que exercemos, mas raramente temos qualquer apoio sobre como lidar com a complexidade de nossas obrigações. É claro que pessoas altamente motivadas sempre bolam sistemas para alcançar o melhor desempenho possível, mas é raro que equipes ou empresas ofereçam esse treinamento de forma sistemática. Desde sua publicação, o GTD tem sido a solução mais procurada para ajudar indivíduos a preencher essa lacuna. A melhoria em nível individual chamou a atenção para o desafio seguinte: encontrar uma forma de reduzir atritos e aumentar a colaboração produtiva entre membros de uma equipe.

Porque existem ainda menos orientações sobre como trabalhar *em equipe*. Duas pessoas podem controlar bem seus fluxos de trabalho e compromissos individuais, mas, se quiserem conquistar algo juntas, precisarão lidar com a complexidade da organização do fluxo de trabalho, que aumentará de modo exponencial. Elas terão que entrar em acordo (de forma explícita *e* implícita) sobre quem faz o quê e quando. Qualquer mudança que afete a outra parte influencia a relação. No ritmo atual do ambiente de trabalho, o trabalho em equipe pode facilmente se transformar num emaranhado de acordos confusos, acusações ou num simples entorpecimento que nos impede de enxergar a realidade.

UM TOLO COM UMA FERRAMENTA CONTINUA SENDO UM TOLO

Outro fator que dificulta o trabalho em equipe na atualidade é que há muito tempo o ritmo do desenvolvimento tecnológico superou nossa capacidade de refletir sobre como usar as novas ferramentas. A cada ano que passa temos mais e mais tecnologias. Estamos sempre torcendo para que o próximo software resolva tudo. Cada novo progresso parece tornar a vida mais conveniente, mas muitas vezes essa conveniência custa nossa autonomia. Algumas pessoas acham que a inteligência artificial (IA) pode amenizar as partes complicadas do trabalho, mas não entendem que, se a IA começar a fazer essas coisas, elas próprias poderão perder a função. É exatamente por não termos desenvolvido formas melhores de pensar e tomar decisões – que nos permitam direcionar os avanços tecnológicos a serviço da humanidade – que a tecnologia não pode nos servir. Em muitos casos, parece que nós servimos a ela.

> O objetivo de todos os objetos inanimados é
> resistir ao ser humano e, no fim, derrotá-lo.
>
> – RUSSEL BAKER

Estamos tão sobrecarregados e desesperados por soluções que não conseguimos refletir se as novas ferramentas solucionam um problema ou simplesmente o espalham para outras áreas da empresa. Precisamos de um método mais reflexivo e estratégico para usar as tecnologias que já temos e integrar (ou rejeitar) futuros avanços.

QUANDO A AUTOMATIZAÇÃO ATRAPALHA

Não interprete o último trecho de forma equivocada. Nós adoramos tecnologia, e alguns de nós trabalham melhor e mais rápido com a ajuda dela. Mas, se esse modelo estivesse funcionando conforme o prometido, nós trabalharíamos menos, não mais, e nitidamente não é isso que acontece com a maioria das pessoas. Usamos ferramentas e mais ferramentas para resolver problemas, e algumas delas oferecem automatizações úteis. Só que, se você automatiza uma bagunça, acaba apenas com uma bagunça automatizada.

Aqui vai algo que todos já deveríamos saber: a tecnologia não é a solução para os problemas que temos em equipes e empresas. Se fosse, cada equipamento e atualização de software levariam a uma melhoria, e não é isso que acontece. Eles são postos em uso e, se não resolvem o problema que deveriam, são descartados na pilha cada vez maior de brinquedos tecnológicos antes promissores.

Se a tecnologia fosse a solução, todos nós teríamos passado a ter uma vida bem mais fácil quando começamos a usar o pombo-correio, ou quando criamos o sistema de correios, ou quando inventamos o telégrafo. Você entendeu. Nossos problemas não foram resolvidos com novos meios de comunicação, porque não são eles o problema.

Temos acesso à tecnologia mais sofisticada da história, mas as pessoas ainda mandam e-mails com cinco minutos de antecedência para avisar: "Ei, seria interessante você ler isto aqui antes da reunião." É o equivalente digital de distribuir fotocópias de documentos no fim dos anos 1980. Em tese os celulares nos ajudariam, mas a maioria está começando a duvidar disso. Pesquisas mostram que as pessoas mexem no celular centenas de vezes por dia, mas não são elas que nos preocupam, e sim as que nunca soltam o telefone e andam cabisbaixas e desatentas na rua, esbarrando nas outras enquanto tentam acompanhar as mensagens e notificações que chegam de dezenas de aplicativos úteis.

Mesmo quando a tecnologia parece ser totalmente vantajosa - como aconteceu com a mudança até certo ponto tranquila para o trabalho remoto nos primeiros momentos da pandemia -, há desafios. A capacidade de desvincular o trabalho de um local geográfico é uma mudança drástica na maneira como os seres humanos trabalham uns com os outros. Os escritórios são úteis, mas ninguém vai voltar a gastar 10 horas por semana indo e voltando de lá agora que está claro que o trabalho antes feito somente no escritório pode ser realizado de praticamente qualquer lugar. Embora essa pareça ser uma vantagem sem pontos negativos, muitos vêm tendo dificuldade para encontrar uma estrutura que apoie e sirva de base para seu trabalho da mesma forma que o escritório.

A INEFICÁCIA CUSTA CARO

Parte do problema é que ninguém - indivíduos, empresas ou países - paga todo o preço da forma como trabalhamos hoje em dia. Se pagasse, provavelmente veríamos mais iniciativas para reduzir desperdícios. No momento atual, não existem pontos de referência objetivos que apontem o que é bom ou ruim, apenas muito sacrifício e a vaga sensação de que as coisas não deveriam ir tão mal.

As empresas estão perdendo oportunidades de ouro em seus mercados porque ninguém acredita que tem tempo para pensar ou agir de forma estratégica. E como poderia ser diferente, se todo mundo passa o dia empacado, apagando incêndios? Um dos maiores custos está no engajamento dos colaboradores. Os custos indiretos da falta de engajamento são incalculáveis. A todo momento as empresas lançam grandes iniciativas, investem pesado e focam nelas por um tempo, até serem ofuscadas por uma nova abordagem. Conforme as iniciativas se sobrepõem como camadas de pátina, as pessoas vão perdendo o foco. Quando uma organização tem 118 "iniciativas principais", na prática não tem nenhuma prioridade clara. As consequências são falta de alinhamento e - pior - prioridades que não batem com as da empresa.

Qualquer um consegue fazer qualquer quantidade de trabalho, desde que não seja o trabalho que deveria estar fazendo no momento.

– ROBERT BENCHLEY

AQUI, PEGUE ISTO E ME LIGUE AMANHÃ CEDO...

Isso acarreta consequências para a manutenção da cultura de equipe, mas aponta para algumas soluções úteis. Uma cultura de alto desempenho saudável não surge do nada numa equipe. Para ser construída, exige um investimento de tempo, e, para ser mantida, precisa de atenção consistente. O objetivo é alcançar uma forma rápida de facilitar o desempenho do time e manter os principais métodos de trabalho mesmo após a saída de todos os membros originais do grupo.

Nosso cliente do começo do capítulo encontrou uma solução. Sua experiência pessoal com o GTD o ajudou a enxergar uma possível saída para o problema. Ao longo de vários anos, ele organizou uma iniciativa para apresentar o GTD a uma grande quantidade de colaboradores. Anos depois, quando saiu da empresa, era difícil alguém falar de burnout, até que a pauta foi eliminada de vez da lista de assuntos recorrentes das reuniões da equipe executiva.

A POSSIBILIDADE DAS EQUIPES

Quando nossos clientes implementam as recomendações deste livro, descrevem a sensação de ter mais controle sobre o que acontece com suas equipes – não ficam constantemente sobrecarregados pela quantidade de trabalho e dormem melhor à noite. Sentem que têm relacionamentos mais recompensadores com seus colegas de trabalho e familiares.

Imagine trabalhar numa equipe em que todos sabem perfeitamente por que fazem o que fazem, em que direção o grupo está indo, quais são as prioridades principais e qual é o seu papel na concretização desse objetivo.

Uma equipe em que você faz um pedido esperando receber uma resposta em 24 horas – e geralmente recebe. Em que você é avaliado com base nos resultados que produz, e não no tempo que dedica ao trabalho. Em que a maior parte das tarefas é feita de forma assíncrona, possibilitando que o indivíduo adapte seu dia de modo a priorizar trabalho e vida pessoal de acordo com suas necessidades. Em que seus colegas às vezes recusam novas demandas, e isso é encarado como um sinal positivo de que eles preferem permanecer focados nas prioridades. Uma equipe em que seus colegas costumam cumprir promessas ou – por terem uma linguagem compartilhada e padrões para o trabalho coletivo – as alteram em tempo hábil quando percebem que não conseguirão atender ao pedido conforme planejado. Em que as reuniões são poucas e muito mais eficazes do que a maioria daquelas de que você já participou. Reuniões nas quais todo mundo sabe por que está participando e o que precisa fazer no momento certo. Reuniões que começam e terminam na hora marcada, com um plano de ação claro para o futuro. Em que todo mundo aparece com seus tópicos prontos para apresentação e os transmite com clareza, para que a equipe os coloque em prática.

Parece utópico? Mas não é. É assim que nós dois trabalhamos com nossas respectivas equipes há anos, e é o que lhe ensinaremos a fazer ao longo deste livro. Não podemos prometer que *não* haverá mais estresse, mas prometemos que o impacto da nossa proposta reduzirá grande parte do estresse e levará ao uso muito mais produtivo dos esforços para alcançar os objetivos da equipe.

Não é difícil mudar da experiência que a maioria das pessoas vive em suas equipes para a que descrevemos, e talvez o processo seja bem mais fácil do que você imagina. Não é preciso mudar toda a cultura da empresa para modificar a experiência de trabalhar na sua equipe. No caso de muitas equipes, o simples ato de entrar em consenso e fazer alguns ajustes simples nas práticas de trabalho leva a um grande progresso.

Existem inúmeras histórias de sucesso de organizações esportivas, militares e filantrópicas que já utilizam essas práticas. Algumas serão apresentadas nas próximas páginas, e com outras você já está familiarizado por experiências anteriores. Você reconhecerá boa parte do que descreveremos como práticas de equipes bem-sucedidas pelas quais já passou. Os conceitos não são necessariamente novos, mas nunca foram organizados como um modelo que possa ser repetido. Algumas pessoas têm os ingredientes, mas não a receita. O bom da receita é que, quando você a aprende, não precisa segui-la por inteiro. É possível adequar os ingredientes às suas necessidades específicas e conseguir ótimos resultados – resultados até melhores, porque se encaixarão melhor nas suas necessidades. E a partir daí você terá uma fórmula que poderá usar a qualquer momento, em novas experiências com times.

"Gerenciamento" é substituir músculos por raciocínio, folclore e superstição por conhecimento, e força por cooperação.

– PETER F. DRUCKER

CAPÍTULO 2

Novo mundo, novo trabalho

O que está acontecendo?

Num mundo que muda tão rápido quanto o que acabamos de descrever, o ambiente corporativo também precisou mudar. Conforme a própria natureza do trabalho se transforma – de forma drástica e veloz, em alguns casos –, a colaboração em equipe sofre as várias consequências desse processo.

Aqui vale a pena oferecer um leve contexto histórico. Não faz muito tempo que as pessoas começaram a sair de casa para "ir trabalhar". A Revolução Industrial passou a exigir que fizessem isso, porque as ferramentas e o maquinário necessários para a execução de suas tarefas estavam nas fábricas. Em termos evolutivos, é como se isso tivesse acontecido segundos atrás. Antes, o normal era as pessoas trabalharem em casa ou em fazendas.

A pandemia e os avanços da tecnologia mudaram nossa compreensão sobre onde o trabalho deve ser executado. A transformação já vinha acontecendo num ritmo discreto – antes de 2020, já existiam nômades digitais e equipes remotas –, mas ganhou uma força imensa quando as empresas se viram proibidas de ter pessoas nos escritórios por causa das quarentenas. Os poucos nômades digitais pré-pandemia apenas representaram a vanguarda do futuro do trabalho, um futuro em que não importa onde você está no mundo físico, desde que seja capaz de acessar o digital. Conforme foi se separando de uma locação física, em muitos casos o trabalho intelectual começou a se desprender de hierarquias corporativas.

O mundo do trabalho já estava se afastando do modelo de "comando e controle" em prol de outro mais aberto, flexível e dinâmico. Havia muito tempo que os especialistas previam que a contratação de profissionais autônomos se tornaria a regra, e essa mudança já é perceptível. Em boa parte dos países desenvolvidos, muitas áreas mantêm a flexibilidade com a contratação de freelancers quando necessário. As pessoas são contratadas por projeto, não para um emprego. No futuro, mais e mais trabalhadores serão autônomos, participando de projetos específicos com começo, meio e fim, para então seguir em frente e trabalhar com uma nova equipe (muitas vezes, em outra empresa). Conforme as organizações se transformam em redes mais amplas de profissionais autônomos, a ação básica da colaboração – qual seja, a capacidade de alinhar e entregar os resultados combinados em conjunto – se tornará ainda mais essencial para o sucesso.

Ao mesmo tempo que ocorre essa mudança, há o aumento daquilo que foi denominado "novo trabalho", uma variedade de métodos de fluxo de trabalho que aumentam em grande medida a agilidade e a autonomia da equipe e de seus membros. Os mais conhecidos são o Lean, o Kanban, o Six Sigma, o Ágil e o Scrum, mas há outros. A Wikipédia lista 13 variações apenas do Lean.

A única coisa pior do que um homem
que você não consegue controlar
é aquele que você consegue.

– MARGO KAUFMAN

A seguir, faremos comentários e análises sobre os modelos mais estruturados de trabalho em equipe surgidos nos últimos anos, para você se manter informado ou para rememorar, caso já os tenha utilizado. Mesmo que não esteja familiarizado com essas abordagens, talvez você considere as perspectivas interessantes.

POR QUE "NOVO TRABALHO"?

Todas essas abordagens surgiram como resposta a algumas das disfunções clássicas de grandes empresas no século XX: estruturas hierárquicas que têm processos de tomada de decisão com várias camadas; uma mentalidade de silos empresariais que alimentava a competição interna e o desalinhamento; e ciclos de planejamento rígidos que eram apenas um sinal do foco no trabalho interno, levando a uma falta de percepção sobre os desejos e as necessidades dos consumidores. Esses problemas transformaram empresas antes imbatíveis em dinossauros, rapidamente ultrapassadas conforme seus mercados e concorrentes mais flexíveis se adaptavam às mudanças.

Um exemplo impressionante da necessidade de mudança chegou até nós por meio de um cliente. Na empresa dele, o processo interno de aprovação de vendas tinha seis níveis:

1. O vendedor enviava um formulário descrevendo o acordo para o gerente comercial.
2. Se o gerente comercial aprovasse, enviava para o departamento financeiro do país em que o acordo seria feito.
3. Se o financeiro do país aprovasse, enviava para o diretor-geral do país.
4. Se o diretor-geral do país ficasse satisfeito, enviava para a equipe financeira do departamento comercial da matriz.
5. Se o comercial da matriz topasse, o formulário era enviado para o diretor comercial global.
6. Por fim, o diretor comercial global discutia o assunto com o diretor-executivo global na reunião semanal.

Após os dois tomarem decisões sobre dezenas de acordos parecidos enviados por regiões diferentes, as autorizações e rejeições começavam a fazer o caminho de volta ao local de origem, tal qual um salmão voltando ao rio para fazer a desova. Num mundo em que entregas no mesmo dia se tornaram a regra, o processo dessa empresa era um anacronismo gritante.

Fora o ruído ensurdecedor que esse processo de aprovação gerava no sistema de comunicação da empresa (com as negociações em cada nível percorrido), o maior problema era que nenhum vendedor se sentia responsável pelos acordos que fechava. Eles apenas entravam no sistema, inseriam os dados do negócio fechado com o cliente e deixavam para algum superior a responsabilidade de resolver se aquela seria uma boa venda.

Por que tanta lenga-lenga? Porque, numa pirâmide hierárquica como a que descrevemos, está arraigada a crença básica de que "Vocês, colaboradores locais, conhecem os clientes e o mercado próximos, mas o pessoal da matriz é mais inteligente e experiente. Eles precisam ser consultados antes de qualquer decisão e vão lhes dizer o que fazer. Se eles estiverem ocupados, é só esperar um pouco, aguardar a decisão e então voltar ao trabalho". Um raciocínio desses parece loucura no século XXI, mas é assim que decisões importantes foram tomadas durante a maior parte da história da humanidade.

O processo de tomada de decisões hierárquico está obsoleto. O fato de essas decisões acontecerem em silos só piorava a situação. Muitas vezes, esses silos – no setor comercial, de marketing, de operações ou de RH – têm objetivos opostos e ignoram os esforços de terceiros. Mas o pior de tudo era quando os silos sabiam do trabalho uns dos outros e competiam deliberadamente com o objetivo de receber os parabéns por sua parte nas negociações, em detrimento de uma colaboração eficiente e do uso dos recursos da empresa. Se uma empresa decide criar um planejamento nos mesmos moldes de um Plano Quinquenal soviético – com coerência interna, mas ignorando a realidade do mercado –, é natural que não consiga fazer nada.

O NOVO TRABALHO É NOVO MESMO?

Sim e não. Alguns elementos dele são usados há muito tempo. Sempre que as pessoas trabalham juntas, alguém – em geral um esperto preguiçoso e irritado com os processos confusos – procura formas de tornar as coisas mais fáceis, rápidas e eficientes.

E, quando as condições permitiram, as pessoas sempre trabalharam assim. Veja o caso deste livro: sem qualquer planejamento consciente, ele foi escrito de forma "ágil", à medida que os autores foram compartilhando rascunhos cada vez menos ruins. Essa troca continuou até nos sentirmos prontos para mostrar algo que pudesse ser chamado – na terminologia ágil – de "produto minimamente viável" ao nosso cliente, a editora, que avaliou se estávamos seguindo a linha do que ela queria para o leitor. Com esse feedback, seguimos trabalhando em rascunhos cada vez menos piores até se tornarem decentes. Mais uma vez, apresentamos o texto à editora. E assim por diante. Após algumas rodadas de feedback, chegamos ao que o nosso cliente queria. Esse processo não é um bicho de sete cabeças – nem precisa ser, só precisa funcionar. E, se deparamos com ele por acaso enquanto trabalhávamos, certamente muitos outros fizeram o mesmo.

É preciso ter muita coragem e consideração para que todos saiam ganhando numa negociação. Esse equilíbrio é o que marca a verdadeira maturidade. Se eu o possuo, consigo ouvir atentamente, compreender com empatia. E também consigo discordar com coragem.

– STEPHEN R. COVEY

Compare isso com uma alternativa tentadora: minimizar os pontos de contato colaborativos, compartilhando apenas os rascunhos "bons" um com o outro e segurando até o prazo final de entrega do original para descobrir se a editora gostaria dos nossos melhores raciocínios. Claro que poderíamos acertar de primeira, mas as possíveis desvantagens – a chance de o original ser rejeitado ou precisarmos reescrever trechos imensos num prazo muito apertado – eram muito ruins.

No Novo Trabalho, o novo é a abordagem sistemática, que facilita a compreensão e a implementação de métodos mais eficientes e eficazes de trabalhar em equipe, possibilitando incrementar e difundir os benefícios entre as equipes e os projetos certos dentro da empresa. Quer você goste ou não desses métodos, todos eles compartilham um objetivo comum: facilitar a organização de equipes e empresas, além de tornar o trabalho mais recompensador.

UMA BREVE HISTÓRIA DAS TENTATIVAS DE FAZER MUDANÇAS SISTEMÁTICAS NA MANEIRA COMO AS EQUIPES TRABALHAM JUNTAS

O Lean e suas variações

O método Lean pode ser considerado o avô do Novo Trabalho. Sua base foi desenvolvida por W. Edwards Deming em parceria com a Toyota após a Segunda Guerra Mundial, e depois de um tempo a abordagem foi batizada de Sistema Toyota de Produção. O foco da Toyota era evitar desperdícios nos processos de produção. As tentativas de solucionar o problema não eram novidade na época, mas a Toyota começou a encarar melhorias no processo de manufatura não como um projeto com começo, meio e fim, e sim como uma iniciativa contínua, uma busca constante pelo que agora chamaríamos de ganhos marginais (ou incrementais). O objetivo era identificar aquilo que o consumidor valoriza na produção, maximizar esse ponto e, ao mesmo tempo, reduzir atividades que não agregavam valor. Para a Toyota, o consumidor poderia ser o comprador de um automóvel, mas também a pessoa – ou a equipe – na próxima fase do processo de fabricação até que o veículo ficasse pronto.

Quando James Womack e Daniel Jones adaptaram essas ideias para criar algo que fosse aplicável fora da Toyota, chamaram o Sistema Toyota de Produção de "Lean" – *enxuto* em inglês –, para distingui-lo da produção "em massa" mais generalizada.

As abordagens Lean não buscam apenas reduzir ou acabar com atividades ineficientes, mas também trazer olhares novos – e críticos – para processos que parecem estar funcionando bem. Assim como os cinco passos do método GTD para concluir tarefas, o Lean é focado no conceito de "fluxo", no qual você passa da fase A para a fase B e depois a C da maneira mais tranquila e eficiente possível, com o menor desperdício de esforço. Para melhorar o fluxo, é preciso realizar um mapeamento dos passos atuais, então questionar o que é feito em cada um no intuito de reduzir a tensão em todas as etapas. Em sua essência, o principal foco do Lean é a remoção da ineficiência – ou do trabalho que não agrega valor.

Claro que nem tudo vai agregar valor. Certas coisas não acrescentam vantagens ao consumidor, mas são necessárias para a empresa continuar na praça. No Lean, existe um conceito chamado "atividades que não agregam valor". Os clientes não se importam se a empresa mantém as contas em dia ou sonega impostos, mas essas tarefas são essenciais. Atividades que não agregam valor são a maneira mais desafiadora de desperdício que existe, porque todo mundo tem certeza de que sua forma de fazer as coisas é essencial para a sobrevivência da equipe. A abordagem do Lean é questionar se isso é mesmo verdade; para tanto, mapeia os processos, gerando uma revisão básica do motivo pelo qual certas coisas são feitas. Externalizar e avaliar cada detalhe do processo é essencial, porque não é possível questionar e repensar aquilo que você não enxerga.

Depois que o Lean foi lançado, surgiram variações. O Six Sigma nasceu de uma outra corrente do raciocínio de Deming e é mais focado no conceito de reduzir as variações em um processo - e, com isso, na qualidade dos produtos fabricados - do que na eliminação de desperdícios. O "Lean Six Sigma" reuniu as duas expressões do pensamento de Deming sob uma única bandeira.

Infelizmente, o Lean ganhou conotações negativas em certas áreas. O termo em si sugere que o objetivo é reduzir a gordura, e, juntando isso com a reestruturação de uma empresa, muitos acreditam que o objetivo é fazer os poucos funcionários que sobreviveram aos cortes trabalhar cada vez mais. Talvez essa preocupação tenha fundamento, mas ela não se alinha com os princípios básicos do Lean.

O Lean é muito focado no respeito pelas pessoas e no bem-estar delas. Oferece a elas a possibilidade de melhorar seu trabalho, o que por sua vez aumenta sua autonomia e seu engajamento, além de lhes dar mais tempo para focar em outras áreas do trabalho que agregam valor. Capacitar as pessoas a fazer o melhor trabalho possível - e se engajar nele - é um componente fundamental da filosofia Lean. Na perspectiva do método, pedir que as pessoas cumpram tarefas inúteis é desrespeitar tanto o ser humano como o tempo dele. Da mesma maneira, deixar de oferecer a elas a oportunidade de usar suas habilidades da melhor forma possível é desvalorizar seus talentos. Como um simples exemplo de quanto esse empoderamento pode ser radical, quando um trabalhador da linha de montagem da Toyota nota algo errado, ele tem autoridade para pausar todo o processo de fabricação até o problema ser solucionado.

Holacracia

Conforme as hierarquias foram podadas e o processo de tomada de decisões se aproximou de onde o trabalho de fato era realizado, surgiu o conceito de "auto-organização". Uma das principais influências desse movimento é a Holacracia - prática empresarial desenvolvida por Brian Robertson e seus sócios. Brian conheceu o GTD e se apaixonou por seus métodos simples para lidar com o fluxo de trabalho individual. Ao implementar o GTD, ele alcançou uma lucidez que o levou a questionar: será que é possível ampliar e implementar ideias semelhantes a essa numa empresa? Ele começou a investigar se um grupo de pessoas seria capaz de se organizar de uma forma que levasse a empresa a alcançar seus objetivos sem politicagem ou dependência excessiva de uma personalidade forte que impulsionasse os processos. Após anos de testes, organizou um sistema sem cargos - apenas papéis e responsabilidades por esses papéis. Pode parecer um detalhe bobo, mas isso criou uma possibilidade interessante: remover a responsabilidade por certas ações de uma pessoa e um cargo e alocá-la num papel. A parte negativa de ter um cargo é que, a menos que seus deveres e a autoridade para tomar decisões estejam muito bem definidos (o que quase nunca acontece), inúmeras questões acabam se tornando pepinos para as pessoas no topo, uma vez que a hierarquia não está desenhada. Quando a diferença de papel e cargo é esclarecida, torna-se bem mais fácil direcionar decisões e ações para as pessoas certas.

A Holacracia (e outros modelos semelhantes que surgiram desde então) distribui a autoridade. Nela, os "círculos" têm autonomia para definir e cumprir seus próprios objetivos dentro do objetivo maior da empresa. Qualquer pessoa na organização pode dar voz às chamadas "tensões" - desafios ou oportunidades - que identificarem, para que sejam assimiladas e solucionadas com agilidade, sem precisar escalar, e com isso entupir, a cadeia de comando.

DE BASEADO EM CARGOS PARA BASEADO EM PAPÉIS

A grande mudança numa organização baseada em papéis é o foco no resultado desejado e em tarefas específicas, em comparação com um senso generalizado de responsabilidade que com frequência é muito vago. O que de fato significa "diretor financeiro"? Parte-se do princípio de que ele faz um bom trabalho quando exatamente *o que* acontece? O que significa "diretor de recursos humanos"? Ele é responsável por garantir *o quê*? Não há problema algum em manter um título, se isso for necessário para relacionamentos externos, mas poucos ocupantes desses cargos são capazes de detalhar o que fazem.

Quando não é necessário tomar uma decisão,
é necessário não tomar uma decisão.

– LORDE FALKLAND

[DAVID] Quando assisti a uma palestra de Brian Robertson numa conferência sobre Holacracia em 2010, estava procurando uma forma de fazer nossa pequena empresa "funcionar sozinha", sem que eu precisasse ser o "chefe". Eu sabia que não era a melhor pessoa para ocupar esse papel, e o estresse de precisar tomar as decisões que ficavam se empilhando sobre minha mesa estava me levando ao limite, considerando que na época também estava escrevendo um livro e comandando outros projetos. Cogitei fechar a empresa, mas então decidi implementar o modelo de Brian. Desde então, nosso grupo mantém elementos dele. Foi um sistema organizacional que nos deu flexibilidade, liberdade de não precisar fazer análises de "previsão e controle" e uma forma igualitária de trabalhar, características que nos serviram muito bem, nos ajudando a sobreviver a mudanças no mercado econômico e no nosso modelo de negócios ao longo dos anos.

Imediatamente após a implementação da Holacracia na empresa, contratei uma pessoa para ocupar os papéis que eu exercia como diretor-executivo. No entanto, não pude transferir algumas das minhas responsabilidades para o novo funcionário. Ele ficou com o título de diretor-executivo (útil em comunicações com pessoas fora da empresa), mas precisei pensar nos detalhes das minhas tarefas de forma mais discreta, além de definir subpapéis e responsabilidades por elas. Resolvido isso, em geral não tivemos dificuldade para entender quem deveria fazer o quê, guiando a empresa para o futuro.

A mudança para esse tipo de sistema operacional não é simples. O maior obstáculo costuma ser convencer os donos da empresa a confiar no processo auto-organizado e deixá-lo tomar decisões finais. Os proprietários podem manter a autoridade sobre decisões estratégicas e financeiras, se essa autoridade for reconhecida e validada pela estrutura de poder distribuído. Mas, assim que o dono começa a dar "carteiradas" para anular decisões que venham da estrutura auto-organizada, a iniciativa perde a credibilidade e corre grave risco de ruir.

Por outro lado, enquanto muitos se sentem mais inspirados por terem mais controle sobre suas áreas, alguns não se sentem à vontade com o aumento de responsabilidades gerado por esse método de trabalho. Há quem prefira trabalhar das nove às cinco, receber ordens e pegar o salário no fim do mês.

Uma questão que surge com a implementação da Holacracia é que, se os colaboradores são estimulados a expressar cada vez mais suas preocupações e ideias, a autoconfiança passa a ser necessária. Caso eles se sintam ansiosos a respeito da própria competência ou tenham dificuldade de apontar os problemas que encontrarem, terão dificuldade com esse esquema participativo.

Embora esse tipo de organização represente uma mudança radical aos olhos de uma empresa com estrutura tipicamente hierárquica, é um prenúncio do que está por vir. É cada vez mais nítido que o trabalho precisa se tornar um evento consciente para todos os participantes. Os modelos populares de fluxo de trabalho eficiente foram concebidos com o objetivo de levar melhores práticas para estruturas organizacionais relativamente estáveis. O problema é que hoje em dia elas são cada vez mais raras, se é que não estão desaparecendo por completo.

Metodologia Ágil

A palavra Ágil é, sem dúvida, uma das mais em voga nas últimas décadas, mas os desavisados não conhecem bem seu significado. Tendo em vista que o termo passou a ser usado – muitas vezes de forma equivocada – para descrever iniciativas que nada têm a ver com seu objetivo original, a seguir oferecemos algumas definições.

VOCÊ É ÁGIL OU SÓ ÁGIL?

Usaremos o termo Ágil, com "A" maiúsculo, para nos referirmos à abordagem rigorosamente definida, enquanto ágil com "a" minúsculo significa apenas uma forma de trabalho que permite a entrega rápida de pequenas melhorias frequentes, cada qual oferecendo algum valor ao cliente. Se a segunda descrição lhe parece familiar, provavelmente é porque hoje em dia uma variação dessa abordagem é a forma predominante de produção de softwares.

Assim como o Lean, o método Ágil com "A" maiúsculo – e o Scrum, seu esquema de aplicação mais popular – se baseia em ideias como "fluxo" e "puxar", concentrando-se naquilo que oferece valor ao cliente. É um esquema mais prescritivo de entrega de valor por meio de iterações rápidas. Em vez de passar um ano planejando e criando um produto para só no fim descobrir que o cliente não o deseja ou que o mercado inteiro mudou de foco, a ideia é identificar informações menores sobre os desejos do cliente para então entregar incrementos de valor com consistência e frequência, até que o produto esteja pronto. Por enquanto, nenhuma novidade.

Mas não se deixe enganar pela semelhança entre ágil e Ágil. Seguir a rota formal do Ágil é um processo muito rigoroso, que exige grandes mudanças em parte da estrutura da empresa – ou mesmo em toda ela.

Como é esse rigor? Equipes Ágeis são dedicadas a épicos ou à missão maior. Épicos são divididos em *histórias* – por exemplo, "melhorar a cobrança para clientes do varejo". Os *product owners* têm autoridade sobre a direção geral do projeto, e os *scrum masters* são responsáveis pela execução correta das *cerimônias*. Equipes se reúnem após cada *sprint* de duas ou três semanas para fazer uma retrospectiva: isso foi o que fizemos no último sprint; isso foi o que deu certo; aquilo não funcionou tão bem. Então, no futuro, isto é o que queremos tirar do backlog e tornar o foco do próximo sprint. Conforme fica claro, o Ágil, com *a* maiúsculo, conta com termos específicos que são compreensíveis para quem o conhece, mas confusos para quem está de fora.

A maioria das empresas tenta apenas tornar seus colaboradores mais ágeis com *a* minúsculo, fazendo-os adotar parte das lições e dos princípios do Ágil (Scrum), mas não todo o rigor da abordagem. No geral, elas querem os resultados, mas não o esforço e as mudanças necessários para alcançá-los. E, mesmo com uma abordagem menos rigorosa, os resultados podem ser impressionantes, mas o termo se tornou popular porque produziu ótimos resultados para os que levam a abordagem a sério.

Quando nosso cliente do começo do capítulo começou a instaurar uma abordagem ágil no seu processo de vendas, o diretor-executivo global deixou claro que não queria mais ser consultado sobre todos os acordos internacionais não padronizados. Dali em diante, apenas vendas feitas em circunstâncias específicas precisariam ser aprovadas nos patamares superiores.

Quando começou a usar a ideia Ágil (e Lean) de aproximar o processo de tomada de decisões e responsabilização do espaço onde o trabalho de fato era realizado, a equipe comercial recebeu orientações claras sobre o lucro mínimo almejado e ganhou autoridade para fazer o necessário para alcançá-lo. Três vezes por ano, eles tinham o direito de pedir permissão para fechar negócios abaixo da margem de lucro mínima, porém os próprios vendedores tinham o poder de decidir tudo mais.

Em tese, a mudança deveria ter sido bem recebida por toda a cadeia de comando, mas quase todos resistiram a ela, desde o comercial até o financeiro. Por quê? Porque todos adoravam a proteção inerente do sistema anterior: a garantia de saber que outra pessoa assumiria a responsabilidade final pela decisão de cada acordo. É claro que ninguém disse isso com todas as letras. Todos alegavam ser pessoalmente a favor da mudança; sua única preocupação era que "fulano de tal em algum lugar dessa cadeia não seria capaz de lidar com tanta responsabilidade".

Mas a equipe executiva manteve a decisão, e a mudança foi instaurada. No fim das contas, não foi só o processo de aprovação de vendas que mudou: a empresa conseguiu eliminar vários comitês e comissões que se tornaram redundantes com a transformação. O comitê de riscos foi dissolvido, junto com o comercial e um de mercados, e tudo isso resultou numa economia imensa de tempo, atenção e energia.

Quando não é compreendido da forma correta, o dogma ágil pode conflitar com a realidade. Por exemplo, como parte de uma nova estratégia, um dos nossos clientes foi orientado a parar de reservar auditórios para treinamentos com um ano de antecedência, porque fazer isso não era "ágil". Mas se tentasse reservar os espaços perto das datas necessárias ele poderia ter dificuldade para encontrar boas opções disponíveis a preços razoáveis.

Devido ao fato de ser um esquema rígido, o Ágil/Scrum funciona melhor em grupos que lidam com uma quantidade limitada de projetos grandes, em que os trabalhos feitos – e os deixados para depois – são fáceis de identificar. Também é bastante útil para as pessoas que trabalham nesses projetos e não têm boas práticas de fluxo de trabalho. Para elas, essa abordagem pode parecer revolucionária, porque externaliza um sistema de fluxo de trabalho. Se antes elas ficavam perdidas em meio a inúmeros compromissos registrados apenas na memória, agora enxergam como avançar em seus projetos de forma metódica. O desafio é a priorização padronizada implícita nessa abordagem. Se o restante do trabalho – ou de suas vidas – não seguir um sistema, os projetos executados com o Scrum receberão um foco desproporcional. A pessoa deixa tudo mais de lado até precisar apagar um incêndio em outra área da vida.

Outro aspecto do Ágil que gera resistência é sua tendência a forçar simplicidade em um ambiente complexo. O Ágil real é um mundo perfeito, e talvez por isso seja adorado pelas equipes que o implementam. As pessoas o adoram porque a organização limita o escopo de seu trabalho a algo muito específico e elimina os aspectos desnecessários que todos precisariam encarar antes de chegar ao seu trabalho de verdade.

Nem todos gostam disso. Assim como acontece com a Holacracia, essa abordagem não é a mais indicada para quem prefere apenas chegar ao trabalho e receber ordens ou ter liberdade para usar seus aplicativos como quiser. Você terá problemas se insistir em forçar uma equipe que não tem vontade alguma de assumir grandes responsabilidades em um ambiente de trabalho rápido. Mas, para os que gostam de ter responsabilidades, assumir riscos e criar, essa é uma ótima forma de trabalhar. Por sorte, o modelo ágil não é necessário – nem apropriado – para todas as partes de uma empresa. Não há problema algum em ter mais de uma abordagem, levando em conta a natureza de cada tarefa. Hoje em dia, muitas organizações evitam se fechar em torno de apenas uma metodologia ágil e preferem usar um "vocabulário" de intervenções pinçadas de diversas abordagens ágeis para solucionar diferentes problemas.

Uma pessoa muito tranquila consigo mesma deixa
o passado bem arquivado, o presente organizado
e o futuro sujeito a revisões imediatas.

– AUTOR DESCONHECIDO

O NOVO TRABALHO E O TRABALHO DO CONHECIMENTO

Uma das características peculiares da mudança para o Novo Trabalho é a forma desigual como ele é aplicado em diferentes mercados e mesmo dentro da mesma empresa. As metodologias Ágil, Lean e Seis Sigma, por exemplo, foram muito mais aplicadas no setor industrial e na produção de softwares (que pode ser encarada como um processo de fabricação de códigos) do que por mercados do trabalho do conhecimento.

Nosso objetivo é mostrar como os princípios do GTD podem se apropriar de algumas vantagens das abordagens Lean e Ágil para as questões não padronizadas que tornam o trabalho do conhecimento tão distinto e estender as vantagens encontradas pelo setor industrial e pela produção de softwares para grupos mais amplos.

A adoção do Novo Trabalho não é homogênea nem mesmo dentro de uma empresa do setor industrial. A parte comercial pode receber iniciativas elaboradas para facilitar o uso do Ágil ou do Lean, enquanto os trabalhadores do conhecimento são abandonados à própria sorte. Da mesma forma, ocupações que utilizam muitos processos, como a manufatura, terão procedimentos documentados para aproveitar as vantagens de todas as melhorias feitas pelos colaboradores que já passaram pelo departamento. Já os trabalhadores do conhecimento que cumprem tarefas não padronizadas precisam se virar sempre que ocupam um novo cargo, pois em geral os processos não são documentados.

É ainda mais impressionante observar que as mesmas empresas que adotam com sucesso métodos melhores de executar atividades rotineiras, baseadas em processos, costumam ignorar – ou não enxergam – que é possível alcançar essas mesmas vantagens nas atividades não padronizadas. Os trabalhadores do conhecimento estão nas áreas comercial, administrativa, de pesquisa de mercado e de desenvolvimento de produtos. Eles são igualmente essenciais para o sucesso do negócio, porém seu trabalho consiste em tarefas não estruturadas, infinitamente variadas, com pouquíssimas repetições, que surgem em resposta a forças dinâmicas do mercado. Com frequência, são tarefas únicas e limitadas a uma empresa, um papel ou até uma pessoa. Podem acontecer apenas uma vez, ou raramente, mas têm grande impacto.

Em um nível superior, o trabalho do conhecimento exige que as equipes gerenciem sua atenção e energia de forma a serem produtivas nos sentidos individual, coletivo e organizacional. É uma questão de como dividimos o tempo, lidamos com compromissos, respondemos a e-mails e fazemos reuniões eficientes e pontuais; como definimos objetivos e fazemos planos para alcançá-los; como lidamos com interrupções nos planos; e quando e como decidimos priorizar – ou não – nossas respostas a essas interrupções levando em consideração os compromissos que já assumimos (partindo do princípio de que sabemos que compromissos são esses).

De muitas formas, esse tipo de trabalho se tornou mais essencial para o sucesso em empresas da área industrial do que apenas fazer melhorias baseadas em processos. Se toda a concorrência adota as mesmas abordagens Lean e Ágil em trabalhos baseados em processos, uma empresa só conseguirá se diferenciar das outras na forma como lida com trabalhos não padronizados.

Devido à natureza não repetitiva do trabalho do conhecimento, é difícil documentá-lo e avaliá-lo, dando a impressão de que é impossível administrá-lo ou aprimorá-lo de maneira sistemática. Isso é tão desafiador que há quem prefira ignorar que se trata de uma área que pode receber melhorias sistemáticas; o raciocínio é que, se contratarem pessoas inteligentes, a questão se resolverá sozinha. Mas não é questão de inteligência, e sim de implementações que precisam de suporte.

A aplicação das abordagens do Novo Trabalho é igualmente importante para o trabalho do conhecimento, ou até mais, uma vez que os problemas são difíceis de identificar. Como diz um de nossos colegas: "Se você trabalha numa fábrica que faz latas de molho de tomate, sabe que há algo errado caso depare com uma pilha de tomates ou latas no chão ou se vir um incêndio.

Mas, num escritório, uma pessoa que tem um dia produtivo no computador é muito parecida com alguém que tem um dia improdutivo no computador. E, se não existirem formas de tornar o trabalho visível, ninguém saberá o que você está fazendo."

COMO O GTD APOIA E COMPLEMENTA ABORDAGENS DO NOVO TRABALHO E COMPENSA SEUS PONTOS FRACOS

Num mundo de simplificação de hierarquias e aumento de responsabilidades, é cada vez mais comum exigir que colaboradores que fazem parte de times administrem o próprio trabalho sem supervisão direta. Ninguém tem tempo nem cabeça para ficar segurando a mão dos outros e descobrir o andamento de um projeto. Parte-se do princípio de que os membros da equipe gerenciam as responsabilidades dos próprios papéis, quais sejam, os outputs e as ações que executam ou recebem.

É nesse ponto que o GTD pode estimular uma equipe que já tenha adotado uma das novas abordagens. O alinhamento entre o Novo Trabalho e o GTD está no "mapeamento" de todas as tarefas atuais. Na maioria das abordagens do Novo Trabalho, a expectativa é que a equipe tenha um inventário completo de todos os seus projetos e seja capaz de determinar seus compromissos com regularidade. Sem isso, ela não tem como saber se está cuidando das tarefas corretas. A visualização de todos os sistemas e abordagens que descrevemos mostra o fluxo de trabalho de uma equipe e pode ser extremamente eficaz na otimização dos processos. Mas para isso é preciso que os indivíduos envolvidos sigam as melhores práticas possíveis. Esse é o outro lado do argumento de Deming, segundo o qual uma pessoa competente sempre é vencida por um processo ruim. Da mesma forma, um processo de equipe altamente otimizado será sabotado pelas práticas de trabalho precárias dos indivíduos que comandam o processo. É preciso unir as duas coisas: um ótimo processo e pessoas capazes de lidar com o próprio fluxo de trabalho. Qualquer abordagem sob a bandeira do Novo Trabalho – como a Lean, a Ágil, a Holacracia e outras – pode dar resultados positivos mesmo sem ajudar os trabalhadores do conhecimento a estruturar suas tarefas não padronizadas, mas funcionará melhor se as pessoas tiverem um sistema pessoal que as ajude a cumprir os compromissos assumidos nas reuniões de equipe. Para que essas abordagens funcionem, é preciso que os indivíduos façam entregas consistentes e cumpram com suas respectivas partes. Mas, sem uma forma eficaz de lidar com essas promessas, sempre haverá buracos no sistema. Em outras palavras, você depende da organização individual de todos os membros para ter um time que se organiza por conta própria e, assim, trabalha de forma otimizada. Por causa disso, o GTD e todas as abordagens do Novo Trabalho são complementares.

Claro que a definição do trabalho é uma parte essencial do GTD, e também é fundamental que, desde o primeiro dia, o indivíduo mantenha uma lista completa de seus compromissos, de modo a fortalecer o sistema. Quando visualizamos nossas tarefas (em um gráfico, lista ou qualquer outro formato), conseguimos organizá-las, discuti-las com mais clareza e estruturá-las para melhor gerenciá-las. Mas, da mesma forma que nem a melhor lista do mundo o ajudará se não for consultada, uma equipe com ótimas listas individuais armazenadas apenas no sistema de cada um terá dificuldade para coordenar atividades. Na equipe, quando consolidamos os elementos das listas individuais que são relevantes para o grupo e as compartilhamos com o auxílio de ferramentas visuais, todos passam a ter a sensação de que sabem o que precisa ser feito.

Estamos nos aproximando de princípios que levam a um alto desempenho saudável em equipes, e o próximo capítulo vai se aprofundar nessa questão.

CAPÍTULO 3

O que é uma equipe? Por que ela é importante?

A coisa estava feia. O tempo passava, e o exercício não ia bem. Uma pequena equipe de gerentes seniores de uma multinacional tentava solucionar um problema simples em conjunto, antes de apresentar sua solução para um grupo de colegas no salão principal.

Como parte de um curso de desenvolvimento executivo, tínhamos dividido o grupo em equipes, explicado o exercício e colocado uma câmera na sala para registrar o que aconteceria. Deixamos claro que o desempenho na atividade não faria parte da avaliação anual de cada participante, mas eles pareceram esquecer isso de imediato, junto com a câmera. E era verdade: ninguém seria avaliado com base na qualidade da apresentação, mas o exercício tinha um propósito. Nossa ideia era analisar as interações entre os participantes e os processos que escolhiam para chegar à solução, e então ajudá-los a identificar oportunidades para desenvolver as capacidades de trabalhar em colaboração e de liderar equipes.

O grupo começou o exercício com entusiasmo, mas logo encontrou turbulências. Aquela era a primeira atividade de um programa que duraria uma semana, e todos estavam ansiosos para deixar sua marca. No começo, os participantes foram cordiais e usaram seus pontos fortes. Os mais introvertidos começaram falando menos, enquanto aqueles que pensavam alto se manifestavam mais. Eles faziam e debatiam sugestões, e todos se esforçavam para escutar uns aos outros.

Mas, à medida que as conversas não estruturadas foram se prolongando, os ânimos começaram a se exaltar. Antes cordiais, as interações foram corroídas pela ausência de um progresso visível. O uso excessivo das estratégias iniciais se tornou um problema: os introvertidos foram ficando mais silenciosos, e os extrovertidos, mais escandalosos. As pessoas falavam por cima umas das outras. As acostumadas a tomar decisões rapidamente tentavam chegar a uma conclusão, qualquer que fosse. Outras se levantaram e começaram a registrar as possibilidades num flip chart antes de serem dispensadas. Quando alguém percebeu que o tempo estava se esgotando, era tarde demais para preparar uma apresentação coerente. Com isso, eles chegaram a uma solução em cima da hora, e o membro que se sentiu mais à vontade para improvisar a apresentou ao grupo maior.

Assistimos a essa dinâmica em praticamente todos os grupos que observamos ao longo de vários anos nesses eventos – às vezes pior, às vezes um pouco melhor. Algumas equipes faziam apresentações razoáveis, porém a maioria era um desastre. Mesmo as melhores não tinham um desempenho muito superior ao que se esperaria de uma apresentação de feira de ciências na escola. Um desavisado jamais imaginaria que a maioria daquelas pessoas comandava empresas milionárias – bilionárias, em alguns casos.

Nós estávamos lidando com empresários inteligentes, motivados, que em grande maioria comandavam organizações com milhares de colaboradores. Mas o que faltava não era inteligência nem motivação. Era estrutura.

Quase sempre que fazíamos esse exercício, os grupos mergulhavam de cabeça muito rápido e esqueciam – ou ignoravam – a parte mais básica de trabalhar em equipe. O limite de tempo criava um sentido de urgência – como ocorre na vida real –, fazendo-os ignorar os fundamentos, porque estar em movimento parecia melhor. Eles negligenciavam ações fáceis de realizar, como atribuir tarefas simples aos membros. Exemplos: alguém para ficar de olho no relógio e limitar o tempo de discussão ou chamar a atenção para o fim do exercício; um mediador para organizar a discussão e garantir que todos fossem ouvidos; um líder com poder de tomar decisões finais quando o grupo não chegasse a um consenso; e alguém que anotasse os comentários a serem usados durante a apresentação para um grupo maior. A determinação desses papéis não garantiria o sucesso, mas com certeza aumentaria a chance de um resultado melhor.

Quanto mais técnica você tem, menos precisa se preocupar. Quanto mais técnica existe, menos existe.

– PABLO PICASSO

Ao longo da semana, os exercícios em equipe foram se tornando mais eficientes e harmônicos. Não porque os participantes ficaram mais inteligentes, mas porque, após debaterem sobre seu desempenho e receberem feedback do seu coach, as equipes passaram a adotar estruturas simples que as ajudavam nas discussões, decisões e execuções.

Esse exercício, e outros semelhantes, faz parte de uma tendência crescente, tanto nas empresas quanto nas faculdades de administração, de equipar os líderes com ferramentas melhores para levar seus times a fazer um trabalho colaborativo mais eficaz.

A TENDÊNCIA É QUE O TRABALHO EM EQUIPE AUMENTE

No mundo atual, as equipes se tornaram a unidade básica da colaboração produtiva. Indivíduos habilidosos continuam tendo um papel fundamental, mas – com exceção de alguns gênios ermitões – basicamente todas as conquistas significativas acontecem em equipe. E até os gênios ermitões precisam de um time que dê vida às suas ideias para causar um impacto real. As equipes vêm recebendo um novo foco, e trabalhar bem em grupo é uma habilidade essencial para quem quiser alcançar o sucesso nesse novo ambiente. Trabalhar em equipe – com os outros e com a IA – é *a* habilidade que vai evitar nos tornarmos redundantes num futuro próximo.

Hoje, os desafios que encaramos como sociedade e nas organizações exigem uma gama tão ampla de habilidades e qualidades pessoais que as equipes são a maneira mais eficiente e eficaz de resolvê-los. Para solucionar problemas graves em grupo, precisamos ter um conjunto de múltiplas capacidades e mais esforço do que um único ser humano é capaz de oferecer. E isso é só para encontrar a solução. O trabalho de conduzir essa solução através da politicagem e das interdependências de uma organização moderna também costuma ser uma tarefa impossível para apenas uma pessoa. A colaboração em equipe produz resultados mais interessantes, e identificamos os princípios que facilitarão o processo.

A equipe também é um ótimo ponto de partida para a implementação de mudanças. Muitas iniciativas tentam transformar grandes organizações com intervenções no nível corporativo, mas é difícil receber esse nível de apoio. Os mais experientes sabem que uma mudança real na cultura de uma grande empresa pode levar uma década. Para equipes, não é assim. Tal como os soldados não vão para a guerra pelo seu país, e sim pelos companheiros nas trincheiras, os membros de uma equipe assumem compromissos e fazem mudanças juntos e uns pelos outros numa velocidade praticamente inalcançável em um sistema mais amplo. Torcemos para que as empresas vejam que suas equipes estão tendo um impacto positivo ao adotar os princípios e práticas apresentados neste livro, mas nosso alvo não são organizações inteiras. Acreditamos que o melhor ponto de partida é a equipe, e é nela que vamos focar neste livro.

O QUE É UMA EQUIPE?

É provável que existam tantas definições de equipe quanto consultores trabalhando nelas. Algumas definições (e consultores) são mais úteis que outras. Preferimos manter a simplicidade. Para nós, uma equipe é qualquer grupo que se reúna com regularidade ou com fins específicos para alcançar um objetivo em comum que tem mais chances de ser conquistado em conjunto do que se cada uma das partes agisse por conta própria.

A verdade é que, se não permanecermos juntos, certamente perderemos sozinhos.

– BENJAMIN FRANKLIN

É uma definição abrangente, mas que permite a inclusão de muitos grupos que não seriam imediatamente considerados uma equipe, permitindo, assim, que se beneficiem de estruturas e processos simples usados por equipes mais fáceis de identificar.

Algumas equipes são fáceis de reconhecer: nos esportes, no exército, em empresas. Mas o que pensar de uma executiva e seu assistente pessoal? Talvez não seja habitual considerá-los uma equipe, mas acreditamos que vale a pena encará-los dessa forma. Qualquer executivo é visto como alguém capaz de causar grande impacto nos resultados da organização em que trabalha. Se não houver coordenação entre seu trabalho e o de seu assistente, tal como ocorre com ótimas equipes, haverá mal-entendidos, expectativas tácitas não alcançadas ou falhas na comunicação, levando a um grande desperdício de energia e inspiração. Um relacionamento de trabalho que deveria aumentar o impacto dos talentos da executiva acaba se tornando uma confusão passivo-agressiva ineficaz. E essa não é uma questão hipotética: nós dois já fomos chamados a resolver essa exata situação dezenas de vezes. A maioria dos executivos acha que não forma uma equipe com seus assistentes, porém, pela nossa experiência, essa é uma das equipes mais importantes das quais eles participam.

E um casal com um bebê a caminho? O que são essas pessoas, além de uma equipe que está lidando com uma nova entrada em seu mercado? Se elas não encontrarem uma maneira de trabalhar juntas de forma eficaz, a criança pode acabar destruindo o negócio, ou pelo menos sua sanidade. Pode parecer bobagem, mas pequenas ações – como montar uma lista de projetos conjuntos e mantê-la à vista – ajudam a manter a harmonia.

Famílias não costumam ser vistas como uma equipe, mas há anos recebemos feedbacks positivos de pais que encontraram muitas vantagens em aplicar em casa os mesmos princípios básicos da abordagem do fluxo de trabalho GTD que usam no escritório. Acreditamos que famílias também se beneficiam ao integrar as melhores práticas do mundo das equipes. Mas que fique claro: estamos dizendo que famílias podem se beneficiar de alguns aspectos do trabalho em equipe, e não que equipes são – ou deveriam ser – famílias. (Mesmo quando as relações são difíceis, é improvável que você seja demitido da sua família.) Ao usar os mesmos princípios, estruturas e processos de equipes, as famílias podem cumprir seu propósito – oferecer segurança, amor e acolhimento a seus membros – de forma ainda mais eficaz.

Segundo a nossa definição, até você e um taxista podem se considerar uma equipe para chegar a um destino. Pode parecer que estamos forçando a barra, mas os mesmos princípios se aplicam. E, conforme observamos no Capítulo 1, hoje em dia muitas equipes de trabalho existem por períodos não muito mais longos do que o tempo de uma corrida de táxi até o outro lado da cidade.

Como mostra o exemplo da executiva e seu assistente, não estipulamos uma quantidade mínima de pessoas para formar uma equipe. Porém, após muitos anos de experiência, observamos que as práticas que apresentamos neste livro se tornam complicadas com times grandes demais. E o que significa *grande demais* nesse contexto? Sempre há exceções, mas a quantidade ideal costuma ser entre 6 e 10 membros. Mais de 20 deixam de ser uma equipe e passam a ser uma multidão.

Não acreditamos que uma equipe precisa ser contratada em tempo integral para ser eficiente. É o caso de equipes de voluntários, por exemplo, mas mesmo no mundo corporativo as equipes conseguem funcionar bem com participantes que trabalham apenas em meio expediente, se muito. Um grupo informal de colegas, unido por um propósito comum e pelos princípios e técnicas aqui descritos, fez o GTD alcançar pessoas e empresas em 75 países ao longo de duas décadas.

Um exemplo ainda mais extremo: o curso de desenvolvimento para executivos descrito no começo deste capítulo foi organizado por uma "equipe" de profissionais que nunca haviam trabalhado juntos. Em poucas horas, eles se encontraram, dividiram as responsabilidades e chegaram a um consenso sobre o que precisava ser delegado e como queriam trabalhar uns com os outros durante o evento. Esses profissionais determinaram claramente o que cada um deveria fazer e fizeram acordos explícitos sobre os papéis e as responsabilidades de cada um, e se saíram tão bem nessas tarefas que os participantes do curso nunca souberam que estavam nas mãos de um grupo que só se encontrou na véspera do evento.

Esse exemplo pode parecer radical, mas é a norma em muitos mercados há anos. O que é um set de filmagem, se não um conjunto de especialistas reunidos por um breve período, usando seus talentos em prol de determinado objetivo, antes de irem trabalhar em novos projetos?

Embora hoje as equipes possam ser cada vez mais passageiras, em muitas empresas e indústrias ainda há grupos com ciclos de vida mais longos. Não existe uma maneira única de gerenciar uma equipe, apesar de certos negócios demandarem estruturas e abordagens específicas. O importante é que ela tenha a estrutura certa e se entenda. Piqueniques em família ou grupos de igreja precisam de sistemas diferentes dos utilizados para enviar um foguete a Marte. Os princípios são os mesmos, mas a forma de expressá-los pode ser oposta. Mas todas essas equipes se beneficiarão da abordagem simples que apresentamos, por mais informais ou breves que sejam.

Nosso objetivo não é descrever *a* única forma correta de comandar qualquer equipe, e sim revelar os princípios e práticas do trabalho em equipe eficaz, oferecendo-os com um esquema fácil de entender para que você encontre uma solução que funcione para a *sua* equipe.

O QUE SÃO PRINCÍPIOS, E POR QUE PRECISAMOS DELES?

Até aqui, falamos de princípios algumas vezes, então é melhor explicar de que estamos falando. Um princípio costuma ser considerado uma lei fundamental - como as leis da física - que determina resultados independentemente do momento ou do lugar em que é aplicada. A gravidade é um exemplo de princípio. Se você deixar algo cair no planeta Terra, a gravidade se comportará sempre da mesma maneira. Todos os objetos - pedras, maçãs, qualquer coisa - vão ao chão. Você pode até brincar com esse princípio - como fazem trapezistas para empolgar a plateia -, mas ignorá-lo só causará problemas.

Nos livros anteriores sobre o GTD, David revelou e explicou os princípios do fluxo de trabalho pessoal. Por exemplo, um princípio essencial da *captura* é que revirar sua cabeça em busca de pendências por resolver trará bons resultados. Isso vale para qualquer ser humano, independentemente do momento ou do lugar. Teria funcionado tanto na França durante a Idade Média quanto na China atual, e funcionará numa eventual colônia em Marte no futuro.

O mesmo vale para *esclarecer*. O princípio dita que você alcançará resultados melhores se reservar um tempo, assim que possível, para pensar na importância das pendências que capturou. Nada *pode* acontecer antes de você pensar em qual será seu próximo passo. A única questão é o estado em que você se encontra no momento de pensar: se está estressado porque a pendência se tornou uma emergência e precisa ser analisada junto com várias outras coisas por resolver; ou calmo, porque reservou um tempo para pensar todos os dias.

Esses princípios são flexíveis. Tanto faz *como* capturamos – se em papel ou num aparelho eletrônico – ou *quando* esclarecemos, mas ao ignorar um desses passos pagamos um preço, seja em oportunidades perdidas ou em estresse.

Neste livro, usamos a ideia e a prática de "princípios" em várias partes, e apesar de essa palavra ser usada em diferentes contextos, o significado é o mesmo: atividades ou comportamentos que otimizam o que fazemos em equipe e como interagimos. Assim como entender a lei da gravidade permite que trapezistas façam mágica em pleno ar, compreender os princípios do fluxo de trabalho pessoal vem permitindo que uma geração inteira de trabalhadores do conhecimento seja mais produtiva e menos estressada por anos. Ao compreender os princípios do alto desempenho saudável coletivo, você e sua equipe encontrarão uma forma de aplicar esses princípios para alcançar resultados positivos semelhantes, sem precisar de redes de segurança.

PRINCÍPIOS QUE FAZEM EQUIPES DAREM CERTO

Nós identificamos os cinco princípios essenciais para equipes, bem como uma lista mais longa de fatores desejáveis e úteis, mas não fundamentais, para um time manter um alto desempenho constante. Os princípios essenciais são:

- Clareza
- Confiança suficiente
- Comunicação aberta
- Aprendizado
- Diversidade

PRINCÍPIO: CLAREZA

Às vezes chamado de "transparência" ou "linha de visão", esse princípio se manifesta de diversas maneiras em equipes saudáveis e eficazes, que buscam sempre deixar claro *como estão as coisas* em uma variedade de níveis e parâmetros.

A obtenção dos dados apropriados é um ponto de partida crucial para qualquer projeto ou processo de tomada de decisão. Determinar com precisão em que a equipe vai trabalhar é um passo fundamental.

Fazendo outra analogia com futebol, o elemento mais óbvio no qual o jogador deve prestar atenção é sua posição em campo. Quando ele se posiciona bem, fica mais fácil sua equipe alcançar as vitórias. Por outro lado, quando dois jogadores ocupam a mesma posição em campo, a chance de vitória cai. Se há dois jogadores na mesma posição, a equipe está deixando um buraco em outro lugar. Eles podem até achar que são uma equipe alinhada, mas a realidade não é essa.

Um problema bem definido
é metade de um problema resolvido.

– CHARLES KETTERING

Para evitar essa dificuldade, a equipe precisa ter clareza quanto a seu propósito e sua direção. Uma equipe é definida por seu propósito e se torna mais eficiente ao usar padrões e processos claros, que devem ser reavaliados de tempos em tempos, porque podem mudar ou porque os padrões da equipe caíram (o que acontece bastante), fazendo com que seja necessária uma correção de curso. O mesmo vale para outras diretrizes, como o alinhamento sobre o significado de "sucesso" (visão) ou sobre como alcançá-lo (objetivos e metas). Esses são os três primeiros Horizontes de Foco identificados pelo GTD, que permitem a adoção de prioridades mais claras. Falaremos melhor sobre cada um do Capítulo 5 ao 8.

Outro fator importante é a clareza sobre os papéis de cada membro da equipe – sem ela, as pessoas não sabem ao certo quem é responsável por quê e quem precisa ser informado de cada coisa. Também é comum haver perda de tempo causada por retrabalhos e por situações em que pessoas recebem informações desnecessárias. Aqui fica implícita a clareza da responsabilização. Toda equipe precisa ter uma pessoa a quem consultar, dentro ou fora da organização, quando precisar esclarecer um problema ou situação que a envolva. Falaremos mais sobre isso no Capítulo 9.

Uma das grandes vitórias em termos de clareza é ter exata noção de quanto a equipe já está tentando fazer e entender se é humanamente possível alcançar o objetivo. Essa parte é tão essencial que dedicamos o Capítulo 12 a ela.

Em nossos trabalhos de consultoria, há momentos em que o progresso parece "empacar" no debate e no foco sobre equipes. Não há forma melhor de "desempacar" o processo do que ter uma conversa sincera sobre a realidade atual, para que todos cheguem a um consenso. Só existe clareza quando os membros do time não escondem coisas uns dos outros.

[DAVID] Ao longo dos anos prestando consultoria, um dos melhores exercícios que eu fazia com equipes era o que levava todos os membros a chegar a um consenso sobre a realidade atual da situação em que se encontravam.

Uma forma mágica de fazer isso é criar uma linha do tempo visual com eventos importantes que culminam no momento presente. Quando a iniciativa começou? Quem deu o pontapé inicial? O que fez as coisas mudarem? Quais desafios e oportunidades surgiram, e quando? O que foi acrescentado ou interrompido, e quando? E assim por diante. Sempre fiquei fascinado ao ver a clareza de foco e das discussões que se seguiam a esse exercício.

É comum que as pessoas sejam influenciadas pelas histórias que escutaram e simplesmente aceitaram como verdade, mas muitas vezes elas não passam de exageros e generalizações fora de contexto. "Todo o pessoal competente está indo embora." Quem exatamente está indo embora? "Ah, a fulana falou que está pensando em mudar de emprego."

"A empresa está perdendo dinheiro." Como você sabe? Que métrica usou como base? Quanto dinheiro? "Ah, eles estão fazendo cortes de orçamento."

"A concorrência está nos ultrapassando." Como você sabe? Eles estão muito ou pouco na frente? Com que velocidade nos ultrapassaram? "Vi um anúncio grande deles no jornal."

E por aí vai.

PRINCÍPIO: CONFIANÇA SUFICIENTE

Esse princípio sempre é mencionado numa discussão de equipe sobre desempenho. Está claro que ele é importante para pessoas que trabalham juntas, mas a palavra *confiança* tem um conceito abrangente, de modo que cada pessoa a compreende de uma forma. Assim como *amor*, a palavra *confiança* é tão carregada do conceito e das expectativas pessoais de cada um que fica difícil determinar exatamente o que ela significa na situação em que nos encontramos. Os gregos antigos criaram seis palavras para representar diferentes tipos de amor (passional, amizade, pela humanidade, etc.), mas a sociedade contemporânea uniu todos eles em um termo, e essa falta de distinção pode gerar mal-entendidos. O mesmo vale para a confiança. Aquilo que muitos desejam é o tipo de confiança total que uma criança tem nos pais amorosos. Algumas pessoas têm mais sorte do que outras no que diz respeito aos pais, mas, por melhor que seja sua família, não nos parece útil buscar esse tipo de confiança absoluta numa equipe. Quando falamos de confiança, estamos nos referindo à disposição de se comprometer com objetivos em comum e de confiar que existe interesse mútuo suficiente em alcançá-los, de modo que possamos ter certeza de que todos darão o melhor de si para atingir o objetivo. A confiança é construída quando cumprimos promessas. Ela é tanto uma contribuição – você precisa investir um pouco para dar força ao relacionamento – quanto um resultado. A maioria das pessoas a trata como resultado quando fala sobre conseguir confiar em alguém – em consequência de certos compromissos serem cumpridos de forma consistente. Numa equipe eficiente, é necessário haver pelo menos um grau mínimo de confiança. Você pode renegociar seus acordos (um exemplo simples da equipe com o taxista: "A rua está engarrafada. Vai ficar mais caro se seguirmos por outro caminho, mas chegaremos mais rápido."), mas a intenção de entregar resultados se mantém constante.

Se as pessoas estão dispostas a seguir alguém – seja rumo a uma batalha ou uma sala de reunião, no escritório ou no front –, a primeira coisa que desejam é ter certeza de que esse alguém merece a confiança delas.

– JAMES KOUZES E BARRY POSNER

PRINCÍPIO: COMUNICAÇÃO ABERTA

Esse princípio é relacionado ao que hoje chamamos de segurança psicológica – a capacidade de falar francamente sobre questões que afetam a equipe sem temer punições. Não estamos sugerindo que o time se comunique abertamente sobre todos os assuntos, mas que exista apoio claro e feedback positivo para revelações de qualquer tipo, vindas de qualquer fonte, capazes de alterar o desempenho do grupo. Sem isso, a probabilidade de alcançar a clareza consistente definida pelo primeiro princípio diminui drasticamente.

Na Holacracia, por exemplo, é crucial que qualquer um, em qualquer patamar da empresa, sinta-se à vontade para apontar quaisquer "tensões" – problemas ou oportunidades que surjam – assim que detectá-las, de modo que sejam avaliadas e resolvidas da melhor maneira em tempo hábil. O sistema é organizado de forma a estimular a confiança, evitando julgamentos negativos sobre a pessoa que avisou que certa questão merece atenção. O fato de as pessoas confiarem umas nas outras como indivíduos não faz diferença aqui; o que importa é que confiem no processo de deixar tudo às claras.

É agradável fazer parte de uma equipe amistosa e avessa a conflitos, mas a retenção de informações pode prejudicar a coerência e o moral de uma equipe. E muitas vezes o feedback e as informações não são de fato retidos, e sim transformados em fofocas sem qualquer influência sobre o problema ou a oportunidade.

Claro que é ótimo gostar das pessoas com quem trabalhamos, mas não precisamos gostar delas para trabalharmos bem juntos – só precisamos de acordos claros. Sem isso, os sentimentos positivos podem acabar se transformando em mágoa e desconforto nos momentos mais complicados.

Num ambiente de mudança, os aprendizes herdarão o mundo, enquanto os conhecedores se descobrirão perfeitos para um mundo que deixou de existir.

– ERIC HOFFER

PRINCÍPIO: APRENDIZADO

A citação de Hoffer é sucinta em seu argumento, mas é importante refletirmos sobre os impactos encarados por uma equipe que não se esforça para aprender. Times que não querem ou não conseguem reservar um momento para revisar, refletir e aprender com o que fazem estão condenadas a repetir erros. Se sua equipe não usar essa habilidade fundamental, não conseguirá se adaptar a um ambiente dinâmico, não terá capacidade de inovar ou reagir às exigências cada vez maiores dos stakeholders e do mercado. A única forma de manter a esperança de estabelecer longas parcerias com esses atores é estar sempre aprendendo sobre as necessidades e os desejos deles. Se não aprendemos, o pensamento de grupo e os vieses inconscientes se mantêm, e a equipe fica presa na reatividade em vez de bolar estratégias para lidar com os desafios que vislumbra no horizonte. Se investigarmos a origem de qualquer grande desastre industrial ou empresarial até encontrar sua fonte, veremos que em geral há uma equipe de portas fechadas para o potencial do aprendizado.

A boa notícia é que equipes comprometidas com os princípios anteriores estão a meio caminho de adotar este também. Se a equipe se compromete a encarar a realidade e tem confiança suficiente para debatê-la com uma comunicação aberta, então, para que haja aprendizado, basta reservar um tempo para avaliar os desempenhos recentes e se dispor a buscar formas de melhorá-lo.

PRINCÍPIO: DIVERSIDADE

Talvez este seja o princípio mais controverso da nossa breve lista, em parte devido à forma como a palavra passou a ser associada a debates sobre raça e gênero. Há quem diga que a diversidade não é um princípio de verdade, porque houve uma época, num passado recente, em que muitas equipes de sucesso não pareciam ser nada diversas. Porém, embora houvesse menos diversidade *visível* devido à época e ao local em que essas equipes operavam, argumentamos que sempre houve bastante diversidade (de pensamentos, abordagens, habilidades, etc.) em equipes altamente produtivas. Mas muitas vezes todos os membros da equipe tinham estudado nas mesmas faculdades e vinham do mesmo meio socioeconômico. Incluir diversidade de raça e gênero em qualquer equipe representa um imenso avanço, pois o ideal é ter uma mistura rica de culturas, experiências e pontos de vista. Só então teremos as perspectivas e os feedbacks variados que geram mais resiliência e soluções mais criativas.

A diversidade da equipe precisa de espaço para expressar sua utilidade. E, conforme comentou um de nossos clientes, o GTD abre espaço para a diversidade desabrochar, porque uma equipe diversa não é capaz de alcançar seu potencial se todos estiverem apagando incêndios o tempo inteiro, sem conseguir olhar ao redor para ver o que está acontecendo ou reservar um momento para ter as conversas necessárias com o objetivo de encontrar soluções robustas. Na verdade, as organizações precisam de mais "explosões controladas", mais pessoas incomuns, mais assimetria em seus membros e suas práticas. Precisam estar sempre desafiando a si mesmas e, com isso, manter-se sempre preparadas, de modo a evitar levar uma rasteira do mercado.

VANTAGENS OPCIONAIS

A seguir, apresentamos "vantagens opcionais" que nós dois adoraríamos ter em qualquer equipe com que trabalhamos, mas que não são exatamente princípios, porque já vimos muitos grupos alcançando o sucesso sem alguma ou nenhuma delas. Que fique claro: todas essas vantagens são desejáveis, então tente integrar o máximo possível delas em suas equipes.

Liderança fluida: Sempre é necessário que haja liderança, embora nem sempre na forma de um líder hierárquico. Equipes eficientes passam esse papel para o "jogador certo para a jogada" – o membro que tem as melhores habilidades ou experiências para a tarefa.

Aqueles que gostam de responsabilidade geralmente a conseguem; aqueles que gostam apenas de exercer autoridade geralmente a perdem.

– MALCOLM FORBES

Priorização rigorosa: Apesar de não ser um princípio, este elemento é tão importante que dedicamos um capítulo inteiro a ele. Se quiser saber mais agora, vá para o Capítulo 12.

Autorresponsabilização: O padrão-ouro para essa vantagem é que cada membro seja responsável pelos resultados gerais, e não só pelos da própria área. Quando se sentem responsáveis pelos resultados do grupo, todos se oferecem para ajudar se surgem problemas. Já vimos equipes funcionarem bem sem essa cultura, mas ela torna o ambiente de trabalho mais divertido e atrativo.

É incrível quanto as pessoas conseguem fazer quando não se importam com quem leva o crédito.

– SANDRA SWINNEY

Diversão: Outra boa vantagem opcional ao trabalhar em equipe é ter a sensação de diversão. Em parte, ela nasce de um processo acelerado e confiante para alcançar os objetivos da equipe, mas também do desejo de abrir espaço para comemorar esforços e conquistas. Até as equipes que prosperam em meio a conflitos precisam de harmonia de vez em quando. Do contrário, mesmo entregando ótimos resultados, podem acabar vivendo num ambiente de trabalho tóxico e deprimente.

O grande desafio é tornar a boa comunicação uma ferramenta prática e bem usada. Com isso, será mais fácil utilizá-la sem pensar.

– MAX DE PREE

Proatividade: A disposição de lidar rápida e consistentemente com oportunidades e problemas é uma característica marcante das ótimas equipes.

Linguagem comum: Um dos fatores que diminui atritos e ruídos numa equipe é a compreensão mútua do trabalho a ser feito e de como fazê-lo, além de uma linguagem comum que permita a comunicação clara e concisa.

EQUIPE OU INDIVÍDUO (QUEM TEM O QUE A OFERECER)

Em nossas conversas sobre desempenho de equipes, ficou nítido que era preciso esclarecer uma transação básica, qual seja, o que o indivíduo precisa oferecer à equipe para que ela tenha um bom desempenho, e o que a equipe precisa oferecer ao indivíduo para que ele consiga cumprir bem seu papel. O primeiro livro sobre o GTD tratou sobretudo da primeira parte – como indivíduos podem melhorar seu desempenho e maximizar sua contribuição para a equipe. Este livro se concentra na segunda parte – o que a equipe deve oferecer aos seus membros.

O QUE O INDIVÍDUO DEVE OFERECER À EQUIPE?

Nesse "contrato", o que o indivíduo deve oferecer? Muitas vezes isso não fica claro, porque apenas uma pequena parte dessa responsabilidade é detalhada mesmo nas melhores descrições de cargo, que costumam registrar apenas uma breve lista de habilidades profissionais necessárias, junto com o desejo expresso de que o candidato tenha uma competência acima da média e ampla experiência real nesse papel. Infelizmente, boa parte do que uma equipe precisa receber de seus membros não é listada no anúncio da vaga e quase nunca é mencionada em entrevistas. Estamos falando das expectativas que ficam implícitas e não são atingidas porque o empregador faz suposições muito otimistas sobre a capacidade das pessoas de exercitarem suas habilidades profissionais com consistência.

Um exemplo: qualquer equipe precisa de indivíduos que tenham certo grau de autocontrole e, no mínimo, capacidade de firmar, gerir e cumprir acordos. Ninguém vai entregar tudo sempre no prazo combinado, então, quando as circunstâncias impedem que isso aconteça, os indivíduos precisam exercer a capacidade de renegociar os acordos feitos, de forma a minimizar contratempos para a equipe e a empresa. Também devem se fazer presentes quando necessário, apresentar ideias e ter capacidade de manter a energia e a motivação nos momentos difíceis. O ideal é que tenham coragem de ser sinceros o suficiente nas conversas difíceis, sempre mantendo a educação, e estejam dispostos a deixar o ego de lado em prol do objetivo do time.

Você já viu uma descrição de cargo que peça essas qualificações? Provavelmente não. Mas tudo que fizemos no parágrafo anterior foi esclarecer expectativas reais. Qualquer equipe interessada em um alto desempenho saudável adoraria todas elas. O problema é que quem contrata pressupõe que essas qualidades são óbvias demais para entrar numa descrição de cargo para profissionais capacitados, porém a ausência delas na maioria das equipes mostra que não faz sentido partir desse pressuposto.

Uma lista maior de qualidades desejáveis incluiria a capacidade de se fazer presente de verdade nas conversas e escutar as ideias dos outros sem fazer interrupções. Isso significa compreender plenamente o que se ouve e percorrer o difícil caminho entre valorizar a parte útil das ideias e dar feedbacks construtivos, de forma a melhorá-las, e não apenas menosprezá-las. Significa estar sempre disposto a falar a verdade aos superiores quando a missão da equipe estiver em risco.

É necessário ter coragem para se expor e falar a verdade, mas também para ficar quieto e escutar.

– WINSTON CHURCHILL

Essas últimas qualidades podem parecer exagero, mas, na verdade, são aquilo que muitos esperam quando introduzem novos participantes em sua equipe. O fato de, no papel, essas qualidades parecerem idealizadas não as torna menos úteis, e só porque a maioria das pessoas desistiu de conseguir o que almeja não significa que essas habilidades sejam indesejáveis. Seja lá qual for a lista de qualidades que você queira para sua equipe, garantimos que apresentá-la no começo economizará anos de sofrimento e conflitos. Quando pensamos nessas habilidades como expectativas implícitas, ocultas, só estamos plantando sementes para no futuro colher decepções, ressentimentos e desentendimentos no grupo.

Mesmo que a contribuição do indivíduo para o time não esteja bem articulada, ela é o item que recebe mais atenção nesse contrato entre a pessoa e a equipe. Mas é apenas metade da equação.

O QUE A EQUIPE DEVE OFERECER AO INDIVÍDUO?

Se você achou que a primeira parte da equação precisa de ajustes, infelizmente as obrigações da equipe com o indivíduo são ainda mais indefinidas. E, se a equipe não refletir bem sobre o que precisa oferecer para seus membros trabalharem bem, poderá se tornar um fator estressante por si só. Uma estrutura que deveria incentivar a colaboração, reduzir atritos e diminuir o estresse de seus participantes pode acabar gerando o oposto disso tudo. A equipe precisa desenvolver parâmetros claros que ajudem os indivíduos a saber o que se espera deles, como está seu desempenho no cumprimento dos objetivos da equipe e como colaborar de maneira eficiente com seus colegas. Só então eles se tornarão mais produtivos e rápidos do que seriam como um grupo de indivíduos. A meta é ter padrões, processos e práticas desenvolvidos de forma consciente e comunicados com clareza para facilitar a vida dos membros do time.

Um exemplo simples do fluxo de trabalho GTD: apesar de o indivíduo ser responsável por gerir o próprio fluxo de trabalho, a equipe precisa decidir como lidará *coletivamente* com o fluxo, para que os indivíduos consigam trabalhar juntos. Por exemplo, como a equipe irá capturar sistematicamente as questões que dominam sua atenção? Qual é o momento correto para tocar nesses assuntos? Como a equipe debaterá essas questões em tempo hábil? Onde serão registradas as decisões do grupo, de forma que todos possam acessá-las? Com que frequência a equipe revisará o próprio trabalho e como irá priorizá-lo para impedir que seus membros fiquem sobrecarregados?

A maioria das equipes não é de equipes de fato, e sim apenas conjuntos de relacionamentos individuais com o chefe. Cada indivíduo briga com os outros por poder, prestígio e destaque.

– DOUGLAS MURRAY MCGREGOR

Além disso, a equipe deve oferecer estruturas eficientes, processos claros, papéis bem definidos, orientações sobre prioridades, um mecanismo de defesa para lidar com stakeholders que pedem mais do que o combinado, e apoio para ter tempo não apenas para trabalhar, mas também para refletir.

Voltando à analogia do futebol, não é possível fazer isso tudo apenas melhorando a habilidade individual de cada jogador. Mesmo que todos saibam lidar muito bem com seus fluxos de trabalho, se as questões anteriores não forem esclarecidas em nível de equipe, haverá desentendimentos constantes, levando a desperdício de tempo e esforço. A equipe é responsável por esclarecer como os indivíduos devem trabalhar *juntos*, e esse é o tema de boa parte do restante deste livro.

Na próxima parte, veremos como usar os esquemas já existentes do GTD para indivíduos de modo a melhorar o nível de colaboração dentro da equipe. Começaremos com uma análise mais profunda sobre como aplicar os cinco passos do GTD num ambiente de equipe.

PARTE 2

OS PRINCIPAIS ELEMENTOS DE UM TRABALHO PRODUTIVO EM EQUIPE

CONTROLE	FOCO	PLANEJAMENTO
Capturar Esclarecer Organizar Refletir Engajar	Horizonte 5: Propósito e princípios Horizonte 4: Visão Horizonte 3: Objetivos Horizonte 2: Áreas de foco e responsabilidades Horizonte 1: Projetos Térreo: Próximas ações	Propósito e princípios Visão Brainstorm Organização Próximas ações

Nesta parte do livro, vamos nos concentrar nos três modelos originais do GTD (listados nas colunas acima) voltados para o trabalho em equipe. Os cinco passos do GTD (Controle), os Horizontes de Foco (Foco) e o Modelo de Planejamento Natural (Planejamento) estão detalhados no Apêndice 1, então, se neste momento o quadro anterior lhe parece apenas uma lista de palavras aleatórias, talvez valha a pena consultar o Apêndice 1 antes de prosseguir. Para quem já conhece os modelos, o quadro funciona como um guia para os elementos de que vamos tratar nesta parte. Repetiremos o quadro antes de cada elemento de um modelo, destacando a parte relevante.

CAPÍTULO 4

Como manter o controle e o foco

Os cinco passos para uma equipe

Os livros originais do GTD oferecem orientações para solucionar problemas com o fluxo de trabalho pessoal em nível individual. Os princípios abordados nesses livros oferecem possibilidades implícitas para equipes, mas sabemos que é interessante explicitá-los e oferecer um plano de execução para implementá-los numa equipe.

CONTROLE	FOCO	PLANEJAMENTO
Capturar Esclarecer Organizar Refletir Engajar	Horizonte 5: Propósito e princípios Horizonte 4: Visão Horizonte 3: Objetivos Horizonte 2: Áreas de foco e responsabilidades Horizonte 1: Projetos Térreo: Próximas ações	Propósito e princípios Visão Brainstorm Organização Próximas ações

Os cinco passos listados na coluna da esquerda do quadro são necessários para manter qualquer situação sob controle e se aplicam tanto a equipes quanto a indivíduos. Em geral, aquilo que distrai a atenção das pessoas representa algo em que elas ainda não se engajaram da maneira apropriada.

Assim, tudo que ainda não estiver no piloto automático do time – ou numa na lista de tarefas – sugará energia do grupo. Esses elementos precisam ser capturados, esclarecidos e organizados, e devem ser revisados, de forma a garantir a otimização do foco e do engajamento da equipe.

O fluxo de trabalho da equipe é limitado pelo elo mais fraco da corrente – assim como acontece com o fluxo de trabalho do indivíduo. Se você for bom na captura, mas não em esclarecer suas pendências digitais e físicas, só receberá parte dos benefícios, mesmo que também seja organizado e faça revisões frequentes. Esse princípio também se aplica às equipes, e é por isso que reservamos um momento para revisar como os cinco passos se aplicam a esse contexto. Se você entender as melhores práticas e os padrões mínimos para cada passo – e a relação entre esses dois elementos –, terá meio caminho andado na estrada para o funcionamento ideal de uma equipe.

PASSO 1: Capturar – Identificar o que chama a atenção da equipe

CONTROLE	FOCO	PLANEJAMENTO
Capturar Esclarecer Organizar Refletir Engajar	Horizonte 5: Propósito e princípios Horizonte 4: Visão Horizonte 3: Objetivos Horizonte 2: Áreas de foco e responsabilidades Horizonte 1: Projetos Térreo: Próximas ações	Propósito e princípios Visão Brainstorm Organização Próximas ações

Quem já teve a infelicidade de participar de uma reunião para decidir ações em que ninguém anota nada deve saber por que essa etapa é fundamental para o funcionamento de uma equipe. Na reunião seguinte surgem os resultados: não há entrega consistente dos compromissos assumidos, e, como todos têm apenas uma vaga ideia dos acordos firmados, é quase impossível cobrar as pessoas. Se a confiança é um dos princípios do alto desempenho saudável de um time, a captura é uma das principais entradas necessárias para a construção dessa confiança. Quando uma equipe assume um compromisso e o captura na hora, a chance de ele ser entregue no prazo é muito maior.

Talvez um exemplo negativo ilustre melhor: acordos não cumpridos corroem a confiança. Se eu digo que vou fazer uma entrega até tal dia, mas chega o dia e eu não cumpro o que prometi, estou minando a confiança que você tem em mim. É como se entregas no prazo fossem depósitos numa "conta" de confiança que eu mantenho com você, enquanto atrasos e omissões são saques. Se eu fizer muitos saques, você vai parar de confiar em mim. Talvez você me adore como pessoa, mas procurará alguém que entregue os trabalhos no prazo. Por outro lado, quando não quebramos acordos, geramos confiança. Conforme explicado em *A arte de fazer acontecer*, é fácil evitar a quebra de acordos. Você só precisa:

1. cumprir os acordos;
2. concluir o que foi acordado; ou
3. renegociar acordos quando perceber que não conseguirá entregá-los conforme prometido.

Pequenas pendências acumuladas causam tanta preocupação e tristeza quanto dívidas não pagas. Devemos deixar o trabalho principal de lado e focar nelas, e não o contrário, assim como devemos deixar dívidas grandes de lado e focar nas pequenas, ou deixar de lado a verdade em prol da caridade geral e do bem-estar. Quando cuidamos contínua e imediatamente do pouco que podemos fazer, nos surpreendemos com o pouco que não conseguimos fazer.

– SAMUEL BUTLER

É muito mais difícil lidar com essas opções em uma equipe que não captura de forma consistente. Quando não sabemos quais já são nossos compromissos, fazemos promessas que não podemos cumprir. E, se a equipe não sabe *que* projeto aceitou e *quando* deve entregá-lo, fica difícil completá-lo no prazo ou administrar as promessas em tempo hábil.

Levando em consideração todas as missões difíceis que as equipes enfrentam, seria uma pena se elas fracassassem em coisas simples, como anotar o que é combinado, quem é responsável por quê e quando é o prazo final. Uma equipe que precisa resolver problemas fáceis de evitar acaba perdendo um tempo que seria utilizado para fazer trabalho de verdade.

CAPTURE COMO EQUIPE – A VARREDURA MENTAL DA EQUIPE

A captura rotineira de uma equipe parece algo corriqueiro à medida que os membros notam fatores que precisam receber atenção de todos, fazem a captura por conta própria, depois os esclarecem e os colocam na própria pauta para a próxima reunião da equipe, ou na pauta compartilhada, criada com o intuito de capturar assuntos a serem discutidos em reunião.

Esse processo provavelmente já é usado em qualquer equipe em que a maioria dos membros use o método GTD, mas, para os que não usam, qualquer forma simples e acessível de armazenar ideias, inspirações e preocupações serve para a captura diária de questões para a equipe. Os participantes só precisam saber onde guardar os assuntos que desejam apresentar à equipe, que, por sua vez, precisa repassar tais assuntos de forma consistente, para que todos tenham a confiança de que eles serão solucionados em tempo hábil.

Uma empresa do setor industrial com que trabalhamos havia implementado um processo de gestão de qualidade total (GQT) novo e empolgante para seus colaboradores do chão de fábrica. A empresa tinha dois turnos integrais, e a troca de equipe ocorria ao meio-dia. Num momento de inspiração, resolveram instalar uma caixa física com um bloco de papel e uma caneta. Qualquer um que notasse algo que parecesse importante para a equipe do próximo turno poderia escrever um bilhete e colocá-lo na caixa. Infelizmente, ninguém recebeu a tarefa de ler as anotações ou lidar com elas no turno seguinte, então as folhas foram se acumulando. Ops.

Uma varredura mental da equipe pode ajudar a situar os membros e estimulá-los a pensar juntos. Para os que não conhecem o método GTD, a varredura mental é uma forma de esvaziar o cérebro e capturar as questões que precisam de atenção. O exercício é simples. Basta perguntar ao grupo: "O que está capturando nossa atenção coletiva agora?" Se isso não despertar uma variedade de assuntos, problemas e questões estratégicas, as perguntas podem se tornar mais específicas: "O que estamos tentando alcançar? O que nos preocupa? Sobre que assunto todos deveriam estar informados?"

A varredura mental da equipe é útil a qualquer momento, mas observamos que é especialmente valiosa para aliviar fortes pressões e estresse em situações críticas. Quando o time captura tudo que chama sua atenção, vive uma catarse e dá um primeiro passo para arrumar a bagunça e entender o que está acontecendo. Isso traz alívio.

De intensas complexidades
surgem intensas simplicidades.

– WINSTON CHURCHILL

A captura é apenas o primeiro passo, mas, quando a equipe faz uma limpeza geral do cérebro coletivo, passa a enxergar o escopo com clareza, o que lhe proporciona uma imensa vantagem. Assim como acontece com a captura feita por um indivíduo, uma boa prática para esse momento é simplesmente fazer a captura, sem se preocupar com o que acontecerá. Se a equipe entrar em ação rápido demais e começar a esclarecer, organizar ou designar responsabilidades, o processo parecerá longo e arrastado, e os membros desenvolverão resistência a fazer capturas no futuro.

Esse primeiro passo é relativamente simples, mas as equipes o tornam mais complexo ao instituir múltiplos canais de informação e entradas para capturar questões possivelmente importantes e que precisam de análise. Considerando-se o objetivo da equipe, que canais seus membros devem acessar para isso? São só e-mails, ou há outros, como aplicativos de mensagens instantâneas e softwares voltados para equipes? No Capítulo 6, sobre padrões de trabalho, sugerimos algumas soluções para reduzir essa complexidade.

PASSO 2: Esclarecer – Decidir qual é o significado de tudo

CONTROLE	FOCO	PLANEJAMENTO
Capturar **Esclarecer** Organizar Refletir Engajar	Horizonte 5: Propósito e princípios Horizonte 4: Visão Horizonte 3: Objetivos Horizonte 2: Áreas de foco e responsabilidades Horizonte 1: Projetos Térreo: Próximas ações	Propósito e princípios Visão Brainstorm Organização Próximas ações

Segundo o grande Peter Drucker, o maior desafio para trabalhadores do conhecimento é definir o que *constitui* seu trabalho. Quase ninguém recebe e-mails explicando a natureza desse trabalho e como ele se aplica. O trabalho do conhecimento não é evidente ou fácil de identificar, ao contrário do trabalho físico. O método GTD oferece orientações sobre como explicitar o trabalho – certa vez um consultor sênior o chamou de "atletismo do trabalho do conhecimento". Em sua essência, o "trabalho" pode ser reduzido aos resultados desejados e às ações necessárias para alcançá-los. Que resultados buscamos? Como alocamos recursos físicos para concretizá-los? Porém, por mais natural e simples que pareça, não fazemos esse raciocínio ligando ato e efeito de forma automática ou natural em nosso mundo relativamente sofisticado. É uma questão simples, mas, em nosso trabalho, já aconteceu inúmeras vezes de perguntarmos "Qual é o próximo passo para alcançar tal objetivo?", e a partir daí as equipes destravarem projetos que estavam empacados. E quando uma ação não basta para finalizar o projeto, perguntamos "Qual é o resultado desejado?", fazendo com que a equipe passe a enxergar uma linha de chegada. Para pensar assim, é necessário usar um músculo cognitivo do qual muitas pessoas fogem até serem obrigadas a utilizá-lo numa situação de urgência e que, quando usado de forma proativa, produz clareza e faz com que a pessoa tenha uma boa relação com seus compromissos, iniciativas e intenções.

Já vimos times inteiros e até culturas empresariais alcançarem um novo nível de produtividade ao transformar essas duas perguntas em padrões para si, para o pensamento de grupo e para processos de tomada de decisão.

O ideal é que de tempos em tempos a equipe esclareça suas questões em grupo, porém uma das maiores intervenções que ela pode realizar para aumentar a eficiência e a eficácia é informar aos membros que eles não só têm permissão de reservar um tempo para esclarecer os próprios papéis, como isso é uma parte esperada do seu trabalho. Ao garantir que cada indivíduo se sinta à vontade para esclarecer as próprias atribuições, a equipe faz com que suas interações passem a ocorrer com membros mais preparados e sejam mais completas do que seriam se as pessoas vivessem apagando incêndios.

Partindo do princípio de que isso já acontece, como uma equipe pode esclarecer assuntos apresentados numa reunião para serem analisados em conjunto? As mesmas perguntas valem para indivíduos:

- O que é isso? Um novo pedido? É algo associado a um projeto da equipe já em andamento? Essa questão depende da equipe? Se sim, como?
- Demanda ação? É algo que está alinhado com nossa missão, visão, propósito?
- Caso demande ação, qual é a próxima ação?
- Existe algum resultado desejado e claramente bem definido que a equipe deseja acompanhar?
- Quem vai fazer o quê? Em que prazo?

No caso das questões que entram na pauta da reunião, a equipe precisa esclarecer o resultado desejado. Alguns grupos preferem ir além e esclarecer as próximas ações também, enquanto outros preferem que a pessoa responsável por entregar o resultado desejado tome a decisão por conta própria.

Nessa etapa, é preciso ser implacável ao dizer *não*. Se você está lendo este livro, presumimos que sua equipe já tenha mais tarefas do que consegue cumprir. Então é preciso estabelecer: o que de fato é essencial para a missão? O que é supérfluo? As melhores equipes que já encontramos são ótimas em tomar essas decisões logo de cara, evitando o acúmulo de tarefas. Dedicamos todo o Capítulo 12 a como fazer isso de forma eficiente.

Se a equipe trabalha com uma caixa de entrada compartilhada, esse item também precisa ser esclarecido. Sugerimos esvaziá-la regularmente; para isso, a equipe deve contar com um sistema eficiente e eficaz no qual confie. Esvaziar a caixa de entrada pode ser uma tarefa assustadora para equipes que a utilizam da mesma forma que muitos indivíduos: como uma versão mais confiável de uma lista de pendências. Mas deixar todos os e-mails na caixa de entrada da equipe é pedir que cada membro priorize seu trabalho usando uma mistureba de marcações com etiquetas coloridas para criar categorias. Não é o melhor método. O padrão mínimo é fazer uma limpeza diária, mas o ritmo depende principalmente das expectativas dos stakeholders. Se quiser saber mais sobre o assunto, consulte o Apêndice 2.

PASSO 3: Organizar como equipe – Colocar as listas certas nos lugares certos

CONTROLE	FOCO	PLANEJAMENTO
Capturar Esclarecer **Organizar** Refletir Engajar	Horizonte 5: Propósito e princípios Horizonte 4: Visão Horizonte 3: Objetivos Horizonte 2: Áreas de foco e responsabilidades Horizonte 1: Projetos Térreo: Próximas ações	Propósito e princípios Visão Brainstorm Organização Próximas ações

Um dos grandes desafios de uma equipe é encontrar a melhor forma de armazenar e revisar todos os seus compromissos. É comum vermos equipes sobrecarregadas e incapazes de explicar por que chegaram ao limite. Melhorias simples, como uma lista de "Projetos" acessível à equipe, revisada e atualizada com frequência, ajudam o grupo a permanecer alinhado com suas prioridades e focado em fazer as coisas certas acontecerem.

Para aqueles que já usam o método GTD, um dos desafios é estabelecer ou se orientar entre a definição do GTD de um projeto para um indivíduo e aquilo que poderia ser considerado uma definição de "gerenciamento de projeto" para uma equipe. São duas coisas distintas. Para indivíduos, acreditamos que vale a pena fazer o acompanhamento de tudo que exija mais de um passo, porém menos de um ano para completar, em uma lista de Projetos GTD em seu próprio sistema. (Para entender por que sugerimos esse método, consulte o Apêndice 1 ou um dos livros anteriores sobre o método GTD).

O ideal é que todos os membros da equipe tenham uma lista pessoal, para que possam revisar a lista de Projetos uns dos outros e saber o que estão fazendo. Mas, na prática, analisar a lista de todos os membros é a receita para uma reunião chata e demorada.

Isso nos leva à pergunta que costumamos ouvir quando trabalhamos com equipes. Em que a equipe precisa prestar atenção e o que precisa ser controlado em sistemas individuais? Um dos nossos clientes resolveu essa questão ao desenvolver recursos para diferenciar projetos GTD pessoais de projetos de equipe em suas discussões de grupo. Os projetos eram diferenciados pelo *p* maiúsculo ou minúsculo. Os que estavam no sistema de um indivíduo (usando a definição do GTD de projeto) tinham *p* minúsculo, ao passo que os projetos da equipe começavam com *P* maiúsculo. A equipe colocava resultados que precisavam da colaboração de vários membros na lista de projetos com *P* maiúsculo, enquanto os com *p* minúsculo eram acompanhados de forma individual. Foi uma maneira simples de organizar o debate de projetos com a equipe, mas também um mecanismo de diferenciação que ajudou a organizar os esforços; alguns nos sistemas dos participantes, outros na lista da equipe, que seria avaliada pelo grupo na reunião semanal.

Onde quer que estejam alocados, os projetos ainda são concluídos dando-se um passo de cada vez. Assim, é importante – ou mesmo fundamental – identificar as próximas ações durante os encontros da equipe. Se ela estabelece quem será o responsável, as próximas ações podem ser deixadas a critério dos indivíduos envolvidos. Da mesma forma, seria exagero manter a equipe inteira atualizada sobre as próximas ações de todos os projetos em andamento em todas as atividades do grupo.

O mesmo vale para o material de suporte a projetos. Se muitos membros do time e stakeholders precisam acessá-lo, é melhor disponibilizá-lo em locais fáceis de acessar e atualizar. Existem softwares colaborativos modernos para isso, mas existe outro jeito bem simples. Para lidar com esse desafio, muitos casais criam um documento virtual compartilhado para projetos em comum e um link para o documento em seus respectivos sistemas.

CALENDÁRIO DA EQUIPE – O QUE PRECISA ACONTECER, E QUANDO?

Assim como a lista de Projetos da equipe, o "calendário principal" de eventos, metas e entregas permite que a equipe tenha uma visão geral de seus compromissos em ordem cronológica. Para aumentar a probabilidade de sua equipe cumprir prazos importantes, use um calendário compartilhado que os mantenha visíveis e revise-o com regularidade. Muitas equipes que trabalham no mesmo espaço físico ainda usam um quadro-branco grande na sala de reuniões para manter esse tipo de clareza cronológica, mas a maioria já adotou uma solução digital. O primeiro método tem a vantagem de estar sempre visível para os membros que estão por perto, enquanto o último permite a visualização remota não sincronizada e o trabalho híbrido.

REFERÊNCIA PARA EQUIPES

Nós dois temos boas experiências com softwares de grupo usados como referência para equipes. Elas visualizavam com facilidade a organização dos elementos e tinham liberdade para acessar e acrescentar informações de referência por conta própria. Às vezes apontavam um membro como responsável pelo gerenciamento de uma pasta ou um banco de dados dentro do sistema, de modo a manter as informações atualizadas e organizadas.

Nunca é fácil descobrir quais são as melhores heurísticas para organizar esses sistemas – isto é, como classificar dados quando existem várias possibilidades. Por isso, vale a pena fazer revisões regulares sobre o funcionamento do sistema, e também refiná-lo e reorganizá-lo quando necessário. Seria um erro presumir que um software padronizado nos ensinará imediatamente as melhores formas de utilizá-lo. Em geral a equipe precisa de semanas, ou até meses, para aprender a usá-lo sem problemas. Também por isso é uma boa ideia designar um membro da equipe como "gerente do banco de dados", alguém capaz de integrar as mudanças sugeridas e atualizações.

PASSO 4: Refletir em equipe – Em que pé nós estamos?

CONTROLE	FOCO	PLANEJAMENTO
Capturar Esclarecer Organizar **Refletir** Engajar	Horizonte 5: Propósito e princípios Horizonte 4: Visão Horizonte 3: Objetivos Horizonte 2: Áreas de foco e responsabilidades Horizonte 1: Projetos Térreo: Próximas ações	Propósito e princípios Visão Brainstorm Organização Próximas ações

Tirar um tempo para refletir enquanto equipe é uma ação que faz toda a diferença. É quando a equipe deixa de só falar sobre a importância do aprendizado como um princípio e começa a se beneficiar de verdade com ele. Nós incluímos "aprendizado" como um princípio essencial no capítulo anterior porque, sem ele, as equipes ficam presas à rotina, são ultrapassadas pela concorrência e perdem o contato com os stakeholders. Na metodologia Ágil, esse momento para reflexão seria chamado de Retrospectiva, mas, conforme comentou um de nossos clientes, reflexões e retrospectivas não se resumem a olhar para o passado. Olhamos para o passado também para identificar momentos de aprendizado, mas o objetivo desse exercício é fazer a equipe seguir para o futuro mais rápido, com mais foco e direção.

Há várias formas de refletir. Algumas equipes incluem a reflexão como uma parte breve de todas as reuniões, reservando de 5 a 10 minutos para contemplar não só o que foi feito no encontro, mas também como foi feito. A reflexão nesse caso é: "Como trabalhamos juntos como equipe nesta reunião?" Ou talvez o ideal seja ter foco no futuro: "Como podemos melhorar da próxima vez?" Reservar de 5 a 10 minutos de uma reunião de uma hora pode parecer excessivo, mas a utilização desse tempo – que representa de 8% a 16% do total de uma reunião de uma hora – para apontar e debater obstáculos reais leva a lucros enormes em relação ao tempo investido. É o momento ideal para falar de atrasos, despreparo ou descumprimento de padrões combinados com a equipe.

Do outro lado do espectro, muitas equipes reservam algumas poucas horas no fim do ano para refletir sobre o que aconteceu nos últimos 12 meses, tanto em relação ao que deu certo quanto em relação às "oportunidades de melhorar". A maioria das equipes se surpreende de forma positiva ao olhar para trás e observar quantas coisas legais e úteis foram feitas ao longo do ano e acabaram esquecidas, tendo em vista que a todo momento surgem projetos e imprevistos que soterram as conquistas anteriores, criando uma nuvem de esquecimento.

REUNIÕES DE REVISÃO DA EQUIPE – ESSENCIAIS PARA SABER O QUE ESTÁ ACONTECENDO

Para um grupo que trabalha de forma muito interdependente, uma das melhores frequências para se fazer reuniões de revisão é a semanal, mas também vimos dar certo com períodos mais longos, e também há momentos em que a alta volatilidade exige revisões rápidas diárias para manter a situação sob controle.

O conteúdo de uma reunião de equipe é determinado pela frequência dos encontros. A mesma pessoa terá perspectivas diferentes diante de uma reunião que ocorre uma vez por dia, semana, mês, trimestre ou ano, pois, com horizontes de tempo diferentes, ela automaticamente gerará pensamentos distintos. Uma reunião rápida diária não é o momento para falar sobre objetivos anuais; uma revisão trimestral não funciona para debater detalhes operacionais. Já participamos de muitas reuniões de revisão que pareciam desnecessárias, mas nos surpreenderam com conteúdos e interações inesperadamente interessantes.

Gostamos de pensar nessas revisões como um acelerador: não um tempo *perdido* na análise do que já passou, mas um *investimento* em como melhorar no futuro. Em que pé estão todos os projetos? O que precisa ser feito a seguir? Quem está fazendo? Para que a revisão semanal da equipe seja um sucesso, é preciso que seus membros façam suas próprias revisões. Sem isso, haverá muitas lacunas de informação, e os participantes se verão obrigados a dar respostas do tipo "Vou ver e lhe dou um retorno", causando atrasos.

No mínimo, vale a pena revisar os seguintes elementos dos projetos atuais da equipe:

- Resultado desejado
- Progresso do projeto, segundo o responsável por sua totalidade (e eventuais responsáveis por subprojetos)
- Metas alcançadas, ou não, e a situação atual das próximas ações propostas

Esses são bons pontos de partida para uma equipe, mas é preciso refiná-los de acordo com as necessidades específicas do grupo. Uma das nossas colegas fez isso com a própria família. Ela e o marido começaram a fazer uma revisão semanal de um calendário compartilhado do Google e notaram que isso os ajudava a organizar a agenda de seus filhos pequenos: atividades esportivas, apresentações escolares, consultas com dentista, etc. Embora essa simples mudança tenha tornado a vida familiar mais tranquila, eles observaram uma lacuna: as crianças eram basicamente "passageiros", que quase nunca sabiam o que fariam em cada dia. Às vezes, isso gerava reações difíceis, então os pais tiveram a ideia de reservar um momento para revisão, reflexão e planejamento, de modo que as crianças tomassem conhecimento não só dos próprios compromissos como também dos de seus pais, para que situações previsíveis – como as viagens a trabalho da mamãe – deixassem de ser surpresa, reduzindo ao máximo o número de incidentes desagradáveis e desnecessários.

A reunião acontece nas manhãs de domingo, pouco depois do café da manhã. Usando um quadro-branco, em cerca de 15 minutos eles falam sobre boa parte dos eventos da semana que se inicia. O quadro-branco é dividido em colunas de segunda-feira a domingo, e todos acrescentam seus compromissos mais importantes, junto com uma descrição simples para os outros: por exemplo, "dia de trabalho em grupo na escola", "7h30 no escritório", "aula de clarinete", "judô" ou "festa de aniversário da Sophie, amiga da escola".

No início, o quadro era dividido apenas por dias, porém, semanas depois, as crianças sugeriram que todo mundo devia ter a própria coluna dentro de cada dia, com cores diferentes, para que as informações pudessem ser compreendidas só de olhar.

Após organizar os elementos básicos da semana, eles fazem perguntas específicas:

- Algo da semana passada ainda não foi resolvido?
- O que você precisa de nós nesta semana? Dinheiro para o presente de aniversário da Sophie?
- Precisamos ler ou assinar algum comunicado ou autorização da escola ou dos cursos?
- Vai haver alguma prova? Precisamos reservar um tempo para estudar? Alguém precisa de ajuda com o dever de casa?
- Algum pedido especial de comida?
- E por último, mas não menos importante: quem vai fazer quais tarefas de casa esta semana?

Essa revisão rápida impacta as conversas dos pais sobre a semana que está começando, pois costuma revelar novos desafios. Novamente, algumas perguntas rápidas podem ser bastante úteis:

- Precisamos ajustar nossos planos por causa de algum compromisso importante para as crianças?
- Caso haja mudanças de horários, precisamos nos organizar para ver quem vai tomar conta das crianças?

Em seguida, os pais usam ímãs para prender ingressos, documentos assinados e outros materiais de apoio ao quadro na data correta, de modo que as crianças possam pegá-los no dia certo por conta própria. Claro que as coisas mudam ao longo da semana, mas a ideia de que todos possam usar o quadro para ter um panorama nítido e atualizado se mantém. Como a família está ciente de surpresas "previsíveis", pode trabalhar com mais tranquilidade em situações realmente inesperadas: doenças, provas de última hora, celulares quebrados.

Para alguns, uma reunião como essa pode parecer excessivamente formal para lidar com parentes, mas o fato é que a experiência reduziu o estresse e aumentou a harmonia entre os familiares. As crianças não só entendem melhor como seus planos se encaixam no panorama geral como também aprendem a se tornar mais independentes e autossuficientes para o futuro.

O exemplo mostra que não importa onde essas informações são mantidas, desde que sejam acessíveis a toda a equipe. Já vimos de tudo, desde uma planilha em um drive compartilhado até um sistema de filtragem sofisticado em um software colaborativo. Muitas equipes usam documentos desse tipo como base para suas revisões e os mantêm sempre em dia. O documento precisa estar completo e atualizado antes de toda reunião de revisão, do contrário fará com que o encontro seja um desperdício do tempo de todos os participantes.

O objetivo é manter todos os aspectos do projeto atualizados para a equipe consultar. Ela precisa ser capaz de acessar os dados e saber o que deve ser feito em qualquer estágio de qualquer projeto, em que ponto está cada projeto e quais questões precisam ser solucionadas. Alguns exemplos de perguntas que podem ser úteis para uma equipe de trabalho:

- Se as prioridades não estão bem definidas, podemos ajustá-las?
- Alguém da equipe precisa de ajuda com alguma tarefa?
- Como estão os projetos que dependem de outros?
- Se um projeto está travando o progresso de outro, o que é preciso fazer para gerir as expectativas e minimizar problemas em outros pontos do sistema?
- Os diferentes projetos têm algum ponto de interseção que indique que é melhor reuni-los em um só, para evitar trabalhos duplicados?
- Podemos harmonizar e acelerar o lançamento dessas coisas, que acontecerão mais rápido porque estamos trabalhando de maneira muito mais coordenada que antes?

É nessas reuniões que a lista de Projetos da equipe (com *P* maiúsculo) mostra seu real valor. Ao contar com uma lista de Projetos, a equipe – e especialmente os líderes – evita o fenômeno do "trabalho que chega de fininho". Se você acha que a quantidade de trabalho que seu time faz é *x*, mas na verdade é 2*x* ou 3*x* devido a outros compromissos assumidos pelos membros sem o conhecimento do grupo, então é natural que as questões importantes não estejam evoluindo.

PASSO 5: Engajar – Priorizar como equipe

CONTROLE	FOCO	PLANEJAMENTO
Capturar Esclarecer Organizar Refletir **Engajar**	Horizonte 5: Propósito e princípios Horizonte 4: Visão Horizonte 3: Objetivos Horizonte 2: Áreas de foco e responsabilidades Horizonte 1: Projetos Térreo: Próximas ações	Propósito e princípios Visão Brainstorm Organização Próximas ações

O método GTD para indivíduos é famoso (ou infame) por sugerir que você use a intuição para priorizar, baseando suas decisões rápidas numa visão geral de listas completas e de um calendário rigorosamente atualizado. Alguns amam esse esquema, mas muitos reclamam que ele é indefinido demais e só conseguem tomar decisões com base em certezas absolutas.

Com frequência, adiar é mais arriscado
do que tomar a decisão errada.

– H. A. HOPF

No entanto, o modelo que David apresentou em *A arte de fazer acontecer* não é nem um pouco indefinido. Se você seguir os primeiros quatro passos dele, terá feito o trabalho pesado da priorização. Se catalogar todos os seus compromissos e reavaliá-los com frequência para ter certeza de que está com tudo em dia, poderá aproveitar os frutos do seu esforço. O fato é que a resposta certa para a pergunta "O que devo fazer agora?" é sempre subjetiva. Há modelos que podem ajudar você a tomar essa decisão, mas ela precisa ser feita no momento, com pleno conhecimento dos últimos acontecimentos e das melhores informações disponíveis sobre o que está por vir. Só assim você será capaz de decidir acertadamente.

É claro que as especificidades da sua equipe e da sua situação determinarão como você escolherá e enfrentará as prioridades. Talvez a equipe receba orientações específicas de um nível hierárquico superior e precise se alinhar a elas, ou pode determinar a estratégia operacional por conta própria, em um consenso colaborativo. Seja como for, ela precisará fazer uma revisão completa dos compromissos assumidos para seguir em frente em harmonia.

Existem vários modelos que auxiliam a priorização de trabalhos em equipe e que podem ser úteis em diferentes circunstâncias, como as "bolas de Harvey" e matrizes de esforço e impacto.

O primeiro avalia o progresso comparativo de atividades específicas usando figuras circulares, parcial ou totalmente preenchidas para indicar seu nível de completude. Uma matriz de esforço e impacto lista as atividades em um gráfico, analisando o esforço necessário para executá-las em comparação com o impacto potencial. O ideal, por exemplo, é que uma atividade tenha grande impacto mas exija pouco esforço.

> Outra falha no caráter humano é o fato de que todo mundo quer criar, mas ninguém quer fazer a manutenção.
>
> – KURT VONNEGUT

Os métodos para a determinação de prioridades em equipe estão detalhados no Capítulo 12.

CAPÍTULO 5

Horizonte 5

Propósito e princípios

CONTROLE	FOCO	PLANEJAMENTO
Capturar Esclarecer Organizar Refletir Engajar	**Horizonte 5: Propósito e princípios** Horizonte 4: Visão Horizonte 3: Objetivos Horizonte 2: Áreas de foco e responsabilidades Horizonte 1: Projetos Térreo: Próximas ações	Propósito e princípios Visão Brainstorm Organização Próximas ações

De longe, o esquema mais conhecido do método GTD é o modelo de cinco passos para manter sua vida rotineira sob controle, assunto do qual tratamos no capítulo anterior. O modelo de cinco passos fez tanto sucesso que ofuscou completamente o que poderia ser chamado de seu irmão mais velho: o modelo de "Horizontes de Foco" para esclarecer o foco e a perspectiva a longo prazo. Em alguns aspectos, ele é o mais importante dos dois. Se os cinco passos de capturar, esclarecer, organizar, refletir e engajar ajudam você a controlar suas atividades atuais, o modelo dos Horizontes de Foco esclarece *por que* você está fazendo essas coisas, para começo de conversa. A maioria das pessoas procura o método GTD para aprender a manter o controle sobre tarefas e projetos diários, mas continua a usá-lo para compreender o Propósito, a Visão, os Objetivos e os Papéis que as tarefas e os projetos exercem em sua vida pessoal e profissional.

Notamos que, após aprenderem a controlar os detalhes de suas vidas, as pessoas passam a buscar sentido em seu trabalho. Elas não querem apenas fazer o *mesmo* trabalho melhor e mais rápido, e sim ter certeza de que estão fazendo o trabalho *certo*. E só começam a usar sua maior capacidade de fazer as coisas que realmente importam acontecerem quando tomam decisões conscientes sobre os chamados horizontes mais elevados.

O mesmo se aplica às equipes. Neste capítulo, e também nos três próximos, analisaremos a utilidade desses horizontes ampliados para as equipes e veremos como concretizá-los e utilizar a energia e a motivação que geram.

AMARRANDO TUDO

Existe uma lógica na hierarquia do trabalho em equipe. O ideal é que propósito, princípios, visão, objetivos, projetos e ações estejam todos alinhados, mas é cada vez mais raro haver uma linha de visão entre todos esses elementos. É mais fácil, e melhor, criar clareza em cada horizonte no nível da equipe. Um indivíduo pode até elaborar sozinho um jeito de encaixar tudo por conta própria, mas precisará dedicar muito tempo, atenção e energia a essa tarefa. Infelizmente, as pessoas quase nunca são informadas do propósito, da visão e dos objetivos – tudo articulado de forma clara –, tampouco recebem um resumo conciso do papel que exercerão para alcançar esse objetivo. Não é uma conversa complicada. O ideal é que, no primeiro dia de um novo emprego, todos recebam uma explicação sobre os seguintes pontos:

É por isso que estamos aqui. (Propósito)

É assim que fazemos as coisas juntos. (Princípios)

É aqui que queremos chegar. (Visão)

Aqui estão as metas que vamos alcançar durante o caminho. (Objetivos)

E por fim:

Aqui está o papel que você irá desempenhar para fazer as coisas acontecerem e como você será avaliado e recompensado pela sua contribuição. (Áreas de Foco)

Também é importante que, ao longo do tempo, todos os membros da equipe sejam informados de quaisquer atualizações nesses pontos.

Quando uma equipe alinha esses pontos e os reforça ao longo do tempo, passa a ter acesso a uma energia e uma motivação antes inimagináveis.

Dito isso, não estamos sugerindo que você precise definir tudo antes de começar a fazer qualquer coisa. Muitas vezes, o ponto de partida é – e talvez deva ser – aquilo que desperta a nossa garra. Pode ser um projeto que já está em andamento, quando alguém percebe que as consequências serão maiores do que se imaginava no começo. Ou pode ser o momento de esclarecer o "propósito", descobrir se o novo projeto de fato está alinhado com o quadro geral. Muitos empreendedores teriam dificuldade em articular qual era seu propósito real ao abrir a empresa. Eles rapidamente ficaram atolados de trabalho e não tiveram mais tempo para refletir. Talvez só queiram ou precisem ter mais clareza sobre seus horizontes mais elevados quando surgir uma oportunidade de fusão, venda ou aquisição. Ou quando passarem por situações mais complicadas – por exemplo, ao levar uma rasteira da vida, como um divórcio ou uma doença grave.

Neste e nos próximos quatro capítulos, explicaremos por que acreditamos que vale a pena dedicar um tempo a esclarecer cada um dos horizontes da equipe e ofereceremos sugestões sobre como fazer isso. Todos os horizontes são úteis, mesmo que sejam analisados fora da ordem. Embora a ordem não afete o que captura a atenção da equipe, é inevitável que a exploração acabe esbarrando na pergunta: "Este é mesmo o nosso propósito?" Existe uma hierarquia de prioridades, e começaremos pelo topo.

HORIZONTE 5: Propósito – Por que estamos fazendo isto?

CONTROLE	FOCO	PLANEJAMENTO
Capturar Esclarecer Organizar Refletir Engajar	**Horizonte 5: Propósito e princípios** Horizonte 4: Visão Horizonte 3: Objetivos Horizonte 2: Áreas de foco e responsabilidades Horizonte 1: Projetos Térreo: Próximas ações	Propósito e princípios Visão Brainstorm Organização Próximas ações

POR QUE PROPÓSITO?

Na Guerra da Coreia, os soldados americanos capturados sofriam uma forma especialmente nociva de lavagem cerebral. Pela primeira vez na história, a ciência relativamente nova da psicologia foi usada como arma de forma sistemática. Os militares da Coreia do Norte sabiam que os soldados americanos eram jovens fortes que aguentariam as punições e se fechariam para proteger uns aos outros contra um inimigo em comum. Ainda assim, em questão de meses, alguns dos soldados acabaram simplesmente desmoronando e morrendo. A tática norte-coreana foi sutil, mas muito eficaz.

Em vez de atacar os detentos, os captores os deixaram em paz. No entanto, ofereciam pequenas recompensas – como cigarros ou mais comida – para que fornecessem informações uns sobre os outros. Se os dedurados fossem punidos, os dedos-duros resistiriam às recompensas e parariam de colaborar. Mas nesse ponto a abordagem norte-coreana foi muito perspicaz. Em geral, a pessoa dedurada não era castigada ou recebia uma punição branda. Assim, o soldado americano se perguntava: "Por que não revelar informações sobre os outros?" Ele receberia a recompensa, e o dedurado não sofreria um castigo duro. Então ele colaborava com os norte-coreanos.

No fim das contas, o processo acabou levando os detentos a se isolar uns dos outros – incapazes de confiar em alguém ao seu redor – e a uma completa quebra na crença de que havia um propósito em sua batalha. Se seu próprio lado estava disposto a trocar informações por recompensas pífias, por que estavam travando uma guerra? Com o tempo, a maioria deles perdeu a vontade de lutar, e muitos simplesmente perderam a força para viver.

Não estamos sugerindo que algo tão dramático esteja acontecendo na sua equipe. Ela pode não ser a equipe mais organizada do mundo, mas é improvável que esteja havendo uma campanha para fazer seus membros perderem a esperança e qualquer senso de propósito no trabalho. A verdade é que isso costuma acontecer por negligência (afinal, não é isso que representam na prática as estatísticas sobre desmotivação no trabalho?), num cenário em que um propósito claro e bem estabelecido poderia ser uma grande fonte de energia para o time.

Vivemos em uma era em que o nível de religiosidade é mais baixo que nunca e não para de cair. Nossa confiança nas instituições (governo, imprensa e judiciário) também nunca esteve tão baixa. Encarar pandemia, guerra e problemas econômicos fez com que muitos passassem a questionar por que fazem o que fazem. Todos nós gostamos de sentir que nosso trabalho e nossa vida têm sentido, mas os acontecimentos do dia a dia vêm dificultando essa crença.

Todo santo dia, equipes do mundo inteiro sentem essa ausência de propósito, com funcionários sendo contratados, fazendo um onboarding de minutos e sendo colocados diante de uma conta de e-mail nova, sem receber qualquer contextualização sobre suas tarefas. Num cenário desses, é natural que as últimas pesquisas mostrem que os colaboradores não se sentem tão engajados quanto a gerência gostaria.

Parte do desafio é que, para muitas pessoas, a empresa em que trabalham tem como único objetivo enriquecer os donos. Às vezes o site até afirma que a organização tem um compromisso com todos os stakeholders, mas atitudes valem mais do que palavras. Se os objetivos declarados não se alinham com o que os funcionários sentem que é valorizado pela empresa, o foco passa a ser nas recompensas que ela oferece, e não em suas declarações. Ainda assim, somos capazes de nos conectar com as pessoas com quem convivemos e trabalhamos na equipe – e de acreditar nelas.

Se a equipe não aproveita a energia gerada pela existência de um propósito claro e inspirador, é como se tentasse fazer uma casa inteira funcionar à base de pilhas, tendo acesso a uma fonte de energia mais poderosa. É possível, mas não faz sentido.

Quando vemos como o propósito funciona para indivíduos, passamos a ter noção do tipo de poder que está a nosso dispor. Sem um propósito que orientasse e desse sentido a seus esforços, Nelson Mandela poderia ter sido apenas um detento envelhecendo na cadeia, e Martin Luther King Jr., apenas um pastor americano com boa oratória. Mas, por terem um propósito, eles mudaram a vida de milhões de pessoas com seus esforços.

Um propósito claro dá sentido a trabalhos rotineiros, porém necessários, para que a missão seja cumprida. A parábola da catedral ilustra bem esse ponto: um viajante que seguia para uma cidade encontrou um grupo de trabalhadores numa pedreira. Eles estavam de cara fechada, xingando, parecendo infelizes.

– O que vocês estão fazendo? – perguntou o viajante.

Um deles levantou a cabeça e disse:

– Quebrando pedras.

Um pouco mais adiante na estrada, o viajante encontrou um segundo grupo de trabalhadores quebrando pedras. Esse pessoal parecia um pouco menos ranzinza e um pouco mais animado. Ele repetiu a pergunta e o líder do grupo respondeu:

– Construindo um muro.

Mais à frente, o viajante deparou com um terceiro grupo sorridente e animado. O viajante repetiu a pergunta, e um dos trabalhadores respondeu:

– Estamos construindo uma catedral que ficará no coração da cidade.

É fácil deduzir a moral da história: a razão por trás daquilo que você faz é fundamental para a motivação e a energia que vai dedicar às tarefas relativas.

Às vezes não é fácil encontrar uma "catedral" na sua empresa, mas em geral é possível. Usamos essa história para ajudar empresas que vão de fornecedores de equipamentos médicos a firmas de profissionais de finanças empresariais. É mais fácil encontrar a catedral no primeiro exemplo, mas mesmo no segundo é possível identificar um propósito em "ajudar os donos a entender o valor do próprio negócio". Tivemos um cliente que poderia ter vivido essa dificuldade – sua equipe tinha a responsabilidade nada inspiradora de recrutar funcionários para uma empresa ferroviária. Mas ele acabou encontrando inspiração em "possibilitar a execução da estratégia da nossa empresa". À primeira vista, talvez ela não pareça muito motivadora, porém, dentro de um contexto de estratégia organizacional que incluía grandes investimentos para reduzir as emissões de CO_2 em um país inteiro, foi uma constatação poderosa. A equipe ficou empolgada com a ideia de contribuir para uma causa que considerava essencial – a preservação do meio ambiente e o futuro da espécie. Manter uma planilha atualizada para contratar pessoas mais capazes de manter a pontualidade dos trens é uma coisa; manter uma planilha atualizada para contratar pessoas para salvar o planeta é outra.

Em geral, é melhor ter um propósito simples. Descobrimos um dos nossos favoritos recentemente, numa empresa chamada BioLite, fabricante de fogareiros de camping modernos, que carregam o celular enquanto você usa folhas e gravetos para alimentar o fogo, e vende seus produtos a preços justos para países desenvolvidos. Com o lucro, a empresa produz equipamentos semelhantes para pessoas que precisam deles em países em desenvolvimento. O propósito da BioLite é: "Temos a missão de empoderar pessoas e proteger o planeta oferecendo acesso a uma fonte de energia renovável."

Observe o uso da palavra *missão*, em vez de *propósito*. Como diria Shakespeare: "Se o propósito tivesse outro nome, ainda assim teria o mesmo significado."

"SIGNIFICATIVO" FOI CLARO O SUFICIENTE?

Muitas equipes não se dão ao trabalho de ter um propósito ou preferem adotar o propósito que o departamento de marketing comunicou ao público. Ao menos é uma justificativa, mesmo que superficial, para os esforços esperados dos colaboradores, mas é uma oportunidade perdida. A maioria das declarações de propósito de grandes empresas é abrangente demais para energizar e motivar equipes tão diversas quanto uma de vendas e outra de engenharia, por exemplo. É necessário ter clareza sobre o propósito de cada grupo dentro da organização e sobre como ele contribui para o propósito da empresa como um todo.

O processo de definir o propósito de uma equipe é desafiador, mas vale a pena, mesmo que ele não seja compartilhado com ninguém fora do grupo.

Além de proporcionar energia e rumo aos membros atuais, um propósito claro e convincente serve como ferramenta de recrutamento. Qualquer um que queira entrar para uma equipe deveria refletir bem sobre o propósito dela. Se for bem elaborado, atrairá colaboradores que se sintam inspirados por ele e repelirá os que não se identificarem. Os novos membros terão muito mais clareza sobre sua contribuição.

Ter um propósito claro também abre possibilidades. Quando sabemos que existimos para solucionar um problema específico e não nos limitamos a fazer isso de um jeito específico, evitamos encarar novas soluções como uma ameaça. Saber que o propósito da empresa de David é "fazer com que todos os seres humanos enxerguem apenas projetos no mundo, em vez de problemas" nos desobriga de ensinar o método GTD de uma forma específica. David poderia ter se limitado a escrever *A arte de fazer acontecer*, mas no fundo o livro era apenas um jeito de disseminar as informações. Por muitos anos, a forma "certa" de divulgar a mensagem do livro foi em sessões presenciais de coaching e seminários. A modalidade virtual poderia ter sido vista como uma ameaça aos nossos métodos tradicionais de trabalho, porém nosso foco no propósito, e não nos meios, nos permitiu desenvolver a capacidade de trabalhar de forma remota antes mesmo de ela ser necessária. Sem essa antecipação, a pandemia poderia ter sido uma época de questionamentos. Em vez disso, a mudança para uma nova tecnologia foi rápida. Não foi fácil, mas nada que nos abalasse.

[DAVID] Nos anos em que prestei serviço de consultoria de gestão para empresas interessadas em fazer grandes mudanças com foco no futuro, um dos primeiros passos óbvios era identificar o propósito da empresa.

Nesse ponto, era interessante ver que as reavaliações do propósito original nunca levavam a uma mudança de propósito, apenas a uma reinterpretação que permitisse que a empresa se mantivesse viável.

Por exemplo, um cliente – o EastWest Institute – havia criado um conselho de política internacional de sucesso, essencial para a criação de uma pesquisa colaborativa entre os líderes da OTAN e do Pacto de Varsóvia no intuito de evitar que alguém "apertasse o botão" durante a Guerra Fria, nas décadas de 1970 e 1980. Em certo sentido, as revoluções de 1989 acabaram com a missão imediata de impedir grandes conflitos mundiais. Haveria uma "próxima fase"? O fundador não podia abandonar o trabalho – sabia que as tensões do Ocidente com o mundo islâmico, e depois com a China, precisariam ser enfrentadas. O DNA da organização era impedir conflitos mundiais desastrosos. Assim, migrou suas iniciativas para a mitigação de novas ameaças.

O propósito também limita possibilidades de um jeito positivo. Num mundo com excesso de opções, ter um propósito claro simplifica o foco. Ou algo segue o propósito ou não segue. Sim ou não. É por falta de propósito claro e de limites que as pessoas continuam se sobrecarregando com montanhas de trabalho que parecem interessantes.

É POSSÍVEL TER VÁRIOS PROPÓSITOS

[DAVID] Décadas atrás, um mentor me ensinou que, ao prestar consultoria para os fundadores, donos e/ou diretores de uma organização sobre grandes mudanças que pretendiam fazer em prol de uma nova direção mais abrangente, era necessário dar um primeiro passo fundamental: o grupo (ou o indivíduo) precisava esclarecer e expressar para os colegas seu propósito pessoal básico e a visão que tinha sobre si mesmo, que poderiam (ou não, em certas ocasiões) se alinhar com os da empresa. Uma pessoa talvez desejasse fama; outra, dinheiro; uma terceira, a sensação de servir ao bem comum. Muitas vezes os três objetivos podiam ser concretizados na empresa. A questão é que, quando os indivíduos não sabem das motivações uns dos outros, em algum momento surgirão conflitos sérios em seus processos de tomada de decisão e em suas interações. A coexistência pacífica de vários propósitos no topo da pirâmide é essencial para que as coisas caminhem bem.

COMO GERAR PROPÓSITO

Como criar um propósito claro e articulado ao qual a equipe inteira possa aderir?

A localização faz diferença. Claro que é possível criar propósito em qualquer lugar, porém muitos defendem que um bom exercício é tirar a equipe do escritório e conectar seus membros ao que os empolga. Pedir que as pessoas reflitam sobre seu propósito no intervalo entre reuniões não as fará alcançar o nível de raciocínio desejado.

Quando o grupo estiver reunido num lugar ideal, com tempo para conversar e refletir, faça a pergunta fundamental, que é: "Por que existimos como equipe?" Há quem ache melhor formular a questão com foco na resolução de problemas: "Que desafios nós solucionamos no mundo?" Se a empresa já tem um propósito, talvez valha usá-lo como ponto de partida. Nesse caso, a pergunta seria "Qual é a contribuição desta equipe para o propósito da empresa?" ou "Que desafios esta equipe soluciona melhor do que qualquer outra na empresa?".

Quando a equipe colabora e um diálogo é estabelecido, torna-se possível criar uma forte conexão tanto com o propósito corporativo mais amplo quanto entre os membros. O exercício não precisa ser demorado nem perfeito para gerar boa parte das vantagens de um propósito explícito para a equipe.

Sempre é possível que alguns participantes apresentem resistência ao exercício. Um dos motivos para equipes terem dificuldade com o propósito é o fato de alguns membros nunca terem tido um propósito pessoal. Se você nunca viveu o sofrimento e a incerteza de tentar articular um propósito pessoal, não saberá a quantidade de energia que ele gera. E, enquanto não entender o que tem a ganhar, o simples ato de participar do exercício junto com a equipe pode parecer ameaçador. No entanto, ao evitar o exercício com a equipe, você está fazendo o equivalente coletivo daquilo que fazem pessoas sem propósito – ficar sentado no sofá, vendo TV e tomando sorvete para evitar a sensação cada vez maior de insignificância.

Nessa situação, qualquer conversa sobre propósito vai gerar um certo cinismo. Quase sempre que fizemos uma dessas sessões, alguém tentou jogar uma granada no debate com um comentário como "Nosso propósito é ganhar dinheiro". Mas ganhar dinheiro não é o propósito – é um efeito colateral agradável de cumprir o verdadeiro propósito melhor do que a concorrência. A ironia é que ter um propósito claro é um dos fatores que nos ajuda a ganhar mais dinheiro.

Uma armadilha comum é selecionar termos pedantes num primeiro momento. No começo, a parte mais importante do processo não é encontrar palavras bonitas. Muitas equipes empacam em batalhas verborrágicas, como se uma declaração de propósito precisasse ser perfeita desde o começo. Mas o importante não é escolher as palavras ideais, e sim que essas palavras agreguem foco, energia e motivação no momento.

Em nossas respectivas empresas, revisamos e renovamos nosso propósito inicial várias vezes ao longo dos anos, conforme ganhávamos clareza. Eles continuam nos proporcionando ímpeto, mas a cada análise as frases longas e rebuscadas do começo foram se tornando mais compreensíveis.

Estabelecido o propósito, sugerimos revisitá-lo periodicamente para checar se permanece preciso ou se o grupo prefere sugerir uma formulação melhor. Às vezes mudar é bom, mas o valor verdadeiro de uma revisão breve uma ou duas vezes por ano é manter o propósito presente nas conversas da equipe.

PRINCÍPIOS: COMO ATUAMOS JUNTOS

CONTROLE	FOCO	PLANEJAMENTO
Capturar Esclarecer Organizar Refletir Engajar	Horizonte 5: **Propósito** e **princípios** Horizonte 4: Visão Horizonte 3: Objetivos Horizonte 2: Áreas de foco e responsabilidades Horizonte 1: Projetos Térreo: Próximas ações	Propósito e princípios Visão Brainstorm Organização Próximas ações

Durante um tempo, tivemos dificuldade com a definição de *princípios*. Em resumo, os princípios são *como* fazemos as coisas acontecerem. Só que isso pode valer para tudo, desde a frequência com que fazemos manutenção da nossa bicicleta ou escovamos os dentes até a forma como lidamos com conflitos dentro da equipe. Um aspecto fundamental de se envolver com seu propósito é deixar claro quais são os comportamentos aceitáveis que vocês decidiram adotar para trabalhar em equipe. São as reflexões sobre o que é aceitável quando pessoas trabalham juntas. Existem duas versões disso:

Princípios: orientações de alto nível a respeito de valores, parâmetros ou regras gerais sobre como você quer que a equipe trabalhe, além dos limites que não devem ser ultrapassados.

Padrões de trabalho: orientações muito mais detalhadas sobre práticas e processos que ajudam a concretizar os princípios no trabalho diário da equipe.

A seguir, apresentaremos alguns exemplos sobre os princípios, enquanto os padrões de trabalho serão elaborados no próximo capítulo.

Uma forma de encarar os princípios é pensar no que você diria se delegasse uma equipe para uma pessoa liderar e quisesse que ela se saísse bem. O que a pessoa *precisa* fazer para aumentar as chances de sucesso da equipe? O que deveria *evitar* a todo custo? Nas respostas para essas perguntas estarão os elementos básicos de várias diretrizes para as interações da equipe. Uma boa estratégia é formular frases simples sobre comportamentos desejados, e uma forma de chegar a elas é pensar na resposta para a segunda pergunta – sobre o que deve ser evitado – e invertê-la para chegar a uma fórmula que oriente as pessoas na direção correta.

Alguns exemplos:

[DAVID] Princípios da David Allen Company (uma lista resumida)

NÓS ARRASAMOS. Isto é, seguimos um padrão de excelência em nossa empresa e nossa cultura.

Oferecemos ao mundo os melhores produtos, serviços e educação para alcançar e manter um controle tranquilo e uma perspectiva adequada.

Demonstramos o valor que oferecemos ao mundo (isto é, seguimos o GTD).

Oferecemos serviços extraordinários a nossos clientes, colegas de trabalho e a nós mesmos.

Nosso foco é alcançar o melhor resultado possível para todos os envolvidos.

NÓS FAZEMOS UM BOM TRABALHO. Consistentemente agregamos valor ao mundo.

Fazemos um bom trabalho que causa um impacto positivo para nossos clientes e melhora a vida das pessoas.

Somos bons cidadãos globais, oferecendo um valor expressivo para as comunidades em que atuamos.

NÓS GANHAMOS DINHEIRO. Garantimos que nosso negócio seja vigoroso e viável.

Mantemos foco constante nas melhores práticas de negócio, com uma postura de aprimoramento constante, prestando atenção no feedback que recebemos e fazendo ajustes.

Assumimos a responsabilidade de seguir as melhores estratégias para nos expandir e receber o maior retorno possível dos recursos que investimos.

Em todos os aspectos, nós nos esforçamos para manter o foco eficiente e apropriado em nosso dinheiro, tempo e energia.

NÓS NOS DIVERTIMOS. Mantemos uma cultura farta, motivadora.

Nosso maior padrão ao interagirmos uns com os outros é manter uma postura positiva e de apoio.

Prestamos atenção uns nos outros e nas condições da empresa, e tomamos atitudes responsáveis e cuidadosas para lidar com todas as preocupações e oportunidades que surgem.

Oferecemos e encorajamos um ambiente de trabalho tranquilo, confortável, saudável e motivador.

Nós nos comunicamos de forma sincera e direta, respeitando e ouvindo uns aos outros de forma aberta e generosa.

Nós adoramos nos divertir, rindo e comemorando todas as vitórias.

Estamos o tempo todo nos desafiando a crescer, explorar e nos expandir, tanto no sentido pessoal quanto no profissional.

Contamos com a sabedoria do grupo.

Respeitamos os dons, as qualidades e as abordagens uns dos outros.

Essa declaração de propósito pode parecer excessiva, mas é resultado de muitos anos de reflexão e refinamento para esclarecer e expandir a versão inicial, que era bem menos extensa. Não se sinta na obrigação de começar com algo tão abrangente. A seguir, veja uma versão mais curta do mesmo exercício. Ambas funcionaram muito bem para nossas respectivas empresas ao longo dos anos.

[ED] Next Action Associates – Propósito e princípios da empresa

Propósito: Nós mudamos o mundo do trabalho ao personificar e compartilhar a arte transformadora da produtividade sem estresse.

Princípios da NAA

Nós:

Pensamos além do óbvio com ambição

Apoiamos o trabalho remoto

Oferecemos oportunidades regulares de nos reunirmos como equipe; quanto melhor nos conhecermos enquanto pessoas, melhor conseguiremos trabalhar juntos

Escutamos antes de fazer diagnósticos

Associamos recursos com prudência

Desenvolvemos e impulsionamos redes

Evitamos panelinhas ou fofocas

Incentivamos conversas explícitas sobre capacidade e prioridades quando aceitamos novos projetos

Mantemos uma reserva financeira para enfrentar momentos difíceis

Mantemos as responsabilidades de todos sempre claras

Incentivamos experimentos, criatividade e aprendizado constante

Temos senso de humor

Aceitamos a presença de cães no escritório

Como é possível observar pela comparação dos exemplos, não existe uma forma correta de elaborar as declarações. Algumas são mais resumidas e abstratas; outras, maiores e mais detalhadas. A forma da declaração varia de acordo com a preferência, uma expressão útil daquilo que realmente importa: as conversas que a equipe tem sobre questões importantes. Quando documentamos e mantemos um registro claro e acessível dessas discussões, geramos parâmetros comportamentais para as interações do grupo e uma forma rápida de mostrar aos novos membros o que se espera deles.

Assim como acontece com o propósito, gostamos de revisar os princípios uma vez por ano, usando diferentes exercícios para mantê-los frescos na mente da equipe, além de descobrir e analisar possíveis áreas em que não estejam sendo cumpridos.

CAPÍTULO 6

Horizonte 5 – De volta aos princípios

Como canalizar o poder dos padrões de trabalho

CONTROLE	FOCO	PLANEJAMENTO
Capturar Esclarecer Organizar Refletir Engajar	Horizonte 5: Propósito e **princípios** Horizonte 4: Visão Horizonte 3: Objetivos Horizonte 2: Áreas de foco e responsabilidades Horizonte 1: Projetos Térreo: Próximas ações	Propósito e princípios Visão Brainstorm Organização Próximas ações

[ED] Faltam cinco minutos para a hora marcada, e estou sozinho, sentado à mesa da sala de reuniões de um cliente em potencial, num bairro residencial arborizado de Londres.

Estou aqui para uma reunião comercial com o presidente e o diretor de recursos humanos da empresa para discutir a implementação do GTD em sua equipe de executivos e gerentes intermediários. Pediram que eu preparasse uma apresentação, então cheguei à sala com meia hora de antecedência para garantir que não haveria problemas de conexão entre meu computador e o projetor da empresa. É uma reunião comercial no intervalo entre quarentenas na pandemia, e estou nervoso. Seria bom conseguir fechar negócio.

Os aparelhos funcionam bem, para variar, então reviso meu trabalho mais uma vez. Quando termino, olho para o relógio. Três minutos para a hora marcada. Continuo sozinho na sala com vista para o estacionamento. Ou eles são muito pontuais, ou a coisa aqui funciona de um jeito desastroso.

Faltando dois minutos, alguém finalmente aparece, porém não é nenhuma das pessoas que eu esperava conhecer. Pelo visto, a reunião será mais cheia do que me contaram. Tudo bem. Acontece. Eu me apresento e tento entender quem é a pessoa. Ele diz que é da equipe sênior, abre o laptop, baixa a cabeça e começa a ver os e-mails.

Pergunto sobre meus anfitriões. Meu novo amigo tira os olhos da tela e checa o relógio. Resmungando, avisa que vai buscar as pessoas e sai da sala. A hora marcada passa, e volto a ficar sozinho, olhando para o estacionamento.

Minutos depois, meu anfitrião – o presidente da empresa – entra esbaforido, reclamando da ausência dos convidados, seja física ou virtualmente. Só então entendo que era uma reunião híbrida. Ele abre o laptop, depois uma plataforma de videoconferência para colocar os participantes virtuais no telão do outro lado da sala. Mas o software de conferências não conecta. Ele liga para o TI e sai para buscar os participantes presenciais. Na ausência dele, outra pessoa que não estou esperando aparece, e, logo depois, o cara do TI e meu amigo de antes. Estamos progredindo, mas, pelas paredes de vidro da sala, vejo que meu anfitrião continua catando as pessoas no escritório.

Já se passaram 10 minutos da hora combinada, e divido a sala com dois dos que descubro que deveriam ser seis participantes, além do cara do TI. Observando a movimentação até agora, cogito a ideia de amarrá-los na mesa para não perder mais ninguém. O cara do TI está suando e sugere mudar a plataforma de vídeo. O diretor-executivo – agora de volta – envia um convite pela nova plataforma, então pega o celular, liga para cada um dos participantes virtuais e avisa da alteração. Um está dirigindo; outro alega não saber de reunião nenhuma, mas promete desligar outra ligação para participar; e um terceiro não atende. Inevitavelmente, olho para o relógio. Estamos 15 minutos atrasados e ainda não fizemos nada de útil.

O nervosismo inicial passou. Sei que posso ajudar essas pessoas. Muito. Minutos depois, o vídeo está funcionando, e o participante que está dirigindo se juntou a nós com o celular no colo, talvez infringindo as leis de trânsito. Então começa um bate-papo, e a única pessoa que chegou na hora faz comentários passivo-agressivos sobre os atrasos. Vinte minutos depois, ainda estamos esperando o segundo participante virtual. Sugiro começarmos, para que a reunião inicie antes do horário marcado para encerramento. Hora de brilhar.

Após alguns minutos de apresentação, o último dos participantes virtuais aparece. Minutos depois – meia hora após o horário combinado para o início –, um homem mais velho entra na sala sem se apresentar. Está bem-vestido demais para ser da manutenção, então fico sem saber o motivo de sua presença. A essa altura estou no ritmo, então apenas o cumprimento com o olhar e continuo falando. Ninguém sequer pestaneja quando ele se senta à mesa. Não deve ser o zelador.

Termino a apresentação 20 minutos antes do horário do fim da reunião e abro para perguntas. O participante que está dirigindo avisa que chegou ao destino e sai da chamada. Após responder a algumas perguntas e descobrir que o participante atrasado misterioso é o fundador da empresa, faltam cinco minutos para acabarmos. Sugiro chegarmos a um consenso. Seria ótimo se conseguíssemos elaborar um próximo passo, mas, a essa altura, eu me contento com qualquer coisa que justifique pelo menos metade do investimento de quase oito horas de trabalho nessa reunião. Menciono o horário de fim da reunião, e eles se apressam um pouco, mas não o suficiente para terminarmos pontualmente.

Quando passamos da hora combinada, o clima muda. Todos, menos eu, deveriam estar em outra reunião, e a pressa é palpável. Eles começam a juntar seus papéis, guardar os celulares e fechar os notebooks daquela forma silenciosa, porém firme, que indica que estão prestes a sair. Três minutos após o horário oficial do fim da reunião, chegamos a alguns acordos sobre os próximos passos. Ufa. Melhor que nada, mas percebo que nenhum deles anotou nada. Por fim, troco um aperto de mão rápido com o presidente da empresa antes de ele sair quase correndo da sala. Parece que outro grupo o aguarda no fim do corredor...

Talvez você esteja se perguntando se essa reunião foi montada a partir de uma coletânea de casos para ilustrar um argumento. Infelizmente, não. Ela aconteceu exatamente assim, apesar de certos detalhes terem sido alterados para proteger os culpados. O fato de termos desperdiçado tanto tempo foi lamentável, porém a verdadeira tragédia foi que todos agiam como se esse comportamento fosse normal. O grupo estava irritado, mas era uma irritação que parecia costumeira.

Talvez você se pergunte: "E daí?" Uma reunião desorganizada que começou atrasada em Londres. O que isso tem a ver comigo? Essa reunião foi excepcionalmente ruim, mas os problemas dela – convites pouco claros, participantes aparecendo e sumindo, equipamentos desconfigurados, atrasos e negligência em registrar acordos – são muito comuns, enfrentados por muitos de nossos clientes.

Aquelas pessoas não eram incompetentes – na verdade eram inteligentes o bastante para fazer parte da gerência em uma situação cada vez mais complexa e eram extraordinariamente dedicadas ao trabalho. Como time, era óbvio que estavam acertando o bastante para se manter no mercado, mas estavam desperdiçando tempo e energia, e no momento em que abri para perguntas eles fizeram comentários que deixaram claro que esse desperdício estava cobrando um preço alto. Ficou nítido que algumas pessoas ali trabalhavam tanto que haviam chegado perto de um burnout. Eu não era capaz de julgar o restante do trabalho delas após apenas uma hora de contato, mas, naquela reunião específica, ficou claro que estavam desperdiçando tempo, energia e muita credibilidade no mercado ao tolerar um padrão extremamente baixo na organização e na administração de suas reuniões.

Acreditamos que essas pessoas podem fazer melhor.

Acreditamos que alguns acordos simples sobre o que chamamos de padrões de trabalho – uma abordagem mais detalhada dos princípios, descrevendo o que os membros esperam uns dos outros no trabalho em equipe – fariam uma diferença enorme na eficácia do grupo. Alguns padrões básicos sobre a organização e a administração de reuniões reduziriam muito o nível de estresse do grupo e seriam o pontapé inicial para uma cultura que facilita o trabalho da equipe.

A MUDANÇA DE PADRÕES PARA TRANSFORMAR A CULTURA

Grande parte do que é vendido como mudança de cultura é supercomplicada. As soluções propostas podem até fazer sentido, muitas vezes são bem planejadas e parecem inteligentes, mas só até a página 2. Programas imensos são preparados durante meses e lançados com grande estardalhaço para alcançar objetivos culturais respeitáveis. Entretanto, na nossa experiência, as soluções não precisam ser grandiosas ou inteligentes, só precisam funcionar.

Quando abordamos mudanças culturais corporativas, optamos pela simplicidade. Acreditamos que tentar melhorar comportamentos com a promoção de conceitos abstratos como "confiança" e "respeito" não ajuda em nada. Sem dúvida, são qualidades desejáveis para uma equipe, mas é difícil captar o significado real desses conceitos no dia a dia. Ninguém vai levá-los em conta terça-feira às 10h30, quando o gerente do comercial explodir com um dos membros da sua equipe. A maioria das mudanças culturais não dá certo porque tenta alcançar algo vago demais, e nem os defensores da mudança entendem direito que comportamentos deveriam ter em sua rotina.

A nosso ver, uma definição útil de cultura é "o jeito como fazemos as coisas por aqui", que basicamente é o jeito como fazemos as coisas quando ninguém está prestando atenção e o que costumamos esperar uns dos outros nas interações da equipe. É uma definição ampla, mas possibilita um debate mais extenso sobre que medidas impulsionariam mudanças. A cultura afeta tudo. De acordo com Peter Drucker, ela é tão poderosa que se sobrepõe a qualquer estratégia. E, se a cultura da equipe é a forma como fazemos as coisas, quando não definimos com clareza a forma como queremos fazer as coisas juntos estamos cometendo uma negligência que afeta não só o desempenho dos membros da equipe, mas também sua saúde. Na nossa opinião, um dos modos mais fáceis de impulsionar uma mudança cultural é definir padrões e processos claros que ofereçam uma base para o desempenho individual e a colaboração em equipe.

Houve uma época em que a disciplina e a força de vontade eram consideradas essenciais para instaurar mudanças comportamentais consistentes que levariam a uma melhoria no desempenho. Por trás dessa crença estava implícita a ideia de que o sucesso é associado a uma força interior - a capacidade do indivíduo de se convencer a fazer coisas indesejadas. Assim, bastaria as pessoas terem força de vontade e disciplina suficientes para abrir qualquer porta fechada que as impedisse de ter um desempenho melhor.

Nos últimos anos, porém, boa parte das pesquisas sobre mudanças aponta um caminho diferente. Se você quiser mudar seu comportamento - e desempenho -, é melhor focar não na sua força de vontade, e sim naquilo que seu meio permite ou incentiva você a fazer de forma consistente.

De certa maneira, faz sentido: todo mundo sabe que é mais fácil sair para correr quando todos os seus amigos correm, assim como é praticamente impossível não comer uma fatia de bolo se todos na sala estão comendo. Os comportamentos, hábitos e padrões de quem nos rodeia têm um papel fundamental no nosso desempenho pessoal.

Em seu trabalho de título incompreensível - porém fascinante -, "The Mundanity of Excellence: An Ethnographic Report on Stratification and Olympic Swimmers" (A trivialidade da excelência: um relatório etnográfico sobre estratificação e nadadores olímpicos), Daniel Chambliss afirma que um dos principais fatores que motivam a excelência de nadadores profissionais é o ambiente em que se encontram:

> Não é o aumento da carga de trabalho que leva à excelência, e sim a mudança dos tipos de trabalho. [...] Atletas alcançam patamares superiores com *saltos qualitativos*: mudanças perceptíveis na técnica, na disciplina e no comportamento, geralmente alcançadas por uma mudança de ambiente, isto é, ao entrar para uma equipe nova com um treinador novo, amigos novos, etc., que trabalham em um patamar mais elevado.

O autor concluiu que, muito mais do que o "talento", o foco ou o esforço, os padrões sociais e atléticos do ambiente em que os atletas se encontravam - ou preferiam frequentar - eram o que mais afetava seu desempenho individual. Esse insight tem implicações tanto no desempenho de indivíduos dentro da equipe quanto na maneira como as pessoas trabalham em colaboração.

Este livro trata de como os indivíduos se tornam eficientes, ou não, dentro de uma equipe. Ao mudar aquilo que consideramos padrões normais na execução de trabalhos temos a oportunidade de transformar o desempenho coletivo. Por exemplo, na sua empresa, o prazo de 24 horas para receber a resposta de um e-mail é considerado normal, ou é comum ficar atrás das pessoas para pedir várias vezes a mesma coisa? É normal começar reuniões na hora certa, com um planejamento claro, ou as pessoas sempre chegam cinco ou dez minutos atrasadas, sem saber o motivo de estarem ali? São questões simples – tão simples que poderíamos questionar se merecem nossa atenção.

Embora sejam simples, não são irrelevantes.

No nível individual, por exemplo, muitos acham que aprender datilografia é besteira, uma habilidade inferior, que não têm tempo para aprender, levando em conta que suas outras tarefas são mais importantes. Mas não surpreende que essas mesmas pessoas não consigam acompanhar o fluxo de comunicações que recebem sobre questões importantes. E não conseguem porque ficam catando milho no teclado.

Da mesma forma, não é porque não sabemos o preço dos erros cometidos em nível de equipe que eles não existem. Os custos organizacionais gerados pela incapacidade de gerir a caixa de e-mails e pelo despreparo para reuniões são incalculáveis. Parte do desafio de fazer essas mudanças é que, talvez, o tamanho do problema – e suas ramificações negativas – não esteja claro. Também é possível que os impactos negativos sejam conhecidos, mas considerados normais, naturais – apenas "o jeito como fazemos as coisas por aqui". Para ter uma noção do tamanho do desperdício é preciso se afastar da visão de uma reunião disfuncional específica e abarcar uma perspectiva corporativa, nacional ou internacional. Se alguém calculasse os custos salariais do tempo desperdiçado pelos indivíduos, provavelmente saberíamos qual é o verdadeiro preço pago pela falta de um padrão mínimo.

Antes de debater padrões, queremos esclarecer por que é preciso ter padrões. Ou melhor, queremos esclarecer que ter padrões não é opcional. Eles já existem. É apenas uma questão de conhecê-los e escolher segui-los, e de eles apoiarem ou minarem a capacidade da equipe de alcançar os objetivos.

Conforme ficou claro na reunião descrita no começo deste capítulo, otimizar reuniões é uma missão simples. Algumas equipes têm por padrão começar todos os encontros pontualmente. Outras acham normal começar com 10 minutos de atraso. Não é que estas últimas não tenham padrão. Pelo contrário, o padrão é bem claro: não há nada de errado em chegar 10 minutos atrasado para a reunião, pedir desculpas ao grupo (o pedido de desculpas pode ser outro padrão – ou não) e seguir em frente. Não há nada moralmente certo ou errado com nenhum desses padrões, porém um deles usa o tempo da equipe de maneira mais eficiente.

Uma definição do padrão de reuniões do cliente no começo deste capítulo seria algo como: "Nós nos reunimos em algum momento, falamos por cima de nossos laptops com as pessoas que se dão ao trabalho de aparecer, não registramos nada do que foi combinado, mas torcemos para algo acontecer como resultado do encontro. É isso aí. Nós somos assim."

Os padrões não são revelados apenas em reuniões. Sua equipe tem padrões para tudo: canais de comunicação usados, tempo de resposta esperado, roupas apropriadas no escritório e o que é aceitável enviar para um cliente na tentativa de fechar negócio.

Esse é o primeiro motivo para escolhermos padrões de forma consciente. Mesmo que não decida seus padrões de forma deliberada, você os terá da mesma maneira, porém é bem mais provável que eles sejam uma média ruim e imprestável daquilo que todos os participantes da equipe consideram "normal". E, se você não percebe isso, não consegue mudá-los.

PADRÕES SÃO CONTAGIANTES

A ausência parcial ou completa de padrões para reuniões não é um caso isolado para uma equipe. Não ter padrões – ou não respeitá-los – leva a escorregões em outras áreas. Por outro lado, se a equipe respeita padrões simples, o impacto em áreas completamente diversas é enorme. Assim como os "hábitos fundamentais" que Charles Duhigg descreveu em *O poder do hábito* para indivíduos, quando a equipe segue alguns poucos padrões bem selecionados, aumenta o engajamento e aprimora o desempenho em questões não relacionadas. Da mesma forma que alguém que vai à academia todo dia passa naturalmente a se alimentar melhor, os padrões da equipe se influenciam mutuamente. Pedir pontualidade nas reuniões não é apenas questão de eficiência e redução de desperdício. A energia gerada por esse padrão simples reverbera por toda a reunião e fora dela.

Outro motivo para escolhermos deliberadamente os nossos padrões é que, num mundo cada vez mais diverso e repleto de oportunidades de trabalho internacionais, as expectativas interculturais e até interdepartamentais sobre a execução do trabalho podem variar muito. Todo mundo tem padrões e expectativas que aprendeu com a família, a cultura nacional ou os empregadores anteriores. A lacuna entre suas expectativas sobre como fazer as coisas e a de outras pessoas pode se tornar uma fonte de tensões desnecessárias e ressentimento na equipe. Para evitar esse problema, basta ter clareza sobre como *esta* equipe deseja funcionar, independentemente de posição geográfica ou papel. Se a equipe não chegar a um consenso ou não comunicar esses padrões, todo mundo viverá feliz em sua bolha, pensando que o seu jeito de fazer as coisas é o correto. Assim, é quase certo que alguns membros ficarão chateados e ressentidos ao ver que outros não seguem padrões implícitos, ao passo que outros vão se sentir cobrados por coisas com as quais nunca concordaram.

Para aqueles que gostam de consistência, aqui existe uma conexão maravilhosa com os princípios de equipe que debatemos no Capítulo 3. Qualquer equipe disposta a criar padrões para si mesma está, por definição, **aprendendo** (para estabelecer qualquer padrão, basta fazer uma revisão sobre os elementos que funcionam – e os que não funcionam – dentro da equipe). Ela também dedicará um tempo a desenvolver **clareza** sobre as expectativas dentro do grupo, aumentando a chance de as expectativas serem cumpridas e contribuindo para o estabelecimento de **confiança suficiente**. Quando os padrões e os motivos por trás deles são explicados a todos, a **comunicação aberta** está em ação.

Quando os padrões são elaborados e aceitos pela equipe, ativam uma das forças mais poderosas para a transformação humana: as expectativas do grupo em que os indivíduos operam. Esse insight incentivou um de nossos clientes a parar e analisar os padrões de trabalho de sua equipe. Após anos oferecendo palestras sobre o GTD para indivíduos na empresa, eles observaram que o tempo e o esforço investidos no GTD ofereciam vantagens não concretizadas para a equipe em geral. Apesar de muitos já terem assistido às nossas palestras de nível inicial e intermediário, as habilidades individuais adquiridas ainda não tinham sido direcionadas para um objetivo coletivo.

Após aprender os conceitos e as práticas do GTD, nosso cliente entendeu – como equipe – a lacuna entre as melhores práticas e a mediocridade ao lidar com o fluxo de trabalho, e quis melhorar o desempenho coletivo. Para isso, estabeleceu orientações claras sobre o que esperava dos membros e de suas interações.

A liderança sênior da empresa refletiu e decidiu que padrões de trabalho queria para a equipe. A seguir, uma pequena amostra das propostas criadas:

E-mails:

- O recebimento de todos os e-mails (recebidos como "Para:") deve ser sinalizado dentro de 48 horas.
- O campo Assunto deve descrever com clareza o tema do e-mail. Quando a questão debatida na sequência de e-mails mudar, essa linha deve ser alterada.
- Incluir no campo "Para:" apenas as pessoas que podem realizar ações diretas associadas ao e-mail, e no campo "Cc:" aquelas que só precisam estar a par do assunto.
- Caixas de entrada devem ser esvaziadas a cada 48 horas.

Reuniões:

- Convites para reuniões devem anunciar o resultado desejado do encontro.
- Os horários de início e fim serão cumpridos em todas as reuniões.
- As reuniões devem contabilizar o tempo de transição entre compromissos. Assim, o tempo padronizado das reuniões deve ser de 50 minutos, e não 60, ou 25 minutos, em vez de 30.

Identificar os padrões desejados é só o primeiro passo. Eles precisam ser bem comunicados, apresentados de forma persuasiva e – mais importante – cumpridos no dia a dia pelos líderes da equipe.

Ninguém diria que essas propostas são coisa de outro mundo, mas o fato é que elas não precisam ser novas e empolgantes para causar um impacto profundo no desempenho da equipe. Mais uma vez, recorremos ao estudo sobre excelência atlética de Daniel Chambliss:

> A excelência é trivial. O desempenho superlativo, na verdade, é uma confluência de dezenas de pequenas habilidades ou atividades, cada uma delas aprendida ou absorvida por acaso e cuidadosamente transformada em hábito, ao fim se encaixando para formar um total sintetizado. Não há nada extraordinário ou sobre-humano nessas ações, só o fato de que elas são feitas de forma consistente e correta e, juntas, produzem excelência.

Nosso cliente percebeu que equipes e indivíduos alcançam esse tipo de excelência de maneiras semelhantes. Estabelecer e comunicar padrões simples – e as habilidades para cumpri-los – contribui para um ambiente que apoia a excelência individual, o que, por sua vez, eleva os padrões. Isso, por sua vez, faz com que a equipe alcance a excelência com o tempo, formando um círculo virtuoso incrível.

Disciplina e liberdade parecem opostos, mas na verdade são parceiros. A disciplina não é a falta de liberdade, e sim uma relação harmoniosa com o tempo.

– RICK RUBIN

O JEITO FÁCIL DE RECONHECER SEUS PADRÕES

Em geral, só percebemos nossos padrões quando alguém os quebra. Para demonstrar a necessidade de padrões, vamos analisar um exemplo sobre como eles podem dar errado. Quando um casal se conhece, não há qualquer discussão sobre padrões. Os dois estão apaixonados. Nos primeiros meses eles não veem necessidade de estabelecer padrões em comum, muito menos uma linguagem comum. Mas, depois desse período de lua de mel, padrões diferentes começam a surgir. Tubos de pasta de dentes ficam abertos sobre a pia ou são apertados no meio, pratos são abandonados na pia, contas bancárias ficam no negativo. Sem uma discussão sobre os padrões implícitos, é quase impossível evitar irritações, ressentimentos e brigas. Em geral, a pessoa com o padrão mais rígido em certa área tenta mantê-lo, mas a outra não ajuda. A pessoa cujo padrão é lavar a louça "antes da sobremesa" começa a se sentir usada por aquela cujo padrão é "se ainda há pratos limpos no armário, tudo bem". Em pouco tempo, conversas sobre trivialidades se transformam em bloqueios sérios para a comunicação eficiente do casal.

Checar os padrões um do outro antes de um primeiro encontro seria exagero, mas, hoje em dia, quando as coisas começam a evoluir e as intenções se tornam claras, muitas religiões oferecem cursos para ajudar casais a articularem suas expectativas. Isso tem duas vantagens: pelo menos parte dos padrões vem à tona e é debatida, e essa conversa gera um modelo para discutir questões potencialmente problemáticas no futuro.

Não estamos argumentando que, num ambiente de trabalho em equipe, é preciso pecar pelo excesso, mas acreditamos que o pressuposto de que todos compartilham os mesmos padrões no trabalho é uma armadilha que suga tempo e energia, porém é fácil de evitar. As equipes que levam essa questão a sério sabem que não se trata de uma simples vantagem opcional; elas entendem que a organização, a adoção e a manutenção dos padrões é a principal forma de evitar atritos.

Qualquer área do funcionamento da equipe pode ter padrões. Alguns serão mais úteis do que outros, dependendo do contexto. As Forças Armadas, por exemplo, têm padrões extremamente detalhados sobre o brilho do couro do coturno. Alguns pais proíbem os filhos de usar termos vulgares. Neste capítulo, focamos em áreas em que há mais oportunidades de redução de atritos e entraves. Assim como o método GTD não recomenda o excesso de capturas, esclarecimentos ou organização, não estamos propondo que você encha sua equipe de listas e mais listas de obrigações.

Alguns exemplos ilustram o possível impacto cultural dos padrões. O primeiro que muitos de nossos clientes percebem é um efeito colateral positivo que surge quando treinamos seus colaboradores para gerenciar o próprio fluxo de trabalho. Quando muitos deles aprendem o valor de pensar em resultados e ações, institui-se um padrão no qual as discussões sobre questões da equipe se tornam mais escassas. Os colaboradores aprendem a concluir as discussões da equipe com duas perguntas simples. A primeira delas é: "Qual é o resultado desejado e quem é responsável por ele?" E a segunda é: "Qual é a próxima ação?" À medida que eles passam a responder a essas duas questões, percebem que sua equipe de fato passou a seguir uma cultura proativa de responsabilização. A pergunta sobre quem é responsável traz clareza sobre as obrigações, e a pergunta sobre próximas ações gera uma cultura de predisposição para agir. Não se trata de um programa com transformações abrangentes, apenas de dois questionamentos feitos habitualmente no fim das conversas da equipe sobre os projetos em andamento.

Um dos nossos padrões favoritos foi criado por uma cliente para o aprendizado de sua equipe. Percebendo o alto ritmo das mudanças em seu mercado, ela sabia que, sem um aprendizado constante, seu time não acompanharia a concorrência. A solução foi determinar um padrão de aprendizado: duas horas por semana. E ela especificou um horário para o aprendizado, de modo a facilitar a participação dos colaboradores: segunda-feira, das oito às dez da manhã. Nesse horário, nada de reuniões ou ligações. Instaurado esse padrão - junto com um cardápio de opções de aprendizado oferecidas por uma academia criada para auxiliar equipes em rápido crescimento -, a cultura de aprendizado se tornou parte das expectativas de todos que entravam para a equipe.

Escolha o número de padrões necessário, mas atenha-se ao mínimo possível. Cada equipe precisa decidir seus padrões para cumprir seu propósito e sua visão. O desafio é escolher com sabedoria. Para começar, sugerimos alguns padrões que oferecem mais vantagens, para que você mantenha o foco neles, se empolgue e se sinta estimulado a criar outros padrões úteis no momento certo.

Não pretendemos prescrever o que é certo para a sua equipe - não conhecemos sua empresa -, mas acreditamos que existem padrões simples que podem ser usados pela maioria das equipes, pois são comuns a todas as empresas. Chegar a um consenso sobre como organizar reuniões e usar canais de comunicação gera um impacto transformador.

REUNIÕES

Até aqui identificamos alguns pontos de melhoria fácil para reuniões, mas vamos presumir que você já esteja convencido das vantagens de começar e terminar reuniões na hora marcada. Como exemplo de outro fator interessante a se considerar, que tal um padrão que determine a manutenção do foco no assunto debatido? Duas décadas atrás, o uso de laptops em reuniões era a exceção e, em geral, limitado à pessoa que fazia a apresentação. Hoje, porém, todos os participantes têm *pelo menos* um aparelho à mão. Participamos de uma reunião em que um indivíduo tinha quatro, e ficamos sem saber de quantas reuniões simultâneas ele estava participando. É triste ver que muitos não entendem a natureza do problema e acreditam que parte da solução para a sobrecarga é aprender a comparecer a várias reuniões ao mesmo tempo, uma tática evidentemente ineficiente.

Hoje em dia, o padrão das reuniões é que os participantes mantenham os aparelhos abertos ou ligados, o que não ajuda. Se o propósito do encontro é focar num assunto específico ou tomar uma decisão usando o conhecimento de todos os participantes, qualquer coisa que os tire do foco é contraproducente.

Algumas pessoas, com razão, perguntariam: "E se precisarmos de alguma informação que está no computador?" É uma ótima dúvida, se ignorarmos que parte da preparação para qualquer reunião deveria ser *se preparar para a reunião*, de forma que ninguém precise abrir o celular ou o notebook. O fato de você *poder* finalizar os slides que apresentará mais tarde, durante a fala de um colega, não significa que deveria fazer isso.

A equipe precisa decidir o que é certo para seus objetivos. Com os aparelhos fechados, garantimos mais foco. Com aparelhos abertos e disponíveis, temos informações mais precisas. Porém já está bem claro que o problema não é a falta de informações, e sim que até pessoas inteligentes, motivadas – que sabem que distrações atrapalham o resultado das reuniões –, não resistem a dar uma olhada na tela. É difícil resistir às notificações. Todo mundo olha para ver o que apareceu, mas o problema é que nesses poucos segundos de dispersão não escutamos o que é dito. Estimativas sugerem que são necessários seis minutos para recuperar o foco, enquanto outras afirmam que são 20 minutos. Qualquer que seja o tempo necessário, não é o ideal quando estamos tentando tomar decisões, o que gera repetições e frustrações. Resultado: reuniões decepcionantes.

Reuniões híbridas têm seus desafios específicos (discutidos no Apêndice 3), mas, com ou sem aparelhos, podemos oferecer diretrizes claras para reuniões melhores. Muitos dizem que tiveram a vida transformada por essas ideias. Acreditamos que três passos simples podem gerar grandes melhorias:

> Certifique-se de que todos entendam claramente o propósito da reunião – de preferência, antes de confirmarem presença, mas com certeza no começo de cada reunião.
>
> No início do encontro, deixe claro como deverá ser o término da reunião e a que horas ele acontecerá.
>
> Não permita que nenhuma reunião seja concluída sem que fiquem claras quais serão as próximas ações e responsabilidades, para que os temas discutidos evoluam após a conversa.

Há outras coisas a se fazer, mas ao seguir esses três passos as reuniões têm um salto de qualidade. Seria ótimo aprimorá-las ainda mais, porém às vezes o assunto nem precisava ser discutido em uma reunião.

CINCO MOTIVOS PARA FAZER UMA REUNIÃO

Resumindo, existem cinco motivos para se fazer uma reunião. Os quatro primeiros são atribuídos à descrição de Andrew Grove em *Gestão de alta performance*, lançado originalmente na década de 1980. O quinto é um acréscimo nosso.

1. Dar informações. "Reunimos todos aqui para avisar que..."
2. Obter informações. "Precisamos que vocês nos digam..."
3. Desenvolver opções. "Estamos aqui para analisar todas as formas possíveis de lidar com..."

4. Tomar decisões. "Nesta reunião, vamos decidir sobre como dar prosseguimento a..."
5. Conexões humanas. "Nós reunimos todos para nos conhecermos pessoalmente e ter um contato mais humanizado em nossas interações a partir de agora."

Qualquer reunião pode ter um ou mais desses objetivos. Talvez até os cinco. "Estamos aqui para compartilhar informações, receber feedback, explorar possibilidades e tomar decisões. E também para nos conhecermos um pouco melhor." Porém, se um participante estiver lá apenas para obter informações, outro para tomar decisões e um terceiro só para desenvolver opções, teremos um problema.

Um importante acelerador do trabalho em equipe em reuniões é a identificação visual do trabalho. Quando todos enxergam o que cada participante está fazendo - ou deixando de fazer - sem precisar pedir, evitam uma grande quantidade de comunicações desnecessárias, além de reuniões longas e chatas de "atualização". Se a equipe mantém uma lista de Projetos atualizada e sabe quem está fazendo o quê, é possível identificar e eliminar redundâncias antes de haver desperdício de tempo e energia de todos.

Trabalhar com o conhecimento coletivo sempre atualizado sobre o que está acontecendo agora é bem diferente das reuniões de "atualização" do passado, em que os membros das equipes passavam horas da semana explicando a vida para todos, para então seguir em frente e tomar novas decisões.

CANAIS DE COMUNICAÇÃO E PRAZOS DE RESPOSTA

No começo, havia o e-mail. Quer dizer, *bem* no começo havia sinais de fumaça, papiros, pombos-correios, memorandos e fax, e vale lembrar que todos eles foram soluções para problemas que o formato antecessor não conseguia resolver.

O e-mail se tornou tão difamado que é difícil se lembrar de como sua criação foi uma inovação brilhante lá atrás. Ele era praticamente gratuito após a compra do software, eliminava toneladas de papel e permitia a comunicação quase instantânea, que por sua vez permitia o trabalho assíncrono.

Porém, depois que os computadores deixaram de ser desktops – e entraram no bolso –, a explosão de comunicação assíncrona se tornou um fardo para a maioria das pessoas. O sucesso do *A arte de fazer acontecer* original no começo do século se deveu em parte a seu impacto na capacidade de as pessoas controlarem suas caixas de e-mail, em geral pela primeira vez na vida.

No entanto, nem todos se beneficiaram do método GTD, e, para os que não aprenderam a lidar com a caixa de entrada, a capacidade de enviar mensagens mais longas por SMS surgiu como uma luz no fim do túnel. Após desistirem dos e-mails, essas pessoas encontraram um novo meio de perder o controle. E o mais importante: pessoas com chefes diretos que tinham abandonado o e-mail descobriram – por um tempo – um novo canal no qual tinham mais chance de receber respostas. Em uma lógica comunicativa distorcida, as pessoas começaram a trocar mensagens ou até ligações para lembrar umas às outras de e-mails importantes. (Se isso não lhe parece distorcido, o que acha que acontece com a eficiência de uma equipe que a todo momento recebe lembretes da mesma questão?)

É na autolimitação que um mestre primeiro se revela.

– GOETHE

Quando o canal do SMS também ficou congestionado, alguns buscaram novos meios, como chats, redes sociais ou softwares colaborativos. Cada um deles servia apenas como uma solução temporária até que os canais anteriores se recuperassem do fracasso, porém a ausência de uma abordagem sistemática para a comunicação fazia com que, em pouco tempo, as pessoas voltassem a ter dificuldades com um novo método.

O problema ficou tão grave que muitos começaram a reclamar da necessidade de se comunicar e coordenar esforços no ambiente de trabalho. A todo momento ouvíamos pessoas dizendo que conseguiriam trabalhar de verdade se não precisassem ficar respondendo a e-mails. Precisamos confessar que, nesses casos, não fomos solidários, porque acreditamos que, para a maioria das pessoas, lidar com comunicações internas *faz parte do trabalho*.

Os melhores dos melhores reconheceram o que estava acontecendo e – assim como os mestres de Goethe – se revelaram por meio da limitação, cortando a quantidade de meios de comunicação e definindo o conteúdo e o prazo de resposta esperado para cada um deles. Pode parecer excesso de estruturação, mas o lado positivo dessa estrutura limitada é a liberdade para não ter que passar o tempo todo abrindo um número cada vez maior de mensagens.

Vejamos a cultura da equipe de desenvolvimento de nosso cliente no Leroy Seafood Group. Eles decidiram escolher apenas quatro canais de comunicação – e-mail, uma ferramenta de software colaborativo, mensagens de texto e ligações – e desenvolveram diretrizes sobre o tipo de conteúdo mais apropriado para cada meio, além do prazo de resposta esperado.

MEIO	PROPÓSITO	TEMPO DE RESPOSTA	COMENTÁRIO
E-mail	Usado quando uma ferramenta de colaboração utilizada pela equipe simplesmente não funciona – por exemplo, quando as pessoas informam que precisam acessar uma informação do departamento, mas não têm acesso ao software específico.	Responder até o próximo dia útil.	E-mails **não devem** ser usados para comunicações internas do departamento. O software colaborativo de equipe é o meio usado para isso.
Software colaborativo de equipe	Melhor fluxo de informações dentro da equipe.	Responder até o próximo dia útil.	Publicar no tópico de discussão correto e no canal apropriado, notificando apenas aqueles que precisam ser informados. Em caso de dúvida, criar novo tópico com um título que ajude a identificar seu conteúdo.*

(*continua*)

(*continuação*)

MEIO	PROPÓSITO	TEMPO DE RESPOSTA	COMENTÁRIO
SMS	Mensagens rápidas.	Quatro horas.	
Telefone	Se você precisar de informações imediatamente.	Atender ao telefone ou retornar a ligação assim que possível.	Não se espera que você esteja "disponível" a qualquer momento do dia. Retorne a ligação apenas se receber um SMS pedindo uma resposta urgente. Se você ligar e não for atendido, envie uma mensagem explicando o motivo da ligação e se precisa de retorno.

* Para mais detalhes, veja o Apêndice 2, sobre softwares colaborativos.

Talvez esse nível de detalhamento seja excessivo, mas produz resultados no mundo real. Na pesquisa anual de engajamento dos funcionários, a equipe de desenvolvimento da cultura teve de 20 a 30 a mais em "satisfação" com o trabalho do que equipes parecidas com papéis parecidos. Foi só por causa do acordo que fizeram? É bem provável que não. Mas o acordo contribuiu para um nível mais elevado de satisfação da equipe? De acordo com os próprios colaboradores, com certeza.

Por quê? Assim como as linhas de um campo de futebol e as regras de um jogo, o acordo define os limites comportamentais e ajuda a equipe a se tornar vitoriosa. Não podemos deixar de mencionar que todos os membros passaram por um treinamento para aprender a lidar sistematicamente com o próprio fluxo de trabalho. Mas, mesmo que isso não tivesse acontecido, seria melhor que eles trabalhassem num ambiente em que os parâmetros para o sucesso estão definidos, em vez de um lugar onde não há regras nem um caminho claro para a vitória. Os membros dessa equipe são humanos, gostam de vencer. É muito provável que a capacidade de fazer isso com regularidade – ou pelo menos de vez em quando – contribua para sua satisfação com o trabalho.

DOCUMENTANDO SUAS DECISÕES

Algumas pessoas questionarão a necessidade de capturar e tornar tantas informações acessíveis nesse nível de detalhamento. "Nós chegamos a um consenso e está funcionando, deu certo." Ótimo. As equipes vêm mudando tão rápido que grande parte dos padrões acordados hoje pode não valer mais daqui a seis meses ou um ano. Que padrões serão seguidos nesse caso? O que acontece quando chega um novo líder?

Talvez a melhor forma de ilustrar a importância de ter padrões claramente documentados seja refletir sobre o que acontece quando um novo membro se une à equipe. De início, ele partirá do princípio de que os padrões de sua equipe ou seu empregador anterior são bons o suficiente. Afinal, é um profissional experiente, que recebe um bom salário e tem anos de experiência. É natural que pense que seus padrões sejam adequados. Foram eles que o trouxeram até aqui, certo? Mas vamos partir do princípio de que essa pessoa entre para uma equipe com padrões mais rígidos. Ela vai demorar um tempo, talvez meses, para entender quais são os novos padrões, e, com sorte, essa demora não prejudicará sua reputação. Mas até lá a equipe precisará enfrentar alguns percalços desnecessários, expectativas não cumpridas e tensões evitáveis.

Não seria mais fácil apresentar a essa pessoa um conjunto de padrões documentados de forma clara quando ela ainda está cogitando entrar para a equipe? No fim, ela pode ou não aceitar a vaga, mas, caso aceite, perderá a possibilidade de dizer que não sabia dos padrões.

Existem várias formas de lidar com padrões de equipe. Um cliente de David – uma grande empresa farmacêutica – o convidou para dar uma palestra para sua grande equipe jurídica. O grupo estava estressado devido a uma fusão recente com outra farmacêutica cheia de processos e que agora era responsabilidade sua. O chefe do departamento subiu ao palco, se apresentou antes de David e atualizou os presentes a respeito da situação. Em certo momento, abriu um slide cujo título era "As seguintes coisas me irritariam". Um exemplo era um problema levado a ele, mas que poderia ser resolvido pelos colaboradores caso eles se comunicassem e se coordenassem. Para David, esse é um ótimo exemplo de estabelecimento de padrões. Mas teria sido legal se o chefe também apresentasse uma lista de "As seguintes coisas me inspirariam".

ESCOLHENDO SEUS PADRÕES

O exemplo aponta o caminho para uma forma de encontrar seus próprios padrões. Se você ainda estiver se perguntando quais padrões escolher, talvez seja interessante iniciar uma conversa com a equipe usando as seguintes perguntas: "Que tipo de coisa incomodaria vocês se acontecesse sempre?" Ou use a perspectiva oposta: "Que tipo de coisa deixaria vocês empolgados se acontecesse sempre?" Alguns recorrem à história, analisando equipes – boas e ruins – em que já trabalharam no passado e pensando nos padrões que as levaram a ser como eram. Se trabalharam com boas equipes, só precisam adaptar as melhores práticas à situação da equipe atual. Se trabalharam em más equipes, o primeiro passo é analisar os padrões negativos para só então buscar versões positivas deles.

É preciso comunicar não apenas os padrões escolhidos, mas a lógica por trás deles. Para os indivíduos que determinam as regras, essa etapa pode parecer perda de tempo. No momento da criação, a lógica é tão óbvia que existe um clima de "Nós sabemos disso. Por que colocaríamos no papel?". Mas a documentação do motivo é essencial para a compreensão e a aceitação daqueles que entrarem para a equipe meses ou anos após as decisões iniciais serem tomadas. Além da possibilidade de até os criadores esquecerem os motivos com o tempo, todos os envolvidos precisarão se esforçar bem menos por não precisarem repetir a mesma coisa toda vez que um novato aparecer. Se você já precisou ler atas de reunião malfeitas e tentou entender o que foi decidido e como a decisão foi tomada, saberá do que estamos falando. Quando um padrão é instaurado mas a lógica por trás dele não é, corre-se o risco de ele parecer apenas uma regra arbitrária. E, assim como acontece com todas as regras sem contexto, é possível que os novatos criem resistência. Uma coisa é ouvir "nada de e-mails depois das sete da noite"; outra é ser informado de que esse padrão foi criado para priorizar sua saúde e a capacidade da equipe de fazer inovações com consistência (porque, ao seguir essa regra, você não estará tão sobrecarregado e exausto a ponto de não reconhecer um pensamento criativo). Ainda assim, talvez o padrão seja questionado, mas pelo menos terá raízes num entendimento comum daquilo que ele tenta alcançar.

É nesse cenário que os padrões devem ser criados. Eles só farão sentido dentro do contexto daquilo que a equipe tenta conquistar. Uma equipe que está correndo por causa de uma IPO iminente terá padrões diferentes de outra cujo propósito é oferecer uma forma sustentável de trabalhar que atraia talentos de um tipo específico. Para garantir que os padrões que você desenvolveu estejam alinhados com o caminho que deseja seguir com sua equipe, é preciso chegar a um consenso sobre que caminho é esse. O próximo capítulo fala sobre como alinhar uma visão para o futuro.

CAPÍTULO 7

Horizonte 4

Visão

CONTROLE	FOCO	PLANEJAMENTO
Capturar Esclarecer Organizar Refletir Engajar	Horizonte 5: Propósito e princípios **Horizonte 4: Visão** Horizonte 3: Objetivos Horizonte 2: Áreas de foco e responsabilidades Horizonte 1: Projetos Térreo: Próximas ações	Propósito e princípios Visão Brainstorm Organização Próximas ações

POR QUE VISÃO?

Indivíduos e equipes podem ter o mesmo propósito final, mas visões distintas sobre como concretizá-lo no sentido visual, auditivo ou sensorial. Um propósito como "Promover a saúde e o bem-estar da nossa comunidade" pode ter visões distintas, como "Estabelecer alternativas viáveis para ajudar pessoas em situação de rua" ou "Instaurar um programa de reciclagem prático, popular e sustentável". Ambas são ótimas, mas não necessariamente terão uma alocação de recursos semelhante.

Fantasias são mais que meras substituições de uma realidade desagradável; também são ensaios, planos. Todos os atos executados no mundo começam na imaginação.

– BARBARA GRIZZUTI HARRISON

Uma equipe pode chegar a um consenso sobre seu propósito, como "Integrar nossos serviços de TI de forma otimizada", mas o que seria um "sucesso absoluto" para esse objetivo? "Ótimo design de experiência do usuário em nossos computadores e aparelhos móveis"? "Clientes adorando usar nossas interfaces"? "Ser considerado 'de ponta' no mercado"? Ou outra de muitas opções?

Quando reservamos um tempo para alinhar os compromissos mútuos de todos, podemos alcançar resultados espetaculares, como os que nosso cliente Nick obteve com sua equipe ao criar uma escala que alcançasse uma meta global, como veremos a seguir.

O BILIONÁRIO

Nick estava perdendo a atenção de todos e não sabia o motivo. Eles tinham acabado de almoçar. Era o primeiro dia de um evento de dois dias fora do escritório no qual eles discutiriam estratégias. A energia estava baixa. Nick tentava alinhar a equipe e explicar algo novo, mas ninguém parecia animado.

Nick tinha 10 anos de casa no departamento de consultoria de infraestrutura em uma das Big Four – as quatro maiores firmas de auditoria e consultoria do mundo. Ao longo desse tempo a empresa se manteve em pleno crescimento e ele cresceu junto. Nick estava lá quando a firma tinha receita zero, mas a essa altura lucrava mais de 80 milhões de dólares por ano. Apesar do tremendo sucesso, Nick disse: "Parecia que eu estava numa longa jornada sem saber qual era meu destino."

Ele foi ao flip chart e anotou alguns pensamentos sobre o caminho que a empresa poderia seguir, torcendo para animar o pessoal com a bandeira da "visão".

"A parte da visão foi muito útil", recorda Nick. "Nós adorávamos o que fazíamos e éramos unidos pela sensação de que lidávamos com alguns dos maiores desafios mundiais da época. Sabíamos que estávamos fazendo um trabalho excelente para nossos clientes, só que o volume de tudo que já fazíamos deixava claro o tamanho da oportunidade que estávamos perdendo. Transformar a equipe em um negócio mundial parecia ser o próximo passo lógico."

Eles concluíram o seguinte:

- O desenvolvimento de infraestrutura é um dos maiores desafios globais do século XXI.
- Seremos reconhecidos como a maior consultoria financeira que lida com esse desafio.
- Atuaremos em todos os programas de infraestrutura importantes do planeta. Desenvolveremos uma empresa de consultoria global com um faturamento global de 1 bilhão de dólares.
- Seremos a primeira opção de governos e corporações devido à nossa independência, alcance global e experiência, e a nosso extenso conhecimento do setor e à nossa visão de mercado.
- Como resultado, seremos pioneiros em novos mercados e ideias, e continuaremos atraindo as melhores pessoas.

"O valor não era o principal foco da visão, mas eu estava confiante de que era possível lucrar 1 bilhão de dólares", disse Nick. Quando escreveu esse número no flip chart ao fim do primeiro dia do evento, ele percebeu que não precisaria mais se esforçar para prender a atenção das pessoas.

Um faturamento de 1 bilhão de dólares poderia não ser a prioridade motivadora, mas é algo que desperta o foco. O valor tinha outras vantagens: era fácil de lembrar e uma ótima forma de puxar assunto com stakeholders mais antigos. Também obrigava a equipe a pensar de forma radicalmente diferente sobre como concretizar a visão. Não bastaria trabalhar com 10% a mais de dedicação, e estava claro que o bilhão não viria apenas dos mercados de infraestrutura já existentes. Para alcançá-lo, a equipe teria que encontrar novas formas de engajar e formar parcerias com outros países – e com outras áreas dentro da própria empresa.

O trabalho do artesão é justamente saber o que quer fazer e se colocar em ação. O trabalho do artista é começar com uma pergunta e usá-la para se guiar na aventura da descoberta.

– RICK RUBIN

Meses depois, essas ideias foram apresentadas para um grupo maior em Nova York. Em certo momento, alguém da equipe disse "*Quando* formos uma empresa de 1 bilhão de dólares...", e ninguém riu nem saiu da sala. Pelo contrário, a visão era de que "Essa é uma oportunidade única e devemos aproveitá-la". Com a aprovação na reunião em Nova York, a empresa criou uma estratégia e a condensou num único slide.

Dois meses depois, o grupo principal de 20 pessoas em Nova York tinha crescido para 40 e estava em Londres. Eles se reuniram na sala de conferências de um hotel com um grande mapa-múndi.

A ideia era que todos ali visualizassem os componentes do futuro negócio no mapa para entender que a visão não era apenas uma ideia legal que nunca se consolidaria. "Ninguém sabia como seria uma empresa de 1 bilhão de dólares, então achamos que seria mais fácil visualizar se a dividíssemos em 100 segmentos de 10 milhões", explicou Nick. "Alguns desses segmentos já faturavam 10 milhões, outros tinham potencial, e outros... naquele momento, a ideia parecia loucura. Mas o mesmo valia para todos os negócios que já tínhamos criado desde que começamos."

Ao longo dos dias seguintes, eles listaram 150 oportunidades distintas de negócios com potencial de faturar 10 milhões de dólares anuais e marcaram sua localização no mapa. Conforme cada ideia era posicionada, a equipe foi tendo uma imagem cada vez mais clara de onde sairia o crescimento. No final da reunião, eles tinham a lista de 100 oportunidades, além dos resultados, das responsabilidades e das próximas ações para todas. Esses planos, que eram baseados em dados de colegas de outros setores da empresa e do mundo, deram forma à estratégia.

Baseado numa visão clara e atraente, o plano ganhou o apoio da diretoria global. Menos de uma década depois, o objetivo original de 1 bilhão de dólares por ano tinha sido largamente superado.

O número em si não era o único fator importante. "Ao apresentar a visão, tentamos mostrar como seriam a imagem e a sensação do futuro para o nosso negócio", comentou Nick. "Uma das coisas que cogitamos foi a criação de um centro de desenvolvimento global na Índia. Sete anos depois, nos vimos diante de uma equipe enorme de pessoas muito inteligentes que trabalhavam lá. A questão é que, quando olhamos para trás e pensamos nessa visão e nos 100 negócios que planejamos, percebemos que acertamos mais do que erramos."

"E tudo isso aconteceu por causa da captura daquele pensamento num flip chart. Às vezes eu me pergunto o que teria acontecido se não tivéssemos capturado o pensamento e tomado uma atitude. É bem provável que nada disso tivesse se concretizado, e, caso tivesse, com certeza não seria tão rápido. Foi algo que uniu as pessoas e as motivou a aproveitar uma oportunidade."

UMA VISÃO DO FUTURO

Histórias como essa ilustram bem o poder da visão. É inspirador ver alguém pegar uma ideia ambiciosa e transformá-la em realidade. O único possível lado negativo em usar conquistas tão significativas para ilustrar o impacto catalítico da visão é passar a impressão de que ela precisa ser GRANDIOSA e IMPORTANTE, e algo que *outras* pessoas consigam concretizar. Mas ter uma visão para uma equipe é apenas reservar um momento para pensar sobre como seria um grande sucesso para ela num prazo de mais ou menos três a cinco anos.

O prazo vai depender da natureza do projeto, da empresa e do setor. Até onde você pode olhar? Depende. No caso de um software, talvez seja impossível ter uma visão que dure mais de seis meses. No ramo aeroespacial, precisaria durar pelo menos 10 anos. A liderança de um país precisa fazer planos para 20 ou 25 anos. Para mudanças realmente grandiosas, mesmo duas décadas pode ser pouco tempo. Uma vez nos disseram que, se você consegue cumprir sua visão pessoal ao longo da vida, é porque sua ambição é muito limitada.

As pessoas têm visões o tempo todo. Sobre comprar um carro novo, reformar a cozinha ou ter uma casa. Sobre plantar um jardim, fundar uma instituição de caridade ou abrir uma empresa. Se a palavra "visão" provoca reações alérgicas em você, escolha outro termo. A questão é: o *pensamento* sobre algo novo precede sua existência real no mundo. Sempre. Sem pensamento, não há existência. Isso vale tanto para uma pintura quanto para uma biblioteca pública. E nem precisa ter a ver com criação; só saímos de um cômodo quando pensamos que precisamos ir para outro. Só pegamos uma bola quando imaginamos como pegá-la. Quando temos a "visão", não precisamos calcular velocidades ou trajetórias, nem planejar uma sequência de contrações musculares para concretizá-la. Quando temos a visão sobre o que fazer, o corpo cuida da coordenação subconsciente.

Apesar de usarmos a visão há milênios para transformar a realidade (exemplo: as Pirâmides de Gizé), esse conceito de visão permanece polêmico. Há quem ame, há quem não consiga nem conversar sobre o assunto. Parece místico, implausível demais.

Por que se concentrar no futuro? Afinal, ele nunca chega – vivemos sempre o presente. Mas, ao nos permitirmos conceber uma situação melhor, seja ela financeira, empresarial ou emocional, passamos a notar informações e oportunidades que poderiam passar despercebidas. O valor de uma visão não é o futuro que ela descreve, mas a mudança no que captamos conforme seguimos rumo a ela.

Para os que ainda têm um pé atrás com a visão, reflita: você está lendo este livro num assento que foi – em algum momento – apenas uma visão na mente de um designer, dentro de um edifício que já foi apenas uma imagem fugaz na mente de um arquiteto. Talvez você até esteja lendo isto num dispositivo que foi imaginado primeiramente por um engenheiro e que fez parte da visão de Bill Gates, de colocar um computador em todos os lares, ou da de Steve Jobs, de oferecer dispositivos bonitos a seus clientes. Como essas visões seriam "implausíveis"?

Se você não visualizar algo pronto, não saberá como torná-lo realidade.

– DAVID ALLEN

Ainda acha que a visão é uma bobagem? Sem a missão para a Lua, a NASA seria conhecida apenas como a coleção de brinquedos mais cara da história. Visualizar coisas que ainda não existem é o primeiro passo para transformar os planos mais legais, inovadores e úteis em realidade. Nós enxergamos coisas que ainda não existem, e, se elas forem mais interessantes do que as alternativas disponíveis, colocamos a mão na massa para descobrir como concretizá-las.

E por que a visão é tão importante para uma equipe? Bem, sua equipe se tornará mais eficiente se passar a implementar somente as propostas do método GTD nas próximas ações e projetos. Com isso, ela se transformará numa máquina de gerar novas ações e projetos. A questão é que, nesse nível de detalhamento, ainda não sabemos se o caminho que a equipe está seguindo é bom. O grupo pode estar fazendo tudo certo, de forma muito eficiente, porém num mercado sem futuro. Existem inúmeros exemplos disso, mas talvez um dos mais óbvios seja o da Kodak, que dominava o mercado de filmes fotográficos num momento em que as imagens digitais começavam a decolar.

E o pior: quando as equipes não têm um ponto de referência para o futuro, correm o risco de trabalhar com propósitos opostos – mesmo que, no nível individual, o façam com eficiência. Para ter certeza de que as ações diárias do grupo o levam na direção que seus membros desejam seguir *juntos*, as equipes precisam de um ponto de referência em um horizonte de tempo mais longo. Um dos componentes essenciais para isso é ter uma visão clara e interessante do que elas querem *ser*, *fazer* e *ter* dali a cerca de três a cinco anos. Para manter o foco e o fluxo da energia na direção certa, o grupo precisa de uma estrela-guia que oriente suas atividades. Essa estrela-guia é a visão.

QUERENDO OU NÃO, VOCÊ NÃO CONSEGUE PARAR DE VISUALIZAR

O principal motivo para escolher a visão de forma consciente é que – assim como os conceitos que introduzimos em outros capítulos deste livro – é impossível *não* ter uma visão. Seres humanos são teleológicos – vemos finalidades e objetivos nas coisas –, por isso sempre temos uma visão sobre o que desejamos. Talvez sua equipe ainda não saiba, mas já tem uma visão.

Para muitos grupos que nunca refletem sobre o assunto, a visão é "Não podemos perder o que já temos". E em geral ela funciona. Ano após ano, esses grupos produzem os mesmos resultados.

A questão é que o simples ato de se manter no mesmo lugar exige um gasto de energia. Chegar a um ponto melhor com a equipe exige outro tipo de energia, mas o impulso gerado ao buscar algo que a equipe deseja – em comparação com apenas defender um território – mais do que compensa o gasto de energia extra necessário.

Todo mundo já testemunhou – e usou de inspiração – o poder da visão em algum contexto. E todo mundo gosta da visão quando ela se torna realidade. O fato de algumas se concretizarem enquanto outras morrem na praia não é culpa das visões em si, mas da falta de comprometimento – e planejamento –, que leva ao fracasso.

Um dos motivos de as pessoas não acreditarem na implementação das visões é o fato terem visto muitas ao longo do tempo e em geral se decepcionado com a falta de continuidade. Mais uma vez, isso não é culpa da visão, e sim das mudanças da vida organizacional. Quando você se dedica de corpo e alma à concretização de uma visão e ela é abandonada por um novo líder que assume o comando, fica difícil ter comprometimento com a visão dele.

Às vezes, as pessoas simplesmente perdem a fé na própria capacidade de executar as coisas com a consistência necessária e tornar a visão realidade. Muitas estão sobrecarregadas há tanto tempo que a ideia de se comprometer com algo novo – e ambicioso – gera apenas desespero.

COMO IMPLEMENTAR VISÕES

[ED] Outubro de 1975: a temporada de hóquei no gelo está começando, e, no auge dos meus 12 anos, estou empolgado. Eu aumentei muitos centímetros nos últimos meses, e meus pés estão quase explodindo dentro dos patins do ano anterior, então saímos para comprar novos.

Digo *novos*, mas, como não tínhamos muito dinheiro, todo ano eu ganhava um par usado. Na minha cabeça, "patins novos" significavam "patins já usados por outros, mas novos para mim", e, após alguns anos seguindo essa lógica, eu nem cogitava mais desejar patins novinhos em folha.

Ao criar uma visão – para si mesmo ou para sua equipe –, um dos seus primeiros desafios provavelmente será o de se permitir desejar aquilo que você quer. A pergunta essencial aqui é: *O que nós queremos?* Ou, nos termos de *A arte de fazer acontecer*, o que seria um "grande sucesso" para a equipe se fizermos tudo direito?

É fácil se permitir desejar aquilo que você provavelmente conseguirá; permitir-se desejar aquilo que você *quer de verdade* é bem mais desafiador. Eu acabei fazendo com meus patins aquilo que as pessoas costumam fazer com suas visões. Elas param de desejar o que querem de verdade e só se permitem desejar o que consideram possível. Há uma grande diferença entre as duas coisas. Fazemos isso tanto individualmente como em equipes.

Crianças não têm esse problema. Antes da socialização, elas demonstram desejar exatamente aquilo que querem, sem se importar com quanto estão sendo razoáveis. Na vida adulta, após vivermos algumas decepções, começamos a nos proteger e negociamos com nós mesmos: "Eu quero o dobro de *x*, mas, levando em conta a situação econômica do mundo, as políticas da empresa e a postura do meu chefe, vou me contentar com *x* mais 5%."

Para nos proteger, o subconsciente recorre a um truque: simplesmente nos impede de desejar as coisas que consideramos inalcançáveis. Ele nos protege de decepções, mas também não nos deixa sequer imaginar as coisas que temos o potencial de ser, fazer ou ter. E, como se não bastasse, também nos impede de alcançar o desempenho mais ambicioso que nossas equipes, famílias e comunidades precisam que tenhamos.

Existem várias maneiras de lidar com esse desafio, porém uma das melhores para fazer o subconsciente deixar de ser um freio e se transformar num acelerador para seu potencial, tanto como indivíduo quanto como parte de uma equipe, é desenvolver conscientemente uma visão atraente e motivadora.

O processo de criar uma visão para uma equipe não precisa ser complicado. Pode exigir certo tempo, mas não tem que se tornar um trabalho de Hércules. Quem já alcançou o sucesso com o método antes não tem dificuldade para ter uma visão do futuro. Se todos os membros da sua equipe simplesmente responderem à pergunta "O que queremos para esta equipe daqui a três a cinco anos?" sem se podar, o material bruto da sua visão estará pronto. Algumas pessoas gostam de ir um pouco além e fazer perguntas que evoquem uma reação sensorial: "O que estaremos vendo, ouvindo, sentindo, etc., daqui a três a cinco anos?" Uma forma clássica de realizar esse exercício é pedir aos membros da equipe que inventem uma matéria num jornal que respeitem dali a cinco anos.

[DAVID] Um exercício muito valioso para indivíduos e equipes com que trabalho é pedir que escrevam uma matéria para o *The Wall Street Journal* ou o *Financial Times* detalhando como sua equipe ou seu projeto alcançou o sucesso. Algumas pessoas hesitam, mas todo mundo sempre acaba se engajando, acreditando no potencial de transformar aquilo em realidade.

Depois disso, o trabalho principal da equipe é alinhar o material bruto apresentado por todos, para que as pessoas se sintam motivadas a seguir pelo mesmo caminho. Pode ser um processo demorado, mas, assim como acontece com o propósito, essa fase de discussões é fundamental. É preciso trazer à tona e debater as divergências de opinião sobre os rumos e a alocação de recursos, criando um alinhamento antes de os problemas surgirem.

Um desafio é evitar que a equipe faça planos logo no começo do processo. Uma boa visão é aquela que ninguém sabe como transformar em realidade – por enquanto. Quando já sabemos como concretizá-la, ela deixa de ser uma visão e se torna um plano, e a partir desse ponto podemos seguir em frente com ele. Nessa etapa inicial, porém, as visões precisam apenas articular um desejo intenso da equipe. Quanto mais a visão for *de fato* uma visão, mais você verá a equipe dizer "Calma aí, essa história de visão é muito legal, mas como vamos concretizar isso?". É uma ótima pergunta, mas está sendo feita no momento errado do processo. Uma das poucas regras para uma boa reunião sobre visão é evitar que as pessoas comecem a pensar no "como" logo de cara.

É normal que essa pergunta surja com frequência. Como já foi mencionado, o desejo pode ser perigoso: a equipe pode determinar uma visão e não alcançá-la. Mas e daí? O risco negativo de pensar grande e não alcançar a meta é aceitável diante do lado positivo da energia e do foco gerados por uma visão inspiradora.

Ter uma vida bem organizada é como escalar uma torre; a vista da metade do caminho é melhor do que a vista do chão e vai se tornando cada vez melhor conforme o horizonte se expande.

– WILLIAM LYON PHELPS

Nessa etapa do processo de bolar a visão, capture tudo que a equipe realmente quer. Essa é só a primeira fase, em que desejos tomam forma para se tornar o produto final. No momento de determinar objetivos e fazer planos, todos usarão o cérebro para serem "realistas".

De toda forma, nada vai acontecer exatamente como planejado. Caso a sua visão seja grandiosa demais, nunca se tornará realidade. Mas a questão não é essa. A questão é seguir na direção certa. Durante o processo, o mundo pode mudar, e sua visão original, se tornar redundante ou ridícula. Tudo bem. É bem provável que, conforme as coisas forem evoluindo ao seu redor, você precise revisar e ajustar sua visão. Sempre é possível mudar de rota quando necessário, porém a equipe precisa saber para onde deve direcionar seus esforços coletivos.

Na nossa experiência, a visão costuma ter duas partes:

- Uma declaração ampla e abrangente sobre onde a equipe deseja estar nos próximos três a cinco anos.
- Uma série levemente mais detalhada de declarações que descrevam aspectos específicos (isto é, resultados financeiros, eficiência operacional, aquisição de talentos) do negócio.

Voltando ao exemplo do capítulo anterior sobre propósito, eis a visão da BioLite:

Nossa visão:

O futuro deste planeta será compartilhado por cada um de nós, e estamos aqui para garantir que ele seja incrível para todos.

Nossa visão é oferecer a 20 milhões de pessoas acesso a energia limpa e evitar a emissão de 3 milhões de toneladas de CO_2 até 2025.

O site da BioLite tem um contador que acompanha a quantidade de vidas impactadas pela empresa, e esse número atualmente supera 8 milhões. Será que eles alcançarão 20 milhões? Talvez não, mas os 8 milhões com acesso a fontes de energia seguras e limpas se importam com isso?

Uma visão não precisa ser "nobre" para ser poderosa. Eis uma visão que gerou um sucesso retumbante para um cliente no mercado de finanças corporativas:

Nós seremos tanto o consultor preferido quanto o empregador preferido.

Nós iremos nos divertir e entregar um lucro de 15 milhões de libras.

Nós:

- Dominaremos o mercado.
- Estabeleceremos muitas relações fortes e profundas com os clientes que escolhermos.
- Atrairemos especialistas de setor ou de produtos que nos ajudem a fechar acordos.
- Trabalharemos em silos de modo a contribuir para o sucesso da empresa.
- Seremos considerados líderes em nossos escritórios, na comunidade empresarial e no setor.
- Agiremos com confiança, integridade, inovação e criatividade.

A expressão da "visão" pode variar de uma lista de frases descritivas (como o exemplo anterior) a um vídeo com produção impecável sobre o futuro imaginado.

COMO MANTER A VISÃO VIVA

Para a visão ganhar força, a equipe precisa permanecer em contato com ela. Quando mantida viva nas conversas, ela tem o poder de transformar a motivação, a inovação e os resultados. Fazer isso não é negar a realidade em prol de uma visão mística. Para o poder da visão funcionar, a equipe precisa estar sempre disposta a confrontá-la com os duros fatos da realidade. No exercício da dissonância cognitiva entre o que *desejamos* como equipe e o que *temos* no momento, conseguimos a energia e a motivação geradas pela visão. Nessas circunstâncias, nós – indivíduos e equipes – sempre seguimos na direção da imagem que consideramos mais forte. Isso é positivo, se reforçarmos a visão de forma consistente, mas é negativo se passarmos tempo demais concentrados na realidade ao redor, com pensamentos do tipo "Isso nunca vai mudar".

Vale repetir: nem sempre a visão original será concretizada. Ela pode ter sido mal calculada ou ter surgido antes do momento ideal. Mas basta identificá-la para podermos nos lançar por um caminho de oportunidades inesperadas, que surgem apenas quando embarcamos nessa jornada. Precisamos estar caminhando para notar os atalhos que prometem rumos melhores, e o Capítulo 8 fala sobre como podemos estabelecer planos e metas para essa aventura.

CAPÍTULO 8

Horizonte 3 – Objetivos

CONTROLE	FOCO	PLANEJAMENTO
Capturar Esclarecer Organizar Refletir Engajar	Horizonte 5: Propósito e princípios Horizonte 4: Visão **Horizonte 3: Objetivos** Horizonte 2: Áreas de foco e responsabilidades Horizonte 1: Projetos Térreo: Próximas ações	Propósito e princípios Visão Brainstorm Organização Próximas ações

Se por um lado a visão é um assunto polêmico, ou mesmo vago, a maioria das pessoas se sente à vontade com o conceito de objetivos. Eles estão mais próximos em termos de prazo, são menos loucos e imprevisíveis em termos de escopo e, de certo modo, mais tangíveis. Enquanto o propósito e a visão buscam gerar motivação e energia, os objetivos focam e direcionam essas duas coisas, transformando-as em alvos importantes. Além disso, a maioria das empresas está familiarizada com algum tipo de exercício anual de estabelecimento de objetivos, que são apresentados na forma de planos operacionais, estratégias, orçamentos, metas e coisas assim.

POR QUE OBJETIVOS?

Qualquer um que entenda o valor de estabelecer resultados desejados entende a importância de determinar objetivos. A velha máxima do Gato de Cheshire, que diz que *se você não sabe aonde vai, qualquer caminho serve*, segue uma lógica óbvia.

[ED] Anos após criarmos nossa franquia no Reino Unido, começamos a ter um "problema". Devido aos meus relacionamentos na Alemanha, na Áustria e na Suíça, o faturamento desses países começou a se aproximar dos resultados do Reino Unido, embora não tivéssemos direitos de franquia nesses mercados. Esse lucro adicional era um problema positivo e chamou nossa atenção para uma oportunidade. Assim, como parte de um processo de visualização que faço anualmente, determinei a visão de construir, nesses países, um negócio que impactasse 10 vezes mais pessoas e aumentasse em 10 vezes o lucro que já tínhamos neles. Quando me permiti almejar esse resultado, surgiu um aspecto essencial do poder transformador da visão: ficou claro que não conseguiríamos concretizar essa visão apenas fazendo mais do que já fazíamos na época. Para termos o nível de sucesso que tínhamos, eu precisava fazer viagens quase semanais para várias partes da Europa. Precisaríamos de grandes avanços na tecnologia de clonagem para eu viajar 10 vezes mais do que já viajava.

Pouco tempo depois, ao depararmos com uma oportunidade de formalizar nossas franquias nesses países, eu e meu sócio começamos a fracionar a visão em objetivos de curto prazo. Diante das realidades geográficas – e da impossibilidade de nos clonarmos –, a única abordagem que fazia sentido era encontrar parceiros locais que ajudassem o negócio a crescer. Em minutos, passamos de uma visão que parecia inspiradora – apesar de muito ambiciosa e assustadora (aumentar em 10 vezes o tamanho do negócio!) – para algo que parecia possível com pesquisa e planejamento. Em poucos meses encontramos parceiros locais, e em menos de um ano uma empresa afiliada começou a funcionar. Em oito anos de atuação nesses mercados, nossa organização já alcançava um número cada vez maior de pessoas e havia multiplicado em quase 10 vezes o valor dos lucros que nos fizeram ter a visão original.

> É preciso acreditar no plano de longo prazo, mas também é preciso ter objetivos de curto prazo para se motivar e se inspirar.
>
> – ROGER FEDERER

Existem semelhanças na psicologia por trás da criação de visões e objetivos, mas grandes diferenças na forma como os dois são criados. Ao pensar numa visão, os sonhadores da equipe precisam evitar que os outros sejam "realistas" demais e manter o foco nos desejos coletivos. A visão precisa de pensamentos ambiciosos, não de muitos detalhes ou de um plano para concretizá-los. Estabelecer uma visão é como dizer "Nós queremos tal resultado e vamos usar esse desejo para orientar nossas escolhas conforme tentamos alcançá-lo". No caso dos objetivos, é como se disséssemos "Nós queremos tal coisa, e para conquistá-la faremos um plano e dedicaremos nossas energias". Na criação de objetivos, são os membros mais detalhistas da equipe – contadores, engenheiros e planejadores – que assumem o comando.

Vejamos um exemplo comum da vida pessoal: ao visualizar sua casa dos sonhos, você deve fazer planos ousados sobre as características que deseja – o número de quartos, o espaço aberto, a iluminação, a vista, talvez até a cidade ou o bairro –, mas não deve se apegar demais a um endereço específico. Esse nível de detalhamento seria prejudicial daqui a três ou cinco anos. Na história do bilionário no capítulo anterior, uma versão da visão original incluía a abertura de um centro de desenvolvimento em Mumbai, mas ele acabou se concretizando em Gurgaon, perto de Nova Délhi. A parte importante da visão era a existência do centro de desenvolvimento, não o local específico. Ficar apegado ao detalhe de Mumbai seria um desperdício de tempo.

Ao determinar objetivos, é importante que seu sonho ganhe um endereço, além de um bom mapa para chegar lá. Quando o bilionário descobriu a cidade de Gurgaon, começou a montar um plano detalhado para o centro de desenvolvimento.

Já vimos equipes alcançarem o sucesso com diferentes abordagens para determinar objetivos. Durante muitos anos, o método SMART (específico, mensurável, alcançável, realista e com tempo hábil, na sigla em inglês) foi o ponto de referência, e várias dessas ideias também são encontradas em abordagens mais recentes, como a metodologia Must-Win Battles (batalhas que precisam ser vencidas, em tradução livre) ou a tendência atual de OKRs (ou objetivos e resultados-chave, na sigla em inglês). Explícita ou implicitamente, muitos desses métodos se baseiam nos princípios identificados por Edwin Locke e Gary Latham na pesquisa que gerou o trabalho revolucionário sobre a teoria da fixação de objetivos em 1990.

Décadas antes, em 1967, Locke havia descoberto que, quando as pessoas tinham as habilidades necessárias, objetivos claros e difíceis de alcançar impulsionavam desempenhos superiores – e muito. As pessoas com os objetivos mais complicados tinham um desempenho 250% melhor do que aquelas com objetivos fáceis. Também se saíam muito melhor do que pessoas com metas genéricas ou que simplesmente eram orientadas a fazer o melhor possível.

O valor da especificação dos objetivos vem de uma dinâmica semelhante que surge quando as pessoas concordam em seguir padrões de trabalho desafiadores: objetivos claros e difíceis de alcançar produzem um desempenho superior, levando os membros da equipe a concentrar seus esforços, usar suas habilidades e determinar as prioridades adequadas para alcançá-los. Tudo isso tem menos chance de acontecer se os objetivos forem vagos ou fáceis, pois não geram a motivação necessária.

Isso é o que temos visto ao longo do tempo, mas é preciso fazer uma advertência para equipes que não têm desempenhado bem nos últimos tempos. Assim como acontece com boxeadores jovens que passam por uma má fase, uma boa estratégia é fazê-los participar de algumas lutas mais fáceis e menos importantes, vencê-las, para só então buscar vitórias maiores. Se a equipe está acostumada a *não* alcançar seus objetivos, passar a conquistá-los de forma consistente é uma meta *e tanto*, por menores e mais fáceis que eles sejam. Assim como um boxeador jovem e promissor que perde algumas lutas no começo da carreira, a equipe precisa recuperar a confiança em que é capaz de fazer acontecer.

Um gerente com quem trabalhamos numa grande questão global tinha sido encarregado de reestruturar uma unidade de negócios que vinha perdendo dinheiro havia anos. Sua visão era fazer com que ela voltasse a gerar muito lucro, mas ele sabia que a equipe ainda não estava pronta para algo tão ambicioso. Ao estabelecer objetivos com o grupo, ele determinou que a primeira meta seria simplesmente perder menos dinheiro. Para a equipe, isso já era difícil, mas, quando eles conseguiram, o gerente criou o objetivo de quase zerar o prejuízo. Só quando a equipe conseguiu um pequeno lucro foi que o gerente sentiu que todos estavam prontos para encarar o objetivo real. Foram necessários alguns anos, mas, depois que a equipe recuperou a confiança, ele conseguiu fazer com que a unidade voltasse a ser uma boa fonte de lucro para a empresa.

COMO IMPLEMENTAR OBJETIVOS

Assim como a visão da equipe deveria contribuir diretamente para a visão da empresa, quando limitamos o horizonte de tempo a um ou dois anos, é importante ser um pouco mais detalhista sobre o progresso necessário para que essa visão se concretize. Basicamente, é preciso fazer uma engenharia reversa da visão com uma pergunta simples: "O que, em específico, precisamos conquistar nos próximos 12 a 24 meses para sentir que estamos no caminho certo para alcançar nossa visão?"

Se a equipe fez alguma avaliação ou revisão recente dos últimos acontecimentos antes de iniciar a elaborar seus objetivos, esse exercício pode servir como uma ferramenta importante para colocar em foco a "realidade atual" antes de começar a pensar no futuro. Perguntas como "O que conquistamos?", "O que não conquistamos e por quê?" e "Com que surpresas deparamos?" criam uma contextualização útil para pensar nos objetivos.

Suas metas são determinadas em um contexto específico; assim, se por um lado é importante que os objetivos da equipe sigam a visão da equipe, por outro vale a pena confirmar se elas apoiam com clareza os objetivos comunicados pela organização.

Tradicionalmente, tudo isso é feito de cima para baixo, partindo da equipe de liderança, mas, à medida que os grupos começaram a atuar com uma abordagem mais ágil, os objetivos anuais passaram a ser reunidos e selecionados de baixo para cima. Embora a pesquisa de Locke e Latham tenha mostrado que os objetivos atribuídos podem funcionar tão bem quanto os que surgem da necessidade (contanto que os atribuídos sejam difíceis e bem explicados), o ato de engajar a equipe no processo de criação de objetivos reduz o tempo e o esforço necessários para conquistar o comprometimento daqueles que de fato botam a mão na massa.

Um de nossos clientes faz isso com grande competência, mesmo tendo centenas de colaboradores. Qualquer um deles pode capturar questões com o objetivo de melhorar a equipe. Em seguida, essas questões são priorizadas de forma democrática pelos membros da equipe, que podem escolher quais projetos despertam seu interesse ou necessitam das suas habilidades e se candidatam para ajudar na concretização. O resultado é uma maior sensação de autonomia dentro do grupo e muito mais motivação para cuidar dos projetos escolhidos.

O ideal é que o processo de priorização envolva de três a sete grandes objetivos iniciais. Esse número pode ser maior ou menor, mas sugerimos que comece com uma quantidade que possa ser listada numa pequena folha de papel. Ao ser questionado sobre seu segredo para o sucesso, um executivo sênior de uma multinacional tirou um pequeno cartão do bolso e disse: "São as prioridades do meu chefe." O que você vai usar para se lembrar desses objetivos não faz diferença. O importante é o foco implícito no tamanho do cartão ou do pedaço de papel.

O problema é que muitas vezes os novos objetivos são determinados sem uma discussão firme sobre os outros projetos que a equipe precisará pausar – ou cortar por completo –, de modo a ter tempo, espaço e criatividade para concretizar os novos objetivos. Acrescentar metas a uma lista já impossível de tarefas só serve para causar desespero. A partir de certo ponto, o acréscimo de objetivos passa a ser visto como uma nova rodada de castigos – mais projetos para fazer a equipe se sentir mal. Detalharemos essa questão quando falarmos sobre a priorização da equipe.

Com frequência, os objetivos são apresentados como resultados inflexíveis desejados: lucro, volume de vendas, abertura de novos escritórios, etc. Objetivos do tipo levam ao alto desempenho que mencionamos na Introdução. O problema é que os resultados mais "maleáveis", que melhorariam a saúde do trabalho da equipe, ficam de lado. Se a equipe não apresenta bom desempenho como grupo, um primeiro passo interessante seria estabelecer um objetivo claro sobre como as pessoas devem trabalhar juntas. Se falta motivação, um bom objetivo seria algo como "Nosso pessoal deve se sentir satisfeito e inspirado com os processos e as conquistas do ano". Ele precisa estar especificado e ser plausível, com metas e processos apropriados para avaliar seu sucesso.

O idealista acredita que o curto prazo não importa.
O cínico acredita que o longo prazo não importa.
O realista acredita que o que é ou deixa de ser
feito a curto prazo determina o longo prazo.

– SYDNEY J. HARRIS

Para objetivos cujo progresso é difícil de avaliar no começo, há outro passo que pode ser interessante. Às vezes, determinar objetivos de "processo" é uma forma de pelo menos garantir que os comportamentos certos aconteçam, aumentando a chance da concretização de um objetivo final. Se você determinou o objetivo de aumentar em 20% as vendas no próximo ano e notou que tomar um café com um cliente para conversarem presencialmente é algo que aumenta as vendas, então um objetivo de processo de cinco (ou 10, ou 20) encontros pessoais por semana para cada membro da equipe comercial pode ser uma meta intermediária que facilite a conquista do alvo real. Da mesma forma, se você sabe que precisa estar sempre conquistando novos clientes para fazer o negócio crescer, um objetivo de processo poderia ser acompanhar a quantidade de novos contatos acrescentados ao CRM da equipe todo mês. O importante aqui é avaliar tudo que ajude a alcançar o objetivo final para determinar se existem indicadores óbvios que ajudem na sua concretização.

Então, é preciso estar sempre atento à(s) lista(s) de objetivos/metas para manter o foco da equipe. Em geral, se os objetivos são determinados anualmente, basta fazer uma reavaliação mensal ou trimestral. Entretanto, vale repetir: o ritmo das mudanças no ambiente pode exigir que a conversa e os realinhamentos ocorram com mais ou menos frequência. Seja lá qual for sua decisão de quando e como reajustar objetivos, é importante marcar com bastante antecedência reuniões regulares para acompanhar o progresso. Quando as pessoas sabem que precisarão apresentar uma atualização, focam mais no conteúdo relativo a ela e em como mostrar as informações.

Nosso cliente do último exemplo preferiu reunir a equipe a cada dois meses para reuniões de revisão, organizando, para cada projeto prioritário, uma reunião de uma a duas horas de duração em dias diferentes da semana. Para manter a clareza e a transparência para todas as equipes – ou entre as equipes –, esses encontros virtuais são abertos a todos que desejem participar. Centenas de colaboradores marcam presença, fazendo com que as informações fluam facilmente na equipe e que mais pessoas se concentrem em buscar soluções para os problemas que surgirem.

O que descrevemos aqui é aplicável à maioria das equipes corporativas, mas a determinação de objetivos de um grupo não precisa ser uma missão cansativa. Ela pode acontecer numa situação formal, como um retiro fora da sede da empresa, ou informal, como uma conversa tranquila com o cônjuge.

> **[DAVID]** Todo fim de ano, eu e minha esposa passamos por um processo em que listamos tudo que conquistamos ou vivenciamos ao longo do ano e o que gostaríamos de acrescentar a essa lista no final do ano seguinte. Levamos apenas alguns minutos. Funciona bem para nós.

QUANDO OS OBJETIVOS DÃO ERRADO

Quando os objetivos não dão certo, encontramos algumas situações recorrentes: impossibilidade de selecionar boas ideias porque poucas foram apresentadas; responsabilidades pouco claras; objetivos estabelecidos sem a clareza necessária para gerar interesse; listas de projetos infladas por entusiasmos pessoais e politicagem de stakeholders; e controles inconsistentes e pouco rigorosos.

> Todo mundo se propõe a fazer algo, e todo mundo faz, mas ninguém faz o que se propôs a fazer.
>
> – GEORGE MOORE

Você pode usar uma das abordagens citadas neste capítulo para evitar esses resultados negativos, mas a verdade é que dá para usar qualquer coisa que estimule a divergência (capturar muitas ideias sobre como concretizar a visão), a convergência (priorizar as ideias brutas para encontrar alvos iniciais importantes), o planejamento (com detalhes suficientes para permitir a evolução) e o controle (com consistência para medir o desempenho ao longo do tempo). Se você quiser manter a simplicidade, sugerimos uma varredura mental com a equipe para externalizar tudo que capturou a atenção dela, depois a leitura do Capítulo 12 para lembrar por que é necessário fazer cortes radicais para atingir o sucesso, e por fim a leitura do Capítulo 10 para começar a planejar os objetivos selecionados. Em pouco tempo você começará a buscar pessoas que se comprometam com diferentes fluxos de trabalho associados à conquista dos objetivos, portanto o próximo capítulo é sobre a determinação das responsabilidades – quem cuidará do quê para a concretização dos objetivos.

CAPÍTULO 9

Horizonte 2

Áreas de foco e responsabilidades

CONTROLE	FOCO	PLANEJAMENTO
Capturar Esclarecer Organizar Refletir Engajar	Horizonte 5: Propósito e princípios Horizonte 4: Visão Horizonte 3: Objetivos **Horizonte 2: Áreas de foco e responsabilidades** Horizonte 1: Projetos Térreo: Próximas ações	Propósito e princípios Visão Brainstorm Organização Próximas ações

POR QUE PAPÉIS?

Este horizonte conecta níveis mais abstratos aos aspectos operacionais da vida e do trabalho. A maioria das pessoas e equipes tem algum tipo de lista de tarefas ou calendário para organizar seus compromissos diários, e algumas têm metas, objetivos ou visões para manter o foco nas prioridades mais estratégicas. O que costuma faltar nas equipes e na autogestão é clareza sobre os papéis que precisam ser executados para conectar os horizontes mais elevados aos menos elevados. Se essa clareza é menosprezada e permanece abstrata e vaga (algo muito comum), inevitavelmente surgem problemas, gerando estresse e frustração, além de prejudicar o progresso.

Assim como acontece quando nos descuidamos da saúde, não esclarecer as responsabilidades dentro de uma equipe parece algo inofensivo por um tempo, mas acaba gerando pelo menos um pequeno caos. A ausência de clareza sobre quem controla os compromissos da equipe, quem é responsável pelo calendário coletivo ou quem faz o contato com a chefia pode causar grandes atrasos na produtividade pessoal e da empresa como um todo.

A clareza de papéis é essencial para qualquer equipe ou empresa. É por isso que certas empresas criam organogramas para definir as áreas que precisam ser preservadas – atendimento ao cliente, finanças, recursos humanos, comercial, marketing, operacional, etc. Esses delineamentos não indicam o que cada área faz especificamente, apenas quais devem manter um nível ou padrão elevado o bastante para oferecer suporte a objetivos e visões. Se o trabalho de toda a equipe é prejudicado por problemas numa área específica, é preciso identificar projetos e decisões que façam a roda voltar a girar, e isso é feito de maneira mais precisa por alguém "encarregado" pela área.

A clareza nos papéis gera clareza nos parâmetros e na integração do grupo. Num mundo em que poucas pessoas sabem quem de fato faz parte de sua equipe, deixar claro com quem podemos contar é essencial para alcançarmos objetivos coletivos.

Um empreendedor individual tem seu próprio organograma. Precisa conquistar clientes em potencial (marketing), administrar o dinheiro (finanças), garantir a entrega do produto (operações) e lidar com reclamações (atendimento ao cliente). Se tiver sucesso e quiser crescer, poderá contratar um assistente para ajudar com parte dessa carga de trabalho. Talvez tenha preferência por um gerente operacional ou uma pessoa para cuidar do financeiro – ou seja, um profissional da área da qual ele quer abrir mão primeiro. Depois outro... e outro... e outro. Uma organização com "silos" se estrutura para lidar com cada um desses papéis. O processo parece lógico e provavelmente continua sendo útil para muitas organizações formais, no entanto, conforme mencionamos em capítulos anteriores, a natureza do trabalho e das equipes e as empresas que executam esse trabalho mudaram bem rápido. Os velhos silos não têm mais a eficiência do passado. É preciso ter mais fluidez, interdependência entre silos e clareza sobre quem lida com quê, tudo numa proporção quase diária.

Isso ocorre em nível de equipe. Deve ser impulsionado pelo propósito do grupo e por ele ter que prestar contas a um órgão superior. Quando a equipe entende qual é o objetivo – lançar o novo aplicativo para gerir o fluxo de trabalho, ter colaboradores motivados, publicar este livro, etc. –, as áreas que precisam de ajustes devem ser delineadas e saber que resultados precisam apresentar. Isso cria os critérios para comunicar a forma de avaliar com eficiência os aspectos essenciais do fluxo de trabalho da equipe.

"José, como estão as coisas na sua área?" "Susan, você precisa de ajuda com algum projeto?" E assim por diante.

Pode parecer apenas uma questão óbvia de bom senso, e temos certeza de que algumas equipes funcionam muito bem nesse aspecto. No entanto, com base em nossa experiência, sabemos que a maioria dos grupos se beneficiaria de uma análise mais rigorosa dos papéis e das responsabilidades de seus membros, mesmo em projetos e iniciativas menores. Infelizmente, a todo momento as pessoas ouvem a incômoda pergunta: "A pessoa responsável por tal coisa é você ou eu?"

E, à medida que o ambiente muda (por vezes bem rápido), a equipe precisa reavaliar e recalibrar suas muitas responsabilidades. "Acabamos de sofrer um corte de 40% no orçamento. Como vamos alocar os recursos agora?"

[DAVID] Esta é a história sobre como descobri o poder do esclarecimento de papéis.

Meu primeiro mentor no mundo da consultoria administrativa, Dean Acheson (não o secretário de Estado do Governo Truman), me ensinou o modelo de mudança organizacional que ele havia desenvolvido ao longo de muitos anos. Era um método complexo, muito bem-sucedido, e me fez aprender bastante sobre desenvolvimento de propriedade intelectual e profissional nos anos 1980. Além de entender o valor de capturar e esclarecer "laços abertos" nas empresas, de modo a prepará-las para as mudanças necessárias, uma das partes mais importantes do modelo era a criação de um novo organograma. Tradicionalmente, essas estruturas eram baseadas em bolhas que prestam contas a bolhas que vão subindo até o topo, porém essa começava pela base. "Base", nesse caso, não significava algo inferior, e sim os alicerces. Qual era o resultado final da empresa – seu "produto final de valor"? "Entrega de produtos de alta qualidade para clientes satisfeitos por uma margem de lucro." Depois que isso era esclarecido, restava a pergunta: que componentes geram isso? "Recursos bem administrados" (finanças), "pessoas interessadas no que fazemos" (marketing/relações públicas), "contratos assinados" (departamento comercial), "empresa viável e em expansão" (diretoria), etc. Essa etapa vinha antes da decisão sobre que pessoas específicas cumpririam esses papéis. Depois fazíamos um inventário rigoroso de cada uma das atividades que ocorriam na empresa – todas, de "levar dinheiro ao banco" a "apresentar o resultado financeiro para a diretoria", passando por "limpar a sala do café". Então analisávamos a lista e distribuíamos cada atividade em colunas de um organograma, de acordo com o resultado mais comum na atividade.

Quando o organograma era aprovado pela diretoria, designávamos as pessoas responsáveis pelos resultados das colunas. Naturalmente, os executivos acabavam espalhados pelo organograma. Eles (e seus subordinados) eram "meio que" responsáveis por aquelas áreas, mas, como ninguém específico nunca tinha sido responsabilizado por um resultado ou área, as decisões acabavam ficando por conta de alguém no topo – uma receita para levar os executivos ao burnout e a um atraso nos processos, pois não se sabia ao certo quem tinha autoridade para dar prosseguimento às tarefas sem precisar procurar a chefia.

Sendo assim, além de enxergar com os próprios olhos a importância de implementar esse processo na minha pequena empresa de consultoria, passamos décadas gerindo nossos negócios com organogramas baseados em papéis. Isso nos permitiu enfrentar momentos difíceis com clareza suficiente e pouco estresse.

Então descobri o modelo da Holacracia, e ficou evidente que ele poderia nos levar a um novo patamar de detalhamento na clareza e na eficiência. Cada atividade necessária para o funcionamento da empresa precisava ser contextualizada, e cada propósito, papel e responsabilidade precisava ser associado a uma pessoa. Desde então, sinto menos pressão sobre meus ombros e um aumento da clareza e da liberdade que todos os envolvidos em nosso trabalho passaram a ter para tomar decisões.

COMO IMPLEMENTAR PAPÉIS

O esclarecimento de papéis dentro de uma equipe não precisa ser um grande evento, pode ser apenas uma questão de sinalizar um problema que surgiu na equipe e ainda não foi resolvido, deixar claro o que deve ser feito e quem é o responsável, e combinar com essa pessoa se ela continuará sendo responsável por esse problema caso situações semelhantes surjam no futuro.

"Se cada um cuidasse da própria vida", disse a duquesa num grunhido rouco, "o mundo giraria bem mais depressa."

– LEWIS CARROLL

Outro importante fator positivo na definição dos papéis e dos responsáveis por eles é evitar confusões quando alguém da equipe ou da empresa vai embora. Se as responsabilidades da pessoa não estavam claras nem foram documentadas, fica complicado lidar com as lacunas que surgem com sua ausência. Por outro lado, quando os papéis e as responsabilidades são claros e estão documentados, torna-se muito mais simples e fácil atribuir os trabalhos a outras pessoas.

O diretor de aprendizagem de uma multinacional nos disse que só entendeu plenamente o valor das práticas do GTD quando uma colaboradora que trabalhava diretamente com executivos do alto escalão transferiu seu trabalho para outra pessoa. As duas não se conheciam bem, mas tinham passado pelo treinamento do GTD. Na reunião de transição, ambas apresentaram listas completas de projetos e responsabilidades, concluindo em cerca de uma hora um processo que normalmente levaria dias – ou mais – para garantir a transferência tranquila dos papéis.

Por muitas vezes, ao longo dos anos trabalhando como coaches em sessões individuais, esse foi o horizonte mais importante para determinar as prioridades dos nossos clientes. Quando eles compreendem seus projetos e as ações associadas a eles, é inevitável que uma avaliação de suas áreas de responsabilidade revele questões maiores, porém sutis, que precisam de atenção. Trabalhamos com o presidente recém-nomeado de uma grande financeira que tinha bastante clareza sobre o funcionamento de sua organização e sobre qual deveria ser seu foco profissional no dia a dia, porque essas coisas já estavam entranhadas no sistema. Tudo funcionava quase no automático – a equipe, os comitês, as reuniões –, mas passamos metade de um dia tratando de questões da vida pessoal dele – investimentos, propriedades, filhos, viagens, etc. – que só vieram à tona quando ele foi questionado sobre suas principais áreas de foco.

A maioria das pessoas tem um trabalho e recebe um salário, porém executa vários papéis dentro dele. Quando elas param e refletem, identificam entre quatro e sete responsabilidades que precisam ser bem executadas. O mesmo vale para equipes: a delineação e a descrição completa dos papéis trazem à tona as atribuições do grupo como um todo e geram uma discussão muito interessante.

Exemplo de organograma:

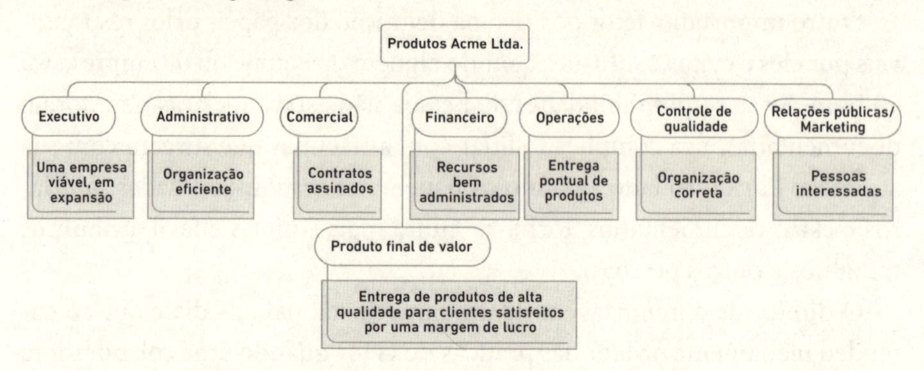

No nível mais básico, esse modelo identifica os papéis de uma empresa (administrativo, comercial, etc.) e sinaliza as responsabilidades específicas deles. Um empreendedor individual assumiria todas essas missões, e uma grande organização distribuiria vários subpapéis dentro de um departamento.

A seguir, vamos nos aprofundar nos papéis de Operações para ver um exemplo do que queremos dizer.

PAPEL: ATENDIMENTO AO CLIENTE

Propósito: agregar valor à marca, agradar ao cliente, obter lucro no atendimento ao consumidor

Responsabilidades:

Oferecer atendimento ao cliente para produtos vendidos a consumidores individuais, incluindo produtos digitais e títulos virtuais

Definir e atualizar modelos de resposta ao cliente

Treinar recursos reservas de atendimento ao cliente

O exemplo é generalizado, mas, como parte de um exercício maior da equipe para esclarecer limites entre papéis, serviu ao seu propósito: ajudar a solucionar confusões ou conflitos sobre quem é responsável por quê. Muitas equipes escolhem esclarecer papéis com mais detalhes ao longo do tempo, à medida que situações questionáveis aparecem e são solucionadas. Esse maior detalhamento ajuda a evitar novas confusões e é especialmente útil durante transições para as pessoas que assumem responsabilidade por papéis específicos.

[ED] Nas últimas décadas, participei da organização de um retiro semestral ao sul de Londres. Durante esse tempo, dezenas de voluntários passaram pelo comitê organizador. Isso poderia causar inúmeros problemas em momentos de transição, mas uma das coisas que acertamos logo de cara foi pedir que cada pessoa anotasse com muitos detalhes quais eram as responsabilidades de seu papel, além de uma cronologia razoavelmente precisa do que deveria acontecer antes, durante e após cada retiro. A partir daí, eu só precisava fazer uma leve manutenção ocasional para que tudo estivesse sempre atualizado. Antes de transmitir o papel para seu sucessor, cada pessoa atualiza o documento onde registra as informações e acrescenta as melhorias que implementou.

Com essa abordagem simples, conseguimos integrar rapidamente novos membros no comitê e, assim, estes apresentavam bons desempenhos sem precisar de babás e sem que houvesse problemas na organização dos eventos. Isso também facilita o recrutamento de novas pessoas (pois todos entendem exatamente que compromissos estão assumindo) e faz com que as "peças do quebra-cabeça" do retiro se encaixem corretamente, exigindo menos esforços de todas as pessoas que ajudam. A coisa toda funciona bem com apenas duas reuniões de uma hora com a equipe por ano, nas quais relembramos o evento anterior e organizamos o próximo.

O fato de documentarmos todos os papéis dessa maneira nos permite criar os retiros com rapidez e facilidade usando o mesmo modelo. Quando alguém participa do nosso retiro e deseja criar algo parecido para sua comunidade, oferecemos nosso conjunto de documentos. A pessoa só precisa encontrar voluntários para assumir os papéis. Se ela seguir as checklists e descrições que oferecemos, seus eventos também serão um sucesso. Até o momento, existem quatro eventos inspirados no nosso acontecendo em partes diferentes do Reino Unido e em outros países.

Se o processo de tomada de decisões for falho e disfuncional, as decisões darão errado.

– CARLY FIORINA

Ao longo dos cinco capítulos anteriores, tentamos explicitar as potenciais vantagens de dedicar um tempo a esclarecer cada horizonte a sua equipe. Esperamos deixar claro que não existe um jeito "certo" de lidar com todos esses raciocínios e decisões e que o importante é fazer o necessário para que todos os participantes se sintam engajados em cumprir suas tarefas. A verdade é que uma equipe precisa se sentir à vontade para se concentrar em qualquer um desses horizontes, conforme necessário. Se a equipe tem aversão a tomar decisões ou repensar visão, propósito ou objetivos, é inevitável que surjam problemas pelo caminho, alguns até graves.

Seja qual for seu primeiro passo – esclarecer as próximas ações ou determinar seu propósito –, quando a equipe assume o controle de sua rotina e se liberta da tirania das urgências, naturalmente surge um desejo de entender as motivações por trás de tantas atribulações.

Um dos nossos clientes ofereceu o curso básico do GTD para sua equipe, e meses depois o grupo apresentou o desejo espontâneo de esclarecer seu propósito e sua visão. "Eles me procuraram e disseram: 'Temos um monte de projetos, mas não sabemos como eles se encaixam nem aonde queremos chegar.'" Após alguns dias reunidos fora da empresa, fazendo o trabalho que descrevemos neste capítulo e em outros deste livro, eles sentiram que tinham entendido por que faziam o que faziam. O interessante é que só perceberam a necessidade de se reunir fora da empresa quando entenderam a quantidade e a variedade de projetos que executavam, e após a nova forma de trabalhar gerar espaço mental suficiente para permitir-lhes elaborar o seguinte raciocínio: "Não entendemos como tudo se encaixa, e seria melhor esclarecermos isso." Muitas pessoas não têm tempo para sequer pensar no contexto do próprio trabalho e não conseguem se manter atualizadas.

A equipe também elabora um modelo de critérios para tomar decisões e determinar prioridades. Quando entendemos por que a equipe existe e sabemos que aquilo que temos diante de nós não nos ajuda a alcançar esse propósito, estamos bem mais perto de decidir seguir em frente ou parar. O mesmo acontece quando a equipe sabe aonde quer chegar em termos de visão e objetivos, mas o que tem diante de si não a aproxima deles. E quando um membro dela sabe quais são seus papéis, mas vê que aquilo que está diante de si não tem qualquer associação com ele, precisa pensar duas vezes antes de decidir se quer seguir adiante com o trabalho ou entregá-lo para a pessoa responsável por ele dentro da equipe.

Poucas equipes chegam a ter clareza em todos esses níveis. Um número ainda menor usa essas informações de formas que permaneçam úteis ao longo do tempo. Isso porque o trabalho para alcançar a clareza é só o primeiro passo, e manter os horizontes vivos para a equipe é um processo, não um evento.

Quando uma organização encara esses raciocínios complexos e processos de tomada de decisão como tarefas em uma lista, os horizontes acabam morrendo por negligência: "Fizemos, registramos, agora vamos voltar ao trabalho." É meio como dizer: "Tomei banho no ano passado, então não preciso fazer isso de novo por um tempo, né?"

Infelizmente, é nesse ponto que muitas equipes erram, depois de se esforçarem para estabelecer horizontes mais elevados. Equipes medianas se reúnem fora do escritório, voltam e registram suas conclusões. Então, guardam tudo numa gaveta. Equipes um pouco melhores pelo menos divulgam as informações. Equipes boas voltam ao escritório e fazem a mesma coisa, mas também reforçam o propósito, a visão e os objetivos com regularidade em canais oficiais. As melhores equipes fazem isso tudo, mas vão um pouco além: questionam se suas decisões diárias as aproximam da concretização de seu propósito ou sua visão. No mundo delas, propósito e visão não são apenas decoração do escritório, e sim ferramentas que as ajudam a tomar decisões melhores, manter o foco e evitar a sobrecarga.

CONTROLE	FOCO	PLANEJAMENTO
Capturar Esclarecer Organizar Refletir Engajar	Horizonte 5: Propósito e princípios Horizonte 4: Visão Horizonte 3: Objetivos Horizonte 2: Áreas de foco e responsabilidades **Horizonte 1: Projetos** **Térreo: Próximas ações**	Propósito e princípios Visão Brainstorm Organização Próximas ações

É nesses horizontes que "o bicho pega". Falamos sobre como lidar com projetos de equipe em "Organizar", no Capítulo 4, e sugerimos que o controle das próximas ações fique a cargo da pessoa responsável pelo projeto. Se a equipe inteira precisa manter o controle consistente das próximas ações em todos os projetos da equipe, rapidamente até as pessoas mais motivadas e detalhistas ficarão sobrecarregadas, embora atualizações ocasionais feitas pelos indivíduos envolvidos ajudem a criar a confiança de que as responsabilidades da equipe estão sendo cumpridas. Mencionamos esses níveis para sermos abrangentes, uma vez que eles precisam ser administrados conforme implementamos as decisões tomadas sobre os horizontes mais elevados.

É preciso pensar sobre coisas grandes enquanto fazemos coisas pequenas, para que todas as coisas pequenas sigam na direção certa.

– ALVIN TOFFLER

Todos os projetos de equipe são voltados para resultados maiores, de longo prazo? As ações identificadas se alinham com as coisas certas? Esses são pontos de discussão que a equipe deve debater com regularidade.

CAPÍTULO 10

Planejamento (e replanejamento) em um mundo complexo e que muda a todo momento

CONTROLE	FOCO	PLANEJAMENTO
Capturar Esclarecer Organizar Refletir Engajar	Horizonte 5: Propósito e princípios Horizonte 4: Visão Horizonte 3: Objetivos Horizonte 2: Áreas de foco e responsabilidades Horizonte 1: Projetos Térreo: Próximas ações	**Propósito e princípios** **Visão** **Brainstorm** **Organização** **Próximas ações**

Como já observamos nesta parte, *A arte de fazer acontecer* ganhou fama devido a seu modelo de cinco passos para recuperar sistematicamente a sensação de controle sobre o fluxo de trabalho individual. Nos capítulos anteriores desta parte, mostramos como esse modelo e o esquema dos Horizontes de Foco também podem ser úteis para equipes. Agora, voltaremos a atenção para a terceira ferramenta do livro *A arte de fazer acontecer*, o Modelo de Planejamento Natural® (MPN). Apesar de talvez ser o menos conhecido do público em geral, muitos o consideram um recurso valioso para planejar qualquer coisa, desde férias em família até projetos de mudanças corporativas.

No planejamento, é possível errar de várias formas. Se você já trabalhou numa grande empresa, talvez a situação a seguir pareça familiar: meses após uma mudança de liderança, a chefia lança uma nova iniciativa que pede ação imediata. Uma reunião é convocada, e nela são discutidos planos para implementar a estratégia. O tempo é curto demais para construir um plano decente no encontro, então um comitê de planejamento é formado e incumbido da tarefa de apresentar um projeto detalhado para a equipe inteira na próxima reunião. O comitê começa a trabalhar e faz aquilo que bons planejadores fazem: cria listas, mapas mentais, sequências, fluxos de trabalho, planilhas e diagramas de Gantt, às vezes até para mais de um cenário. Na próxima reunião geral com a equipe, o plano é discutido e aprovado sem dificuldade. Com isso, a equipe poderia entrar em ação e tomar as primeiras medidas determinadas pelo projeto, mas nesse momento descobre que boa parte do plano se tornou inútil devido a mudanças no cenário e expectativas fora da realidade. Quando as pessoas começam a seguir o plano, encaram a realidade cruel apontada por Mike Tyson, ex-boxeador campeão mundial dos pesos-pesados: "Todo mundo tem um plano até levar um soco na cara."

Se você ainda não deparou com uma situação parecida, que tal esta: o ciclo de planejamento anual. A equipe de liderança decide as metas para a organização, que são divididas em partes e distribuídas pelas divisões, que as distribuem pelos departamentos, que as distribuem pelas equipes. As equipes recebem a tarefa de planejar e determinar orçamentos para o ano seguinte, e esses planos e orçamentos são somados em cada nível até voltarem para a liderança. Às vezes esse exercício toma até um mês inteiro do ano, prendendo boa parte da organização em reuniões de planejamento (orçamento).

O planejamento exige tanto esforço que, no fim das contas, fica uma sensação de "Bem, gastamos muito tempo fazendo planos, então é assim que vai ser!". A situação ganha um clima de dança da chuva: "Se reunirmos os dados certos, contabilizarmos os números corretos e criarmos um plano detalhado e ótimo, tudo vai acontecer como planejamos." É uma forma de pensamento mágico. Infelizmente, planejar as coisas milimetricamente na planilha não as torna realidade.

Esse ritual ocorre com tanta regularidade e é tão intenso que nos faz concluir que os participantes não percebem como ele é inútil. Ocorre uma vez por ano ou quando um novo líder aparece. Mas, no mundo volátil, incerto, complexo e ambíguo em que vivemos (VUCA, na sigla em inglês), não há sentido em fazer planos dessa maneira. Aliás, o conceito de VUCA é um bom exemplo de como as coisas estão mudando rápido. Antes mesmo de a maioria das pessoas sequer conhecê-lo – que dirá compreendê-lo no contexto empresarial –, surgiu um novo conceito. Hoje em dia, muitos acreditam que vivemos num mundo BANI: frágil, ansioso, não linear e incompreensível, na sigla em inglês. Seja lá que tipo de mundo for, com certeza tem um ritmo mais rápido do que qualquer plano estático é capaz de acompanhar.

Talvez nossa vida fosse mais fácil se simplesmente admitíssemos que gostaríamos de ter mais controle sobre o que acontece ao nosso redor, mas na prática ninguém controla nada, pelo menos não num sentido abrangente. E basicamente ninguém sabe nada sobre o futuro.

O excesso de planejamento nitidamente não funciona, mas as empresas não conseguem abandonar essa abordagem. Parte da dificuldade está no fato de o planejamento transmitir certa segurança, porque brincar com fórmulas em planilhas, encaixar compromissos em um calendário e alinhar barras em um diagrama de Gantt são ações que transmitem a sensação de controle. É um pouco como planejar a aposentadoria: tudo faz sentido no papel, onde a realidade não interfere nem dissemina o caos tentando estragar nossos planos. Um exercício de planejamento é interessante pelos mesmos motivos de uma partida de xadrez. As variáveis são infinitas, mas é possível vencer a partida. O problema é que a vida real não funciona assim – a realidade está sempre pronta para dar um soco na cara do planejamento de longo prazo. Precisamos entender o que está sob nosso controle e o que não está, para então nos adaptarmos às mudanças ao redor.

Outro motivo para haver tanta dificuldade em abrir mão desse tipo de planejamento é que ele costumava funcionar melhor antigamente, num mundo com um ritmo bem mais lento do que o atual. Planos feitos ao longo de duas semanas se mantinham relevantes no momento em que a equipe começava a segui-los. Isso acabou. O ritmo do mundo atual – e também de nossos clientes e da concorrência – é simplesmente acelerado demais.

Por fim, as empresas permanecem apegadas a planejamentos antiquados devido ao comprometimento financeiro com projetos grandes e complexos. Elas precisam de estimativas sobre o preço e o prazo das coisas, e mesmo quando essas duas estimativas estão equivocadas, alguém, em algum lugar, precisa aprovar o projeto e quer mostrar que fez a diligência prévia para o caso de tudo dar errado. Todo ano, as empresas de capital aberto americanas são obrigadas a informar quanto valem a Wall Street ou ao Estado. Boa parte do esforço do ciclo de planejamento anual não tem qualquer ligação com a atividade da empresa, e sim com a elaboração de uma história coerente que tranquilize os investidores.

Infelizmente, não planejar também não dá certo. Como mencionado no capítulo sobre o Novo Trabalho, algumas pessoas pesaram a mão no conceito de trabalho "ágil". No caso do nosso cliente que foi instruído a não fazer a reserva de auditório com um ano de antecedência (Capítulo 2), a falta de planejamento fez com que fosse necessário apagar incêndios em cima da hora e, ao mesmo tempo, encontrar uma sala. Então é preciso fazer planos, porém seria muito melhor se todos os envolvidos compreendessem que, em grande parte, esse é um processo de adivinhação coletiva.

Como agir diante da insensatez do excesso de planejamento e da loucura da falta de planejamento? Se você chegou até aqui, sabe que defendemos o propósito, a visão e os objetivos. O desafio é equilibrar a estrutura e o direcionamento do propósito e da visão com reações rápidas aos acontecimentos diários, semanais, anuais.

Esse é outro exemplo de oportunidade de usar a tensão entre duas ideias que parecem opostas: a necessidade de um forte comprometimento com a estrutura de um propósito e uma visão do ponto em que você pretende chegar, tudo articulado por um tecido macio que permita uma adaptação a mudanças e lhe possibilite seguir um caminho que não seja direto e previsível. Quando novas informações surgem e o caminho original é bloqueado – ou surge uma lacuna entre os acontecimentos e o planejamento –, é preciso reagir rápido, elaborando um novo plano para voltar aos trilhos ou seguir em uma nova direção.

Na evolução caótica do mundo em que vivemos, precisamos de um método de planejamento dinâmico e, ao mesmo tempo, responsivo ao ritmo das mudanças. Em ambientes frágeis, ansiosos, não lineares e incompreensíveis, como uma equipe pode bolar planos de forma rápida, fácil e dinâmica para seguir em frente com pelo menos um mínimo de confiança?

A nosso ver, boa parte da solução está no Modelo de Planejamento Natural (MPN), que se tornou parte do conjunto de ferramentas do GTD por ser a maneira mais natural e fácil de criar e executar planos. Não demorou muito para o MPN deixar de ser usado apenas por indivíduos e ser adotado por equipes. Ele permite um planejamento rápido e dinâmico, gerando agilidade e confiança nas primeiras ações da equipe. Ajuda a reduzir o medo e a procrastinação em projetos que à primeira vista parecem grandes e intimidadores, porque incentivam um planejamento que facilite os primeiros passos do projeto sem exigir que as pessoas precisem passar semanas ou meses fazendo planos. Isso gera um ímpeto que abre caminhos para coisas boas e inesperadas que só costumam surgir quando as engrenagens estão girando.

Para a maioria das equipes, abordagens mais longas e detalhadas, como a PRINCE2, não fazem diferença, devido à velocidade e à natureza do seu trabalho, mas isso não quer dizer que o planejamento de longo prazo seja inútil. O MPN nunca foi pensado como um substituto de metodologias mais elaboradas, como a PRINCE2, e sim apenas como um complemento. Quer você esteja construindo uma ponte, um barco ou uma usina nuclear, essas abordagens garantem que tudo se encaixará corretamente no momento da montagem. Porém, é possível usar o MPN para planos com ciclos mais curtos mesmo em projetos complexos. Projetos imensos, com planos extremamente detalhados, costumam ultrapassar estimativas de prazo e orçamento. Com isso, perde-se muito tempo no replanejamento de coisas que terão que ser replanejadas de novo mais à frente. Assim, é melhor usar uma abordagem rápida e flexível, junto com o plano do projeto maior e mais detalhado como referência para manter sua integridade, para só então evoluir, do que perder tempo replanejando. A longo prazo, a única saída que faz sentido é passar a usar uma abordagem mais geral para planos demorados e estar sempre atualizando suas partes importantes, conforme novas informações e novos eventos transformam as possibilidades.

Segundo a descrição de um dos nossos clientes, isso é como usar uma lente de aumento para avaliar cronologicamente diferentes partes do plano de longo prazo à medida que ele evolui. O plano nunca se mostra preciso ou detalhado o bastante, mas oferece diretrizes gerais para o projeto. Conforme a equipe avança, aproxima a lente dos próximos meses do projeto e do plano, usando o MPN. Essa versão de curto prazo e aumentada do plano progride melhor, pois é mais realista. Para a equipe, não importa o que está planejado para daqui a três ou seis meses, mas ele estará atualizado em relação ao que precisa ser feito nas próximas horas, dias e semanas, gerando um alto nível de engajamento, motivação e colaboração.

O QUE É O MODELO DE PLANEJAMENTO NATURAL?

Foco situacional – o Modelo de Planejamento Natural

O MPN é o melhor modelo para manter o controle sobre qualquer situação ou projeto, recebendo a atenção adequada. Enquanto o modelo dos Horizontes de Foco descrito nos capítulos anteriores é basicamente uma descrição atual, porém estática, de diferentes horizontes – o que é útil para estabelecer o contexto geral e determinar quais serão as prioridades –, o MPN busca gerar ações diante das realidades do momento. Ele tem semelhanças com o modelo dos Horizontes, porém é focado no que é preciso fazer: como podemos planejar nosso casamento? Que posição importante está faltando na equipe? Devemos organizar um encontro fora da empresa? E assim por diante.

As cinco etapas do MPN são:

1. Propósito e princípios
2. Visão
3. Brainstorm
4. Organização
5. Próximas ações

Propósito e princípios

Por que estamos fazendo este projeto? O que chamou nossa atenção? Quais são nossas regras para lidar com isso?

Visão

Como o sucesso soa, faz você se sentir ou se parece? Qual é o resultado final desejado? Como saberemos se ele foi alcançado de forma satisfatória?

Brainstorm

Quais são todos os detalhes potencialmente relevantes que devemos levar em consideração sobre o assunto?

Organização

Como devemos estruturar nosso raciocínio sobre os principais componentes, as prioridades e as sequências que surgirem? Quais são as partes mais importantes que precisam ser executadas para alcançarmos o estado final desejado? Quem é o responsável por cada uma? Como devemos estruturar nosso processo de evolução?

Próximas ações

Quais são as próximas ações com relação ao que já pode avançar e quem ficará responsável por elas?

POR QUE USAR O TERMO "PLANEJAMENTO NATURAL"?

Como mencionado, fazemos planos o tempo todo, seja para nos vestir, preparar o jantar ou até sair do quarto. Queremos conquistar algo (propósito), ter a imagem de como isso deveria acontecer (visão), cogitar várias opções (brainstorm), decidir o que precisa acontecer (organização) e começar a tomar atitudes para isso (próximas ações).

Se todos os envolvidos estiverem igualmente confortáveis e confiantes em que as próximas ações e as pessoas responsáveis por elas são as melhores possíveis, não haverá necessidade de voltar a explorar o modelo até que a situação mude. Na prática, porém, isso raramente acontece, e os projetos precisam de mais foco em propósito/visão/resultados ou mais detalhes sobre a implementação operacional. Muitos precisam das duas coisas.

POR QUE O PLANEJAMENTO NATURAL FUNCIONA PARA EQUIPES

Por vários motivos. A seguir, listamos alguns pensamentos sobre como cada uma das etapas auxilia as equipes:

CONTROLE	FOCO	PLANEJAMENTO
Capturar Esclarecer Organizar Refletir Engajar	Horizonte 5: Propósito e princípios Horizonte 4: Visão Horizonte 3: Objetivos Horizonte 2: Áreas de foco e responsabilidades Horizonte 1: Projetos Térreo: Próximas ações	**Propósito e princípios** Visão Brainstorm Organização Próximas ações

Propósito

Quando um indivíduo planeja um projeto com o MPN, pode ter dificuldade para pensar no propósito, mas, depois que isso é esclarecido, quase nunca restam dúvidas, uma vez que a própria pessoa o definiu. Numa equipe, porém, é normal que seja necessário ter algumas conversas para alinhar os motivos por trás da execução do projeto. Ter essas discussões logo no começo pode evitar desperdícios de tempo e conflitos futuros. Esclarecer o propósito também abre possibilidades sobre como solucionar o problema (algo que deve ser resolvido no nível do projeto). Se a questão é a lucratividade, a equipe comercial pode achar que a gerência deve reduzir custos, enquanto a gerência pode achar que o certo é criar um projeto para aumentar as vendas. Se o propósito é claro para todas as partes, é comum que elas se vejam livres para usar a criatividade de modo a alcançar um resultado bom para todos.

O MPN ajuda no esclarecimento do propósito e de resultados a serem alcançados antes do começo das ações. Isso é importante para qualquer projeto, porém ainda mais para o tipo de tarefa que trabalhadores do conhecimento encaram todos os dias. No chão de fábrica, existirá um freio de realidade se as coisas não estiverem indo como esperado. Algo vai quebrar ou sair do lugar certo. A existência do problema fica imediatamente clara.

Em projetos de trabalho digital ou de conhecimento, em que o progresso é menos visível – como costuma ocorrer com marketing, redes sociais ou design –, a menos que as coisas tenham uma definição muito específica, em geral demoramos mais a descobrir que a situação saiu do controle.

Princípios

Os acordos anteriores da equipe devem ser mantidos (veja o Capítulo 5, "Propósito e princípios"), mas é importante identificar com clareza os parâmetros específicos para o projeto. Quando esclarecemos em equipe quais são os limites não negociáveis e como queremos atuar juntos, deixamos claro o que é aceitável ou não na execução do projeto. Se o projeto é delegado a terceiros, é essencial instruí-los sobre as experiências da equipe a respeito do que funcionou ou não em empreitadas semelhantes anteriores. Quem vai executar o trabalho precisa ter bem claro quais são os prazos, orçamentos, requisitos e stakeholders a serem consultados (ou evitados).

Essas conversas sobre "regras de conduta" podem ser inspiradoras. É importante que as pessoas "se divirtam juntas" no projeto? Muito, para inúmeras equipes, mas isso não costuma ser reconhecido. E qual é a importância de "usar o projeto para melhorar a maneira como trabalhamos em grupo" ou "usar o engajamento individual de todos no projeto para aprimorar o desenvolvimento pessoal"? Reconhecer em equipe, de antemão, o valor potencial do envolvimento pode tornar a experiência mais valiosa para todos. Além disso, caso o projeto sofra algum atraso ou até seja cancelado no meio (o que não é tão raro), os participantes sairão com um saldo positivo.

Visão

CONTROLE	FOCO	PLANEJAMENTO
Capturar Esclarecer Organizar Refletir Engajar	Horizonte 5: Propósito e princípios Horizonte 4: Visão Horizonte 3: Objetivos Horizonte 2: Áreas de foco e responsabilidades Horizonte 1: Projetos Térreo: Próximas ações	Propósito e princípios **Visão** Brainstorm Organização Próximas ações

A visão expande o raciocínio pois traz à tona os melhores resultados possíveis para o projeto. Conforme mencionado no capítulo sobre visão, quando a equipe abre mão daquilo que é considerado possível no momento para pensar no que realmente deseja como resultado para o projeto, ela recebe uma boa dose de motivação para concluí-lo.

Em um nível prático e operacional, a definição clara do que significa "concluído" ajuda a equipe a evitar pendências no fim do projeto. Por exemplo, se o projeto da equipe é "contratar um especialista em tal tecnologia", quando podemos considerá-lo concluído? Quando a pessoa certa é encontrada? Quando ela assina o contrato de emprego? Ou quando é integrada à equipe e ao sistema e está fazendo seu trabalho no ritmo que deveria? Esses diferentes resultados levariam a diferentes relatórios de status do projeto e a diferentes critérios para avaliar seu grau de conclusão.

Brainstorm

CONTROLE	FOCO	PLANEJAMENTO
Capturar Esclarecer Organizar Refletir Engajar	Horizonte 5: Propósito e princípios Horizonte 4: Visão Horizonte 3: Objetivos Horizonte 2: Áreas de foco e responsabilidades Horizonte 1: Projetos Térreo: Próximas ações	Propósito e princípios Visão **Brainstorm** Organização Próximas ações

Nesse ponto, a equipe precisa de muitas ideias, e o MPN capacita o grupo a criar um grande volume de sugestões diversas. Nessa fase, todas as ideias – sejam elas boas, ruins ou doidas – que possam servir ao propósito e impulsionar a equipe rumo ao sucesso são aceitáveis. A nosso ver, o brainstorm é muito mais criativo quando feito em equipe do que individualmente. Quando um grupo faz brainstorm sem censurar ideias e se inspirando nas sugestões boas e ruins, a mágica pode acontecer. O segredo é permitir que a equipe inteira as visualize e reflita.

Sobretudo na metodologia GTD, a captura externa de ideias possivelmente importantes facilita a tarefa de precisar lembrá-las, o que libera nosso limitado espaço cognitivo para mais ideias.

Muitas vezes, a equipe executa o brainstorm como o primeiro passo de um novo projeto, em vez de esclarecer os outros elementos antes. Essa estratégia pode ser interessante, mas, se concluída sem que a equipe tenha esclarecido o propósito ou a visão do projeto, pode levar a pontos de vista tão divergentes que a criatividade colaborativa do processo acaba sendo minada.

Organização

CONTROLE	FOCO	PLANEJAMENTO
Capturar Esclarecer Organizar Refletir Engajar	Horizonte 5: Propósito e princípios Horizonte 4: Visão Horizonte 3: Objetivos Horizonte 2: Áreas de foco e responsabilidades Horizonte 1: Projetos Térreo: Próximas ações	Propósito e princípios Visão Brainstorm **Organização** Próximas ações

Após a sugestão de várias ideias durante o brainstorm, a etapa da organização se resume a separar as boas sugestões das ruins, para então organizar e priorizar as boas dentro de fluxos de trabalho específicos. Depois de esclarecer o propósito e a visão – e de fazer brainstorms para identificar detalhes possivelmente relevantes –, a etapa de organização costuma exigir raciocínio e estruturação mais demorados e detalhados. Decisões sobre propósito, princípios e visão, além do brainstorm, podem levar poucas horas (ou até minutos!). Por outro lado, uma boa organização de um projeto complexo pode levar um dia inteiro – ou mais.

Começando com um mapa mental elaborado num brainstorm, ou pelo menos com listas de fatores a serem considerados, o natural seria dividir o pensamento em principais componentes, prioridades e/ou sequências de acontecimentos. Em geral, esses três fatores são importantes: "Eis as cinco coisas em que devemos prestar mais atenção; as duas principais são estas; e precisamos lidar com elas em tal ordem."

Nessa etapa é possível usar ferramentas de organização diversas, de post-its a planilhas e modelos complexos, mesmo que o produto a ser lançado seja altamente complexo, como um avião ou um novo medicamento farmacêutico.

Essa fase não se resume a uma organização estática do raciocínio anterior. Nela, sempre surgem muitos pensamentos criativos novos e importantes. "Nossa, acabei de perceber que para fazer tal coisa precisamos de tais pessoas e recursos...", etc. O processo de organizar é mais criativo do que as pessoas imaginam.

É claro que, assim como nas etapas anteriores, se o planejamento da equipe começar por aqui ("Vamos nos organizar primeiro!"), sem clareza sobre o propósito e a visão, e sem brainstorm, faltarão elementos essenciais no plano, que será abstrato demais, terá falhas operacionais e, no fim, será engavetado por estar distante demais da realidade.

Próximas ações

CONTROLE	FOCO	PLANEJAMENTO
Capturar Esclarecer Organizar Refletir Engajar	Horizonte 5: Propósito e princípios Horizonte 4: Visão Horizonte 3: Objetivos Horizonte 2: Áreas de foco e responsabilidades Horizonte 1: Projetos Térreo: Próximas ações	Propósito e princípios Visão Brainstorm Organização **Próximas ações**

Quando todo esse trabalho está feito, chegar às próximas ações é uma tarefa relativamente simples. Basta identificar quais partes variáveis do plano podem ser executadas agora, para determinar as próximas ações em relação a elas e garantir que sejam controladas e atribuídas às pessoas certas.

O mesmo vale para a responsabilização. Como a equipe ajudou a elaborar o plano do projeto, os participantes se sentem muito mais motivados a se encarregar dos fluxos de trabalho no momento de colocar a mão na massa.

O modelo não apenas é útil para planejar um projeto pela primeira vez, mas também para fazer o diagnóstico quando o projeto empacar. Nesse caso, é preciso revisar a estrutura citada junto com os acontecimentos em torno do projeto e se perguntar o que ficou faltando.

Certa vez trabalhamos com uma profissional de uma firma de investimentos multinacional. Ela fora encarregada de comandar a conferência anual para novos colaboradores, que aconteceria dali a alguns meses. Havia herdado o trabalho de alguém que não tivera sucesso no cargo e deixado, como legado, uma crise de burnout grave em todas as pessoas envolvidas na produção do evento. Várias bombas surgiram na hora H – dentro da firma, dizia-se que quem trabalhava no evento comia o pão que o diabo amassou. Quando foi questionada sobre seus planos, a nova encarregada apresentou um gráfico imenso com todos os componentes do projeto dispostos numa linha do tempo. Pedimos que ela identificasse os componentes com próximas ações que poderiam ser executadas naquele momento, com antecedência. Havia dezenas, mas nenhuma estava no plano, porque ela não as identificara. Provavelmente só as notaria perto do deadline. Mas, ao identificar as próximas ações, ela evitou crises.

Se você acha que esse modelo de planejamento só serve para o mundo corporativo/profissional, está enganado: já o vimos ser usado com sucesso em pequenos projetos e situações particulares, sobretudo envolvendo outras pessoas.

> **[DAVID]** Quando eu e minha esposa decidimos nos casar (décadas atrás), achamos que seria interessante usar o Modelo de Planejamento Natural no casamento. Qual era o propósito do casamento? Ótima pergunta. Nossas respostas foram objetivos como "dar aos nossos amigos a oportunidade de compartilhar seu apoio e nos parabenizar" e "organizar isso em um único evento de forma eficiente, em vez de ir fazendo aos poucos". Então, determinamos dois princípios importantes: (1) Convidar apenas pessoas que não ficariam magoadas se não fossem chamadas. Nós tínhamos uma grande rede de amizades que não caberia inteira no local do evento e só queríamos os convidados que nos oferecessem apoio incondicional. (2) Nos divertir com o processo. Em geral, esses eventos grandes causam um estresse desnecessário, então concordamos que sinalizaríamos caso nos sentíssemos assim. Fizemos um brainstorm e organizamos tudo com facilidade, designando as próximas ações a cada um conforme necessário.

COMO USAR O MODELO PARA EQUIPES – ALOCAÇÃO DE TEMPO

Há seis passos, mas nem todos exigem a mesma quantidade de tempo. Em workshops, quando pedimos aos participantes para planejar seus projetos em apenas 12 minutos, esta é a fórmula que parece otimizar o tempo:

- Propósito: 45 segundos
- Princípios: 45 segundos
- Visão: 2 minutos e 30 segundos
- Brainstorm: 3 minutos
- Organização: 4 minutos
- Próximas ações: 1 minuto

É a divisão de tempo perfeita? Não sabemos. Mas é um bom começo, agita as coisas e faz com que o modelo inteiro seja seguido, de forma a gerar um rascunho bem inicial de um plano em minutos, em vez de horas ou dias. Essa é uma forma de otimizar o valor de um tempo de planejamento extremamente limitado para criar o que é quase sempre a primeira versão de um plano que precisará de várias alterações para ganhar corpo. Nessa etapa, a ideia é ter algo que possa ser registrado num guardanapo. Não é preciso começar de cara com o plano perfeito, e sim ter um plano bom o bastante para ter certeza de que a próxima ação é o passo certo a ser dado. Doze minutos bastam para completar um plano de projeto? De forma alguma. Mas é tempo suficiente para gerar confiança sobre o que é preciso fazer para dar o primeiro passo? Com certeza. A vantagem dessa primeira versão é o tempo que ela economiza ao ser apresentada para uma equipe, em comparação com uma ideia vaga, do tipo "Precisamos fazer alguma coisa sobre X". Ela permite que o grupo aja rapidamente, adapte e melhore o plano sem perda de tempo.

Você pode aumentar a fórmula curta para uma sessão de uma hora em grupo:

- Propósito: 4 minutos
- Princípios: 4 minutos
- Visão: 12 minutos
- Brainstorm: 15 minutos
- Organização: 20 minutos
- Próximas ações: 5 minutos

Esse é a divisão de tempo perfeita? Não faz diferença. A questão é sair da inércia e do desejo de bolar um plano perfeito de imediato, e em vez disso colocar a mão na massa. As duas divisões propostas não servem para o primeiro objetivo (elaborar o plano perfeito), mas são excepcionais para o segundo (aumentar a probabilidade de ação e ímpeto).

EXEMPLOS DE USO DO MPN

Essas duas divisões de tempo são limitadas, porém o MPN não serve apenas para trabalhos rápidos. Também pode ser usado para planejamentos bem mais detalhados. Um de nós já usou o MPN como um processo estruturado para montar, do zero, uma nova equipe em dois dias. Nós trabalhávamos com um líder que adorava o poder motivador do propósito e da visão e nos pediu ajuda para direcionar sua equipe a algo em que pudesse focar a energia.

O formato de dois dias permitiu conversas detalhadas sobre cada passo do modelo e até adaptações de certas partes. Como fizemos isso? Na manhã do primeiro dia, após as boas-vindas dos líderes da equipe e uma contextualização, passamos direto para a conversa sobre o propósito da equipe e, com certa ajuda nossa como facilitadores, na primeira metade da sessão montamos um bom rascunho dos pensamentos da equipe sobre o motivo de sua existência. Ainda estava muito cedo para fazer um intervalo, então começamos a discutir princípios - como eles queriam atuar juntos -, além de alguns padrões de trabalho básicos para a equipe no começo da segunda sessão. Então chegou a hora de falar da visão.

Dividimos os participantes em grupos e deixamos que cada um criasse visões independentes para a organização, correndo o risco de acabarmos com ideias radicalmente diferentes quando voltássemos a nos reunir. Mas, apesar de pequenas variações, todos queriam seguir um rumo semelhante. Após uma breve conversa e aprimoramento, ao final da terceira sessão tínhamos um esboço decente de visão unificada da equipe. Todas as ideias principais estavam lá, e tínhamos muitos elementos bons para usar no próximo passo.

A última sessão do dia foi dedicada ao brainstorm. A equipe externalizou toda e qualquer ideia que pudesse ajudar na concretização da visão, primeiro individualmente, depois compartilhando-as com os membros da equipe. Antes do fim do dia, eles organizaram as sugestões em categorias.

Começamos o segundo dia voltando aos resultados do primeiro. Durante uma boa noite de sono, deixamos as ideias marinarem no subconsciente e no dia seguinte colocamos os rascunhos de propósito, padrões da equipe e visão nas paredes.

Com esses pontos de referência, a equipe se dividiu para continuar a organização iniciada no dia anterior. Em geral, as ideias eram versões mais generalizadas de projetos e fluxos de trabalho. Os grupos começaram a detalhar um desses planos numa sessão mais longa, então trocaram de trabalho com outros subgrupos rapidamente, para que todos vissem cada projeto e melhorassem os planos originais usando o conhecimento da equipe inteira. A tarde do segundo dia foi dedicada a identificar os projetos da equipe com "P maiúsculo" e os projetos GTD individuais com "p minúsculo", e todos tiveram tempo suficiente para identificar as próximas ações para as tarefas que apresentariam ao grupo na reunião de revisão seguinte.

Foram necessários apenas dois dias para sairmos de nenhum plano para o esclarecimento sobre os horizontes mais elevados e as responsabilidades da equipe, que foram decididos com esboços de planos de projeto e a definição clara das próximas ações de todos os responsáveis. Ninguém na equipe foi informado de que tudo isso foi feito usando o MPN, mas todos ficaram muito satisfeitos com os resultados.

Você não tem dois dias? Tudo bem, porque, como demonstramos, já ensinamos a milhares de pessoas que participaram de nossos seminários a planejar um projeto em até 12 minutos.

O que geralmente observamos é que os líderes de equipe preferem usar algo mais semelhante à versão de 12 minutos do que a de dois dias e depois apresentar os resultados em uma sessão de uma hora com a equipe, na qual todos revisam e melhoram o rascunho inicial.

Um dos fatores do sucesso dessa abordagem é o fato de que ela exige pouquíssimas habilidades para dar certo. Um cliente a utilizou com uma equipe que não tinha qualquer experiência com o modelo. Ele simplesmente seguiu o processo lendo em voz alta o texto de um cartão que recebeu ao participar de um seminário conosco. Apesar de ele não ter experiência e não saber ao certo como executar o papel de facilitador, a equipe usou o processo de planejamento para melhorar em muito seu desempenho e se tornou uma das mais eficientes em uma conhecida gigante do ramo da tecnologia.

Um de nós usou o modelo para ajudar um líder sênior a organizar ideias divergentes e transformá-las numa estratégia de campanha sólida para conquistar o principal cargo da empresa. Após uma hora usando o modelo, ele havia analisado o projeto de forma profunda e intensa o bastante para saber que a ideia era viável, e terminou com mais de dez projetos a executar ou delegar, além de próximas ações que deveria pôr em marcha nas horas seguintes. Mais uma vez, algo que parecia fora de alcance foi reduzido a uma série de resultados e próximas ações, e ele conseguiu completar os projetos com sucesso e conquistar o cargo que almejava.

Usamos essa abordagem para facilitar uma reunião de um dia inteiro com uma equipe sênior do mercado espacial. As pessoas envolvidas eram cientistas espaciais. Mesmo sem compreendermos quase nada do que eles conversavam, conseguimos guiá-los pelo processo na sequência que descrevemos. Nosso trabalho era apenas capturar suas respostas às questões e sugestões inerentes ao modelo. Não só eles ficaram com a sensação de que o dia foi um sucesso absoluto como o facilitador foi considerado um participante essencial, apesar de não ter entendido nada do que foi debatido.

> **[ED]** Talvez o trabalho financeiramente mais valioso que eu já tenha feito até hoje tenha sido as duas reuniões de uma hora que tive com dois colegas de trabalho separadamente. Cada um deles era responsável por uma conta, e elas já geravam um grande lucro anual, mas estavam empacadas em termos de crescimento. Com uma hora de planejamento para cada conta – e revisões regulares –, em dois anos conseguimos dobrar, e depois triplicar, o faturamento anual delas.

Não teríamos muita credibilidade como autores se não tivéssemos planejado este livro inteiro seguindo essa abordagem. A ideia original para *Time* foi elaborada e transformada em uma proposta com esse modelo, e, após a proposta ser aceita, a primeira versão de cada um dos capítulos foi planejada em 15 minutos. Numa segunda versão, mais demorada, eles se transformaram em planos mais sólidos. Esses planos estavam completos? Nem de longe. Mas sem dúvida eram suficientes para esclarecer o propósito e a direção e para externalizar nossas melhores e piores ideias sobre cada capítulo. Graças a essa abordagem, em momento algum nos vimos diante de uma tela em branco sem saber o que fazer durante qualquer etapa do processo.

Outro contexto em que o método é usado de forma eficiente é na delegação de projetos complexos. Alguns dos nossos clientes usam esse esquema para delegar tarefas dentro ou fora dos próprios departamentos. Durante cerca de uma hora, eles apresentam o esquema à pessoa que herda o projeto, usando esse tempo para transmitir as informações que consideram mais importantes para garantir que a nova pessoa terá a maior chance possível de sucesso. Depois que esse padrão é instaurado na equipe, qualquer parte pode apresentar a primeira versão de um plano numa reunião, para que o grupo como um todo a transforme num documento sólido.

Um dos nossos colegas passou a usar algo semelhante com sua equipe: se as pessoas desejam fazer mudanças na empresa, usam o MPN para esboçar seus primeiros pensamentos e só os apresentam nas reuniões quando têm um rascunho decente de plano, para não ter que começar cada iniciativa do zero e, com isso, desperdiçar o tempo do grupo inteiro.

Um de nossos clientes estava fazendo a transição de deixar de ser uma empresa tradicional e linear do ramo de telecomunicações para se tornar mais voltada ao cliente, com uma operação na qual passaria a fazer contato direto com o consumidor – uma mudança essencial do modelo de negócios, para impedir que outros ocupassem seu espaço na guerra dos streamings. Como parte da transformação, havia projetos imensos que, à primeira vista, pareciam impossíveis. Se tudo precisa mudar, por onde começar? O líder solucionou essa questão acrescentando o MPN às ferramentas de sua equipe. Ao dividir tudo em pequenos projetos e submetê-los ao processo, o grupo chegou rapidamente às próximas ações para dar prosseguimento aos planos. Em vez de ficarem paralisados com medo e angústia, pensando "Como vamos fazer isso tudo?", os participantes conseguiram dar os primeiros passos fazendo uma coisa de cada vez. Os projetos ganharam força, e o ritmo foi se acelerando. No fim, o método acabou se tornando parte do funcionamento das coisas. Era usado nos planejamentos para interagir com os stakeholders e para articular a estratégia, a missão e o propósito da equipe. Essa mistura de propósito e visão de sucesso absoluto foi extremamente útil nos momentos em que alguma parte do processo empacava. No momento de determinar prioridades, a equipe não teve dificuldade para analisar as opções e decidir quais se aproximavam mais do sucesso absoluto que haviam vislumbrado.

Ao longo dos sete capítulos anteriores, falamos sobre como usar as três principais estruturas do GTD "clássico" no trabalho de uma equipe. Na próxima parte, nosso objetivo é desenvolver esses esquemas com a expansão de ideias que ficaram implícitas em livros anteriores mas merecem ser aprofundadas no contexto de uma equipe.

PARTE 3

GERENCIANDO UMA EQUIPE

CAPÍTULO 11

As estruturas da liderança

Liderança talvez seja o tema mais pesquisado e debatido em toda a literatura empresarial. Estima-se que, só nos Estados Unidos, todo ano quase 2 mil livros sejam publicados com a palavra "liderança" no título. Com tantos cérebros focados no assunto ao longo de tanto tempo, nos custa crer que restem dúvidas sobre como ser um bom líder, mas, ainda assim, é nítido que há uma ausência de liderança na maioria das organizações – políticas, militares, empresariais, etc.

Embora exista uma indústria de 1 bilhão de dólares que oferece lições sobre "liderança", o foco é bem menor nos elementos básicos do que líderes podem fazer para ajudar suas equipes a alcançar o sucesso.

Quando decidimos escrever este livro, nosso objetivo não era aumentar a pilha de publicações sobre o assunto. Porém, quanto mais nos aprofundávamos no tema eficácia da equipe, mais se tornava claro que a qualidade do líder da equipe faz grande diferença, levando em conta as muitas variações na forma de liderar.

Um dos conceitos que arrancou mais sorrisos de nossos alunos ao longo dos anos foi o do "criador de loucuras", alguém com uma visão inovadora e muita clareza sobre o que ele e sua equipe deveriam fazer, mas sem qualquer plano ou consistência que gere uma sensação de controle sobre o que é preciso fazer no dia a dia para alcançar esse objetivo.

Esse tipo de liderança é caracterizado por incentivar as pessoas a seguir uma visão persuasiva, tem mais energia para encarar os objetivos grandes, audaciosos e complicados e entregar resultados excepcionais. O foco dele está na AÇÃO e nas CONQUISTAS. O problema é que essa situação costuma mirar objetivos ambiciosos e negligencia os elementos básicos que possibilitam a concretização deles. Muitos dos modelos para ser um líder melhor se baseiam em exemplos inspiradores de pessoas incríveis e carismáticas, mas ignoram questões básicas e práticas.

AS ENGRENAGENS DA LIDERANÇA

Nosso objetivo aqui é nos concentrarmos em algo mais trivial: as engrenagens da liderança, o ato de liderar pelo exemplo com base em habilidades e padrões que auxiliam o funcionamento da equipe, e o entendimento de que a equipe deve ser mais do que uma soma de indivíduos talentosos e focar no coletivo. Assim, quando você desenvolver uma visão grandiosa para sua equipe, as pessoas terão as ferramentas, as estruturas e os processos para alcançá-la. Sem esses elementos simples, apresentar uma visão desafiadora a uma equipe é como ir à NASA e dizer que quer ir à Lua sem oferecer nem uma chave de fenda sequer para ajudá-la a concretizar a visão.

Não entraremos em detalhes sobre as soft skills, como carisma, impacto pessoal, comunicação inspiradora, etc., pois esses assuntos já foram debatidos em outros lugares. Não é que eles sejam supérfluos. Acontece que são mais eficientes quando usados como um complemento para algumas questões básicas da liderança, como montar uma estrutura de equipe que funcione, esclarecer os papéis e as responsabilidades, e determinar padrões claros para fazer parte da equipe.

Na nossa opinião, as soft skills são as mais difíceis de acertar. E ficam ainda mais difíceis quando fazemos as fáceis do jeito errado – ou não as fazemos. Se você pula os elementos básicos – o engatinhar e o caminhar da liderança –, em algum momento vai descobrir que não aprendeu a técnica correta para correr rápido com os difíceis. A todo momento vemos pessoas tentando dar passos largos nos aspectos verdadeiramente desafiadores da liderança, mas fracassando nos básicos. Elas acabam empacando em problemas bobos e perdem oportunidades de fazer progresso nos relacionamentos importantes e trabalhos estratégicos fundamentais.

Não estamos dizendo que é desnecessário ter uma liderança inspiradora, e sim que ela é apenas parte de um quadro geral bem mais amplo. Por ser a parte mais interessante do papel do líder, ela recebe uma atenção desproporcional, enquanto outras características mais triviais passam despercebidas. Aspirantes a líder são incentivados a escolher "liderança" em vez de "gerenciamento" como se houvesse uma hierarquia estranha na qual o gerenciamento é o primo pobre. A verdade, porém, é que não existe opção. Ambos são essenciais.

Certos padrões e processos simples podem destruir até as visões mais grandiosas, se ignorados. Quando sua visão é chegar à Lua, mas todo mundo está atolado em mensagens não lidas ou tem a agenda totalmente preenchida por reuniões inúteis, seu foguete vai ter dificuldade para decolar.

A DIFERENÇA ENTRE UM LÍDER EFICIENTE E UM GRANDE LÍDER

Ser um grande líder não é questão de heroísmo individual. Líderes não levam uma equipe ao sucesso por serem maravilhosos ou forçar o grupo a ter desempenhos cada vez melhores. Para começo de conversa, esse tipo de liderança muito visível é útil para um número cada vez menor de papéis e se baseia em uma narrativa na qual as pessoas estão sempre lutando para crescer numa hierarquia imaginária, ganhando mais e mais poder e influência conforme progridem. Às vezes temos a impressão de que essa é a visão normal da liderança, porque a todo momento a mídia veicula essas batalhas por poder e influência, como se forças dicotômicas a disputassem.

Lideranças notórias e muito diretivas têm seu espaço, porém na maioria das situações é necessário haver uma *boa* liderança e menos pessoas se esforçando para serem *grandes* líderes. Ao longo dos últimos anos ficou claro que grandes líderes podem causar muita polarização e paralisia. Às vezes, a personalidade extravagante se destaca, e ignoramos a forma como elas de fato resolvem os problemas.

"Grandes" líderes são raros e em geral têm grandes defeitos. Precisamos de menos "grandes" líderes e de mais pessoas "comuns" dispostas a ocupar cargos de liderança. Acreditamos que todos podem ser líderes – e provavelmente já são, em certo contexto – e aprimorar suas habilidades de liderança.

O QUE QUEREMOS DIZER COM LIDERANÇA?

Precisamos definir nossos termos. Acreditamos que abriremos as portas para lideranças mais verdadeiras se nos afastarmos da ideia de que os líderes chegam ao mundo destinados a comandar, como gênios de alto impacto que fazem grandes discursos em momentos de crise. Preferimos pessoas que trabalhem de uma forma que evite crises. Nosso desejo é abrir o conceito para incluir mais pessoas. Pessoas que não acham que são "grandes" líderes, mas que desejam fazer acontecer com projetos que tornem o mundo melhor. Muitos indivíduos não têm desejo de ser líderes, mas querem solucionar grandes problemas. Querem ajudar as pessoas ao redor a ir além do que acreditam ser possível. Para isso, eliminam atritos e ruídos do funcionamento da equipe, de modo a fazê-la entregar muito mais do que sugere a soma de suas partes.

Uma definição de líder é "alguém que faz as coisas acontecerem por meio de outras pessoas". Se ela é verdadeira, faz sentido virar do avesso a dinâmica padrão da liderança. Não é o líder que precisa de atenção das pessoas, mas o contrário. Não existe líder sem uma equipe a ser liderada, e ele precisa se concentrar nas necessidades dela, uma vez que seus membros serão os responsáveis pelo grosso do trabalho. É a equipe que precisa de alguém que a proteja, mas que também garanta que os caminhos estarão abertos, para que ela possa trabalhar com competência em situações difíceis.

Pensamos em diversas metáforas para tentar descrever o tipo de liderança que tem se mostrado tão escasso. No começo, optamos por "mecânica", pois grande parte do que acreditamos fazer a diferença é mecânica. Mas uma equipe é um ente vivo, não uma máquina, então sugerimos algo mais semelhante ao que foi descrito como liderança "servil", mas que também pode ser descrito como "encanador" da equipe. Pode até parecer uma metáfora humilde ou até desinteressante, mas basta imaginar como seria o mundo sem bons encanamentos para entender como esse trabalho é importante. Ainda assim, não era a metáfora ideal.

O LÍDER COMO UM JARDINEIRO

O trabalho do líder é determinar a visão, nutrir a cultura que permita a concretização da visão e coordenar ações da equipe e ao redor dela para facilitar o processo. Assim, pensando no desenvolvimento e na manutenção de uma cultura construtiva, outra analogia talvez seja a ideal: a do líder como um jardineiro, trabalhando com um sistema vivo. Um jardineiro não faz as plantas crescerem nem as flores desabrocharem – apenas cuida do solo, instala as treliças no lugar certo e evita que ervas daninhas prejudiquem o desenvolvimento saudável das plantas. Um líder não pode fazer nem controlar o trabalho da equipe. Entretanto, na manutenção diária das estruturas e dos padrões de trabalho da equipe, ele reduz emergências rotineiras ao mínimo possível e abre espaço para a energia da equipe fluir.

Bons líderes encontram maneiras de não serem o gargalo das ações e decisões da equipe. Para isso, são responsivos às informações que recebem e evitam desenvolver uma cultura em que precisem carimbar toda e qualquer decisão. Bons jardineiros não incentivam plantas a pedir permissão para crescer. É fácil entender que isso não faria sentido. Mas, se os papéis dentro da equipe não estão bem definidos nem recebem a autoridade necessária – de modo que os membros não se sentem capazes de fazer seu trabalho e precisam consultar o líder a todo momento –, o grupo fica limitado, e o líder é soterrado por decisões a tomar.

Uma medida simples para evitar isso é esclarecer quais decisões são tomadas em cada nível. No Capítulo 9 falamos sobre os papéis – ou Áreas de Foco – de uma equipe, mas distribuir e monitorar esses papéis é outro trabalho que deve estar sob controle do líder jardineiro.

Em qualquer equipe, há trabalhos que podem ser feitos por praticamente qualquer pessoa, e outros que cabem apenas ao líder. Dois que cabem a ele são analisar o horizonte em busca de novas tendências e manter relacionamentos heterogêneos tanto na empresa quanto dentro e fora do seu mercado específico. Se um líder passa o tempo todo apagando incêndios que deveriam estar a cargo da equipe, acaba deixando suas principais responsabilidades de lado.

Isso nos leva à delegação de tarefas, assunto do Capítulo 13, mas que não pode ser ignorado num capítulo sobre liderança. Para ter sucesso, o líder não pode fugir da responsabilidade de delegar tarefas com rapidez e eficiência, para depois acompanhar e coordenar as tarefas delegadas às diferentes partes da equipe. Todo mundo é capaz de fazer bem seu trabalho sabendo apenas parte do que está acontecendo no todo, porém a equipe precisa de pelo menos uma pessoa que esteja sempre atualizada sobre como tudo se encaixa. Em geral, líderes visionários não gostam do trabalho de delegar tarefas, pois não querem ser soterrados pelo enorme volume de detalhes inerente a isso. Assim, acabam "delargando" – delegando e não fazendo o acompanhamento. É por isso que tantos líderes aproveitam o ótimo custo-benefício de manter listas de Assuntos a Tratar e Aguardando Resposta sempre atualizadas; com um esforço mínimo, eles conseguem acompanhar e controlar os detalhes da matriz de compromissos ao seu redor.

DAR EXEMPLO É LIDERAR

Em nosso trabalho com líderes, constantemente nos surpreendemos com a falta de apreço que eles demonstram pela capacidade de melhorar condições de trabalho por meio do exemplo. Por sofrerem muito estresse e pressão, nem sempre percebem como os outros os consideram um ponto de referência comportamental. Quando agem de acordo com o discurso que pregam, exercem enorme impacto positivo tanto no desempenho quanto no moral da equipe.

Essa é uma das melhores formas de afetar a cultura da equipe, mas também um dos maiores desafios da liderança. Liderar pelo exemplo é uma ação de impacto não só por estabelecer o tom do trabalho e melhorar o ânimo da equipe, mas porque causa uma mudança no próprio líder, que passa a confiar em si mesmo para cumprir com a palavra. Só com esse alto grau de confiança pessoal ele se sentirá à vontade para exigir o mesmo dos outros.

É claro que somos todos individualmente capazes de seguir os padrões da equipe por conta própria. Tal como acontece no GTD original, ninguém precisa que o chefe faça tudo certo o tempo todo para se comportar. Porém, o exemplo dado por alguém num cargo de liderança determina o tom de uma cultura que incentiva, ou não, os comportamentos que geram o alto desempenho saudável. É muito difícil manter hábitos ótimos em reuniões quando as reuniões do seu chefe sempre começam atrasadas e parecem um circo.

Outra área em que um líder pode ter enorme influência é no estabelecimento de uma forma mais eficiente de pensar o trabalho. Por exemplo, é mais fácil reservar um tempo para refletir, revisar e aprender – determinar estratégias de trabalho e de vida – quando vemos uma pessoa demonstrando que isso é possível, mesmo quando ela está atolada de trabalho. Aliás, sobretudo quando está atolada.

Já vimos indivíduos usarem o GTD e ter sucesso em equipes tanto com líderes ótimos quanto com líderes péssimos, mas, para uma equipe aproveitar todos os benefícios do método, é interessante que os líderes endossem os princípios do GTD.

A ideia de cultura que apresentamos no Capítulo 6, sobre padrões de trabalho, gira em torno de padrões e comportamentos bem definidos, o que a torna muito mais concreta e fácil de visualizar. Quando a cultura é visível, a liderança passa a ter mais força para mudá-la, por isso é importante que o líder – ou os líderes – da equipe exiba os comportamentos e padrões que deseja para o grupo.

Quando um líder presta atenção nos padrões da equipe – e na cultura que os sustenta –, ele oferece uma estrutura para os indivíduos avaliarem o próprio desempenho e começarem a cobrar a si mesmos e a seus colegas. Neste capítulo – e nos próximos –, apresentaremos algumas medidas simples que os líderes podem tomar para informar seu novo jeito de trabalhar e apoiar (e desafiar) as pessoas a cumprir os padrões acordados. Por exemplo, se toda reunião da qual o líder participa começa esclarecendo qual é o resultado desejado, a partir de então as próximas começarão nesse tom. Se o líder insiste em que todas as reuniões sejam encerradas com um resumo das próximas ações, a responsabilização começa a fazer parte da estrutura do dia a dia da equipe. Essa seria uma pequena vitória em termos táticos, porém, com o tempo, causaria enorme impacto cultural. Considerando que essas vitórias não custam praticamente nada às equipes, chega a ser negligência desperdiçá-las. Quando a equipe acerta os detalhes sobre os acordos que faz internamente, torna-se capaz de alcançar objetivos maiores.

Acreditamos que padrões claros são a base da cultura de alto desempenho. Não precisamos adorar nosso colega de trabalho para conseguir fazer um bom trabalho com ele. O mais importante é que exista um acordo sobre como devemos interagir um com o outro.

COMO INCENTIVAR A RESPONSABILIZAÇÃO E A RESPONSIVIDADE NA EQUIPE

O líder quase sempre é a maior ameaça aos esforços da equipe para mudar o método de trabalho. Não há nada mais prejudicial para um grupo do que sentir que há "um padrão para nós e outro para eles". Esse tipo de inconsistência acaba com a boa vontade das pessoas em qualquer situação.

Mas vigiar o cumprimento dos comportamentos acordados pela equipe é um erro. Talvez você precise determinar os padrões que eles vão seguir, porém eles só vão se manter ao longo do tempo se a equipe aceitá-los e adotá-los. Caso a equipe sinta que está obedecendo apenas aos padrões do líder, e não aos próprios, surgirá um clima de resistência e ressentimento que impedirá as melhorias de desempenho geradas pela adoção dos novos padrões. Só que o líder não pode ser o responsável por cobrar todos da equipe a cumprir o prometido. Isso levaria a uma dinâmica que não beneficia o líder nem permite que a equipe alcance todo o seu potencial. A missão do líder jardineiro é nutrir uma cultura em que se responsabilizar seja normal, quase um comportamento automático. Para isso, é preciso trabalhar em duas frentes: cobrar consistentemente as pessoas pelas promessas feitas e criar circunstâncias em que as pessoas possam cobrar umas às outras pelas promessas feitas entre si e para a equipe. Se o padrão é da equipe, os indivíduos não se sentem pressionados a reforçá-lo. O foco deixa de ser no indivíduo e passa a ser naquilo que a equipe concordou que seria melhor para o desempenho do grupo. No entanto, é preciso tomar cuidado para não implementar os padrões de uma maneira tão rígida que pareça um julgamento, mas sim como uma expressão objetiva das ideias da própria equipe sobre como tais padrões vão ajudá-los a trabalhar da melhor maneira possível.

Para isso, nossa arma não tão secreta é a captura. Um líder que não captura acordos assim que eles ocorrem está transformando a responsabilização da equipe em loteria. À medida que passamos a ter mais assuntos para resolver – e, para piorar, eles são mais complexos –, cresce nossa chance de perder nessa loteria.

O QUE ESPECIFICAMENTE PODEMOS FAZER COMO LÍDERES PARA ESTIMULAR A ADOÇÃO DE UMA CULTURA DE ALTO DESEMPENHO SAUDÁVEL EM NOSSA EQUIPE?

Muitas pessoas em cargos de liderança notam que já seguem boa parte das propostas dos livros anteriores sobre o GTD, pelo menos de alguma forma. Elas fizeram testes e encontraram uma forma eficiente de trabalhar e que lhes permitiu tentar organizar algo mais complexo que o próprio trabalho individual. Muitas dessas pessoas acreditam que os esquemas do GTD mostram como as práticas atuais delas se encaixam e formam um sistema coerente. Com isso, sentem-se aptas a reproduzi-los, levá-los para outras áreas, melhorar os processos e por fim acelerá-los.

Um líder não precisa ser faixa preta em todos os aspectos do GTD para ter sucesso naquilo que propomos neste livro, mas usar – e demonstrar – alguns deles com certeza ajudará. Como líder, você é quem mais exerce influência na cultura de trabalho, e as pessoas notarão e copiarão aquilo que virem você fazer.

Eis algumas coisas relativamente simples que você pode fazer para informar sua intenção sobre a nova forma de trabalhar e maximizar seu investimento ao oferecer o GTD à sua equipe, seja ela grande ou pequena:

- Tenha sempre à mão papel e caneta ou outras formas de capturar compromissos estabelecidos em cada reunião e deixe claro que você os capturou no momento em que foram assumidos.
- Proteja o tempo para pensar. Mais do que qualquer um na equipe, o líder precisa de tempo para raciocinar e tomar decisões. Se ele – o responsável por ser os olhos e ouvidos da equipe com a liderança sênior e o mundo exterior – passar o dia inteiro preso em reuniões táticas, não terá a menor chance de elaborar pensamentos críticos e refletir sobre o quadro geral, de modo a fazer a equipe trabalhar de forma mais estratégica. Para evitar uma agenda lotada de reuniões,

alguns líderes separam um momento do dia para pensar e tomar decisões sobre novos assuntos. Alguns executivos com quem trabalhamos criaram a regra de nunca marcar reuniões na primeira hora no escritório. Outros pedem que seus assistentes separem dois períodos de meia hora ao longo do dia para esclarecer seu trabalho, podendo remarcar o horário, mas nunca removê-lo. Na vida empresarial - em que é comum passarmos o dia em conferências, reuniões que vão da manhã à noite e emergências ocasionais -, há dias em que você simplesmente não tem tempo para pensar sobre coisas novas; porém esses intervalos de meia hora podem ser realocados no dia seguinte, de modo que você tenha tempo para se atualizar.

- Mantenha listas de Assuntos a Tratar e Aguardando Resposta completas e atualizadas para reuniões individuais com membros da equipe. Isso não só aumentará a eficácia dos encontros como também permitirá atualizações posteriores no intervalo entre as reuniões.
- Mantenha uma visão geral das atividades da equipe. Para isso, é preciso ter registros claros e completos dos compromissos e seus prazos. Sem apoio externo, o cérebro não consegue lidar com o volume de informações. Você não precisa de uma tela maior, um computador mais poderoso ou um software colaborativo mais eficiente. Basta manter listas atualizadas que possam ser consultadas quando necessário.
- Como uma extensão da ideia de Assuntos a Tratar, você pode criar uma lista de "questões da empresa" para todos os assuntos que quiser informar publicamente de maneira mais abrangente, ou várias listas de "reunião com cliente X" para ter onde organizar as ideias conforme elas ocorram, adiantando a preparação para esses encontros.
- Se você tiver um assistente, reserve de 5 a 15 minutos para repassar com ele os itens das suas listas de Assuntos a Tratar e Aguardando Resposta e também os itens das listas dele (o que talvez seja ainda mais importante). Ao abrir pequenos intervalos durante a semana para responder às perguntas do seu assistente, você deixa de ser um gargalo e o ajuda a ser mais eficiente.
- Determine um prazo máximo de 24 horas para responder a e-mails da equipe. Mesmo que seja um simples "Respondo em breve", mostre que você leva a sério a ideia de que as pessoas precisam ter controle

sobre a caixa de entrada. Duncan Watts e colegas conduziram uma análise abrangente sobre o tempo que líderes demoravam para responder a e-mails e a satisfação da equipe e concluíram que a resposta mais rápida de líderes era um fator preditivo de níveis mais elevados de satisfação da equipe.

- O mesmo estudo identificou que e-mails após o horário de trabalho estavam associados a uma satisfação menor com o equilíbrio entre vida e trabalho. Sejam lá quais forem os padrões da equipe, é preciso respeitá-los. Independentemente disso, é preciso pensar bem sobre quando entrar em contato. Mesmo quando um líder acha que é claro ao dizer que não espera que você responda no fim de semana ou à noite, a maioria das pessoas que recebem mensagens do chefe fora do horário de trabalho abre e as responde logo. Se você é chefe, trabalhe quando quiser, mas pense bem nos sinais culturais que transmite – e nos padrões implícitos que você expõe quando é visto trabalhando às duas da manhã com regularidade. Não há certo ou errado nesse quesito, mas essa é uma faca de dois gumes para sua imagem pessoal. Você pode ser admirado e ouvir elogios do tipo "Nossa, que dedicado" ou se tornar alvo de pena ou ressentimento, sendo visto como alguém que não consegue dar conta do trabalho sem varar a madrugada.
- Integre ideias e terminologias úteis do GTD nas discussões com a equipe. Por exemplo, aproveite os primeiros minutos de cada reunião para esclarecer qual é o resultado desejado e os últimos 10 minutos para deixar claro quem é responsável pelos projetos e/ou próximas ações. Após delegar tarefas, você pode informar as pessoas de que mantém uma lista Aguardando Resposta e um registro dos projetos delegados. Essa linguagem pode ser útil para mostrar que a forma de trabalhar mudou.
- Destaque regularmente quais são as prioridades atuais. Um gerente sênior, grande defensor do método GTD numa conhecida empresa de tecnologia, nos contou que, em suas reuniões semanais com a equipe, apresenta o mapa mental pessoal da sua situação no trabalho – sobretudo seus projetos e iniciativas – na tela para todos verem. Todos mesmo. Ele usa a oportunidade para atualizar a equipe sobre suas

prioridades. Entende que isso esclarece boa parte das tarefas importantes no momento e o motivo pelo qual ele toma determinadas decisões ao longo da semana. Com essas informações, seus subordinados têm muito mais facilidade para recalibrar as próprias prioridades e, com isso, lhe dar suporte.

- Faça uma revisão semanal. Muitos líderes reclamam que o nível de detalhamento técnico do trabalho de sua equipe não permite que eles pensem de forma estratégica sobre os esforços ou a energia dos colaboradores. Eles não acreditam quando explicamos como é simples ser estratégico. Basta reservarem uma hora por semana para revisar e atualizar seus painéis e ter uma visão geral do progresso em projetos. Ao fazer apenas isso, já usarão mais estratégia do que 95% dos líderes.
- Dê visibilidade à sua revisão semanal. É impossível obrigar as pessoas a fazer suas próprias revisões, mas já vimos clientes incentivarem a prática com uma sugestão do tipo: "Das duas às três da tarde de sexta-feira eu gostaria que todos dessem tempo uns aos outros para fazer uma revisão semanal. Se você não quiser, não precisa fazer isso nesse momento específico, mas não incomode os outros que desejam aproveitar a oportunidade." É essencial que você seja visto fazendo isso nesse horário (ou pode ser em outro horário, desde que tenha consistência quando estiver no escritório). O importante é fazer, pois assim você não só se manterá atualizado sobre as questões da equipe como também estimulará uma melhoria na responsividade do time.
- Quando as pessoas estiverem trabalhando no escritório, reserve espaços para elas poderem pensar e refletir, se possível, e incentive-as a usá-los. Alguns dos nossos clientes oferecem uma sala tranquila com mesas, para os colaboradores saírem do próprio espaço e fazerem a revisão semanal sem interrupções de colegas ou ligações. (Isso é especialmente importante em escritórios abertos).
- Proponha, negocie e adote padrões simples de interação da equipe. Detalhamos essas ações no capítulo sobre padrões de trabalho, mas isso é algo que vale a pena repetir aqui, já que o líder costuma ser o responsável por dar o pontapé inicial nessas ideias. Como exercício,

talvez isso exija mais tempo e energia do que a maioria das recomendações anteriores, mas sua recompensa também será maior.

Um assunto que não tratamos aqui, mas que é uma parte fundamental do papel do líder, é ajudar o time a determinar prioridades e gerir o volume de tarefas. A questão é tão importante que dedicamos o próximo capítulo inteiro a ela.

CAPÍTULO 12

Se você não tem um "não", o "sim" não significa nada

Talvez o título deste capítulo seja provocativo, mas, no nosso trabalho, a todo momento deparamos com pessoas atoladas em compromissos sem saber o que fazer para sair dessa situação. Ainda assim, sempre topam projetos novos, em vez de encararem o desconforto de dizer "não".

Assim como há um limite para quanto um indivíduo aguenta antes de explodir, o mesmo vale para uma equipe, quando ela encara o estresse de ter oportunidades demais. Novos clientes, produtos e mercados em potencial entoam um canto de sereia que leva ao excesso de compromissos, e a partir de certo ponto o time não consegue mais aguentar as tarefas incompletas e a falta de progresso.

Quando a água cobre a cabeça, mil fantasmas se tornam um.

– PROVÉRBIO PERSA

A maioria das equipes tenta ignorar o problema e, com isso, acaba se afogando num mar de trabalho. A ideia fantasiosa é de que "se nos dedicarmos só mais um pouco, daqui a um mês aquela luz no horizonte vai surgir no nosso calendário". Mas a cada dia que passa a luz apenas enfraquece, conforme novas urgências surgem. Quatro semanas depois, aquilo que antes parecia uma época de calmaria no calendário da equipe se transformou numa partida de Tetris em que as peças estão se amontoando descontroladamente.

Sabemos que um dos maiores desafios para a eficiência dos times é a falta de foco, e que o maior desafio para o foco é dizer "sim" para compromissos demais, nos obrigando a dividir a atenção e a energia entre muitos projetos. Nesse mar de respostas "sim", a equipe precisa criar ilhas de "não!" e priorizar o que de fato é importante. O objetivo deste capítulo é apenas um: ajudar sua equipe a dizer "não" de forma consistente, aumentando o impacto do "sim".

Já tratamos da importância do "não" em livros anteriores sobre o método GTD. Ao esclarecer as demandas que chegam, metade das suas opções é não tomar qualquer atitude. Mais adiante, quando for o momento de refletir e revisar, ficará claro em que itens de sua lista você deverá focar e quais não são mais relevantes. Apesar de o conceito ter sido bem explicado em livros anteriores, acreditamos que vale a pena nos aprofundarmos nele aqui. Acreditamos que a habilidade de dizer "não" é essencial para o alto desempenho saudável de uma equipe, e pouquíssimas dizem essa palavra com a frequência necessária.

Além da nobre arte de fazer as coisas acontecerem,
existe a nobre arte de não fazer as coisas. A sabedoria
da vida está em eliminar o que não é essencial.

– LIN YUTANG

É muito comum que as equipes mais atarefadas sejam as que fazem mais trabalhos desnecessários. Por exemplo, elas apresentam relatórios sobre coisas em que ninguém mais presta atenção, mas cujo processo não é questionado há anos. Um de nossos colegas relatou que uma colega de trabalho achava que metade das coisas que ela fazia não passava de superstições. "Ninguém sabe por que fazemos isso", dizia ela. "Mas ficamos com medo de não fazer nada e algo ruim acontecer." As consequências de não fazer o trabalho eram desconhecidas, mas todos tinham a certeza de que seriam graves. Sobretudo em empresas antigas, crostas de detalhes administrativos acabam espalhadas pelas engrenagens corporativas. Os processos não são mapeados e revisados ou não existe um processo simples para questionar por que as coisas são feitas.

POR QUE SEU TIME PRECISA DIZER "NÃO" COM MAIS FREQUÊNCIA

Para descobrir se uma equipe tem dificuldade em dizer "não", basta olhar para os calendários dela. Caso você não veja momentos para comer, dormir, se divertir ou mesmo ir ao banheiro, talvez o processo de trabalho esteja desequilibrado.

É muito fácil cometer esse erro, porque não enxergamos o custo de oportunidade de aceitarmos coisas demais. Até achamos que sabemos a que estamos dizendo "sim", mas, como ainda não sabemos quais serão nossas opções futuras, é impossível determinar ao que *não poderemos* dizer "sim" porque estaremos ocupados demais com compromissos já assumidos. E o pior: muitos dos projetos que topamos estão "grávidos" de outros projetos e subprojetos. O problema é que só descobrimos isso após começá-los. A única forma de evitar toda essa prole de subprojetos é dizer "não".

Seu problema não é com a gestão do tempo,
mas com a gestão do "sim".

– PAULA BOYLE

Outro ponto importante são os danos que causamos à nossa reputação quando atrasamos entregas – isso quando entregamos. Quando isso acontece, às vezes as pessoas nos procuram e vez ou outra até fazem reclamações diretas. No entanto, o mais comum é que reclamem com outra pessoa ou simplesmente parem de nos querer em seus projetos.

Outro custo que não conseguimos avaliar é a reatividade que nasce da falta de espaço para enxergar os padrões dos problemas que ressurgem a todo momento e, com isso, buscar soluções para a raiz da questão, em vez de apenas tratar os sintomas. No nosso trabalho, é raro encontrarmos equipes que protegem o tempo consistentemente para revisar *o que* foi feito e *como* foi feito (como o time funcionou durante a entrega). Sem esse tempo de revisão, na melhor das hipóteses a equipe acabará tendo dificuldade de melhorar seu desempenho; na pior, ficará empacada, repetindo os mesmos erros.

Como David já mencionou, você não precisa de *tempo* para encontrar essas soluções, mas de *espaço*. Não espaço físico, mas espaço entre pensamentos para conseguir imaginar algo novo. Ter uma ótima ideia não exige tempo, porém é praticamente impossível ter pensamentos novos e criativos quando a mente coletiva da equipe está sobrecarregada de compromissos.

Os impactos indiretos em outras partes da empresa também nunca são contabilizados, de forma que o excesso de compromissos e a falta de entregas se tornam pecados menores, e não os pecados mortais que de fato são. Fica parecendo que eles só afetam a pessoa ou equipe sobrecarregada, mas, como apontou nosso colega Bruce Faulkner, o buraco é bem mais embaixo. Na Crise Financeira de 2008, não foi apenas um banco que teve problemas por se comprometer em excesso. Cada banco tinha obrigações com várias outras instituições financeiras, e, quando um caía, muitos outros passavam a correr o mesmo risco. O mesmo vale para equipes. Quando uma equipe está sobrecarregada e começa a perder entregas pelas quais os outros estão esperando, os compromissos de muita gente na empresa também são afetados.

Faulkner estuda como a "teoria das filas" acontece em sistemas de trabalho do conhecimento – como, após determinado ponto, o fluxo de trabalho individual e coletivo deixa de *diminuir* com a chegada de mais demandas e *quebra* de vez. Caso você já tenha se perguntado por que todo mundo vive tão ocupado, a teoria das filas pode oferecer parte da resposta. Ela analisa por que e como sistemas de produção se sobrecarregam e param de funcionar com eficiência.

As filas – ou seja, lugares em que coisas esperam para ser processadas – estão por todo lugar no mundo real: na indústria, no comércio, até na cafeteria mais próxima da sua casa. Pense, por exemplo, numa estrada com quatro pistas. Quando uma é fechada para reparos, o trânsito engarrafa. Um cálculo lógico – porém falho – poderia prever que os carros levarão 25% mais de tempo para passar pelo gargalo. Se você já passou horas sentado num engarrafamento, sabe que, pela teoria das filas, o tempo necessário para sair dele pode aumentar de 2% a 300%.

Isso quando se trata de filas visíveis, porque, no trabalho do conhecimento, as filas são mais difíceis de identificar. Elas existem, mas não as enxergamos. Todo indivíduo tem a própria fila (de mensagens a responder, de reuniões a marcar ou comparecer, de relatórios a escrever, etc.), seja ele o secretário ou o presidente da empresa. Na melhor das hipóteses, a fila do trabalho sendo executado por uma equipe consta em alguma lista, porém o normal é que ela esteja escondida na caixa de entrada ou no cérebro das pessoas. Isso é péssimo.

E piora quando líderes tentam gerir os colaboradores usando uma ideia que é útil no setor industrial, mas muito nociva no trabalho do conhecimento. Em fábricas, a tarefa que precisa ser feita é clara, e o tempo necessário também. A frequência da entrega dessas tarefas também é clara, ou pelo menos previsível. Nessas circunstâncias, você pode tentar aumentar a utilização para 80% ou mais e ainda manter o sistema funcionando. No trabalho do conhecimento não é bem assim. A natureza das tarefas – e o tempo que elas exigem – varia, e a frequência da entrega também costuma ser imprevisível. Então, quando uma empresa determina a meta de ter 80% de horas faturáveis, isso significa que ela considera que todo mundo terá um aproveitamento de pelo menos 100%. E isso antes de as pessoas depararem com a tão previsível imprevisibilidade da vida.

É por isso que o trabalho se tornou essa correria louca. Se você for 100% aproveitado – e todos ao seu redor também –, a simples marcação de uma reunião com os colegas se tornará um martírio, com a troca de uma infinidade de mensagens (que pode levar dias e dias) que acaba resultando ou numa reunião para dali a seis semanas, ou talvez antes, mas num horário incomum, como seis da manhã. Como em geral há urgência na tomada de decisões, a segunda opção costuma ser a solução adotada. As pessoas que estão no limite mas dizem "sim" a novos projetos estão prestando um desserviço.

Por fim, quando a equipe fica sobrecarregada e começa a se confundir com os compromissos e perder prazos, o sofrimento de não entregar o prometido é apenas parte do preço. O amor-próprio e a sensação de eficiência também vão embora. Apesar de menos problemáticas, com o tempo é possível que essas questões acabem sendo as mais graves.

O problema básico está na falta de compreensão do que é uma carga de trabalho sustentável. A capacidade sustentável não é 100% – seja para indivíduos ou para equipes. Esse é um dos maiores equívocos do trabalho moderno. Ele costuma surgir quando alguém percebe que, numa situação extrema, as equipes conseguem se desdobrar para entregar mais do que a capacidade normal. Todos nós somos capazes de proezas sobre-humanas quando necessário, como a mãe que consegue levantar um carro para salvar o filho atropelado. O problema é que não conseguimos realizá-las todo santo dia sem sofrer consequências sérias na saúde física, mental e social, e em nossos projetos mais importantes. Mas uma priorização rigorosa oferece uma saída para esse problema, conforme ilustra a história a seguir.

DE ATRASADO E ACIMA DO ORÇAMENTO PARA UMA ENTREGA ADIANTADA

Era uma missão e tanto. Já se estimava que o projeto seria entregue com nove meses de atraso e a um custo muito acima do orçamento. Como diretor de projetos estratégicos de um importante banco inglês, Stuart Corrigan recebeu a tarefa de recolocar o projeto nos trilhos.

Após avaliar a situação, ele concluiu que o problema não era a qualidade das pessoas na equipe, e sim como elas usavam o tempo. Sua primeira ação foi pedir a todos que colocassem suas tarefas atuais no papel. Juntos, eles repassaram item por item das listas e cortaram tudo que não fazia o projeto andar para a frente. No fim, após algumas conversas difíceis, eles conseguiram eliminar 80% das listas originais e colocaram todo o resto no backlog.

Stuart notou que parte da equipe não ficou satisfeita com a mudança: "Alguns reclamaram, porém o que eles de fato diziam era: 'Tudo bem, entendo que você queira se concentrar no projeto, mas não quero passar o tempo todo fazendo só isso. Quero fazer as coisas de que gosto.' Mas é por isso que tantos times não alcançam o desempenho esperado. Eles passam tempo demais fazendo o que gostam em vez do que precisam fazer para manter o foco e entregar os projetos prioritários."

Mesmo insatisfeita com o processo, a equipe gostou dos resultados. Quando as pessoas se concentraram de verdade no projeto prioritário, acabaram por entregá-lo muito antes das expectativas. "Os resultados foram espetaculares. Ao garantir que as pessoas fizessem as coisas certas no momento certo, acabamos entregando o projeto um mês antes do prazo original." Com isso, a empresa economizou milhões.

"Além disso, quando fizemos uma pesquisa com os membros da equipe, vimos que sua motivação tinha apresentado um aumento médio de 30% a

40%. Quando perguntamos por que se sentiam mais motivados, eles disseram que tinham alcançado algo impossível naquele projeto, mas também que haviam ganhado clareza sobre o que estavam fazendo."

O mesmo processo teve impacto similar em outros projetos. "Ao podar a lista de tarefas e depois, com auxílio da tecnologia GTD, deixar claro para todos quais eram os principais elementos que desejávamos entregar, fizemos muito mais coisas do que achávamos possível. Algumas dessas coisas eram bem complexas. Quando deixamos de lado todo o trabalho não essencial, percebemos que somos suscetíveis a distrações no ambiente de trabalho, coisas que gostamos de fazer mas que não são importantes. Para manter o foco, é essencial adotar uma cultura do tipo 'Vamos tirar isto da lista'."

Se temos o poder de fazer, temos o poder de não fazer.

– ARISTÓTELES

O sucesso de Stuart não é único, mas é raro o suficiente para ilustrar a importância de manter a *perspectiva da equipe* em mente ao dizer "não" e com isso gerar o foco e o ímpeto necessários para completar projetos realmente importantes.

O PROBLEMA É GRANDE DEMAIS PARA TODO MUNDO RESOLVER POR CONTA PRÓPRIA

Vamos fazer uma metáfora rápida: acho que hoje não resta dúvida de que é muito fácil ficar obeso. Basta comer tudo que aparecer na frente, ir de carro para o trabalho, passar o dia inteiro sentado diante de um computador, voltar para casa de carro, assistir a um filme, dormir e repetir essa rotina todo dia. Em pouco tempo, você ganhará peso.

Não se trata de falta de força de vontade ou disciplina. Se 10% da população estivesse acima do peso, talvez fosse uma questão de falta de vontade individual. No entanto, mais da metade da população está acima do peso ou obesa, por isso precisamos começar a pensar em outros motivos. Não é que essas pessoas não consigam lidar com o problema, mas elas realmente estão travando uma luta difícil. Existe algum problema no sistema – o ambiente alimentar – em que elas vivem.

O mesmo vale para a sensação de sobrecarga no trabalho. Se 10% da sociedade se sentisse estressada ou sobrecarregada, provavelmente o problema seria individual. Mas quando a pesquisa Gallup que já mencionamos revelou que 79% dos trabalhadores entrevistados estão desmotivados – e outras pesquisas apontam que as pessoas se sentem sobrecarregadas ou sofrem risco de burnout –, a questão passa a ser sistêmica. Como sociedade, encaramos o estresse e o burnout como uma questão individual, mas a nosso ver eles são apenas peças do quebra-cabeça. As pessoas afetadas são apenas os canários na mina de carvão.

Mesmo que o problema fosse causado pela incapacidade individual de priorização, não adianta de nada responsabilizar a pessoa, pois está claro que a maioria é incapaz de dizer "não" para evitar a sobrecarga. Indivíduos são relativamente fracos diante das forças sociais e financeiras que enfrentam.

Hoje, temos o desafio de viver e trabalhar num mundo que não para, e passar o tempo todo conectados a esse mundo – algo que alguns fazem por necessidade, e outros, por vício – vai de encontro a todas as boas práticas que conhecemos sobre a mente humana. Ela precisa de descanso. A ciência cognitiva provou que o cérebro precisa de um "tempo de arquivamento" para digerir as complexidades do dia a dia, e o cérebro coletivo de uma equipe não é exceção à regra.

Sugerir ao indivíduo que ele só precisa trabalhar mais ou melhor pode ser uma orientação fatal – é como dizer "Aqui está a solução" sabendo por experiência que a maioria das pessoas não consegue implementá-la. E essa orientação de seguir fazendo cada vez mais é fácil de vender, tendo em vista que grande parte dos trabalhadores acredita naquilo que a profa. Lauren Berlant, escritora e crítica cultural da Universidade de Chicago, descreve como "otimismo cruel". Uma das versões mais conhecidas do otimismo cruel é a crença de que, se nos esforçarmos um pouco mais, realizaremos nossos desejos e seremos felizes. Só que mais esforço – e mais, e mais – na verdade acaba travando a felicidade. Aqui vale lembrar um velho lema sobre crescimento pessoal: é impossível conseguir o suficiente de algo que você não precisa ter.

Voltando à nossa metáfora, as pessoas que conseguem perder peso e o mantêm sabem que não existem saídas fáceis. Para ter sucesso, elas precisam aumentar a qualidade e reduzir a quantidade de comida ingerida. Para isso, desenvolvem estruturas que tornam mais fácil dizer "não" do que "sim" para junk food, ou eliminando a chance de ter que tomar essa decisão (por exemplo, removendo todos os alimentos não saudáveis da casa), ou facilitando dizer "não" a alimentos indesejados (por exemplo, participando de uma comunidade de pessoas que são mais saudáveis e preocupadas com a alimentação, tomando decisões melhores).

Dizer "não" para tarefas é parecido. É mais fácil lidar com a sobrecarga se as estruturas a seu redor mudam. Não é que o indivíduo seja completamente impotente, mas lidar com pelo menos parte desse problema ao lado da equipe facilita o processo para todos os envolvidos. Tanto indivíduos quanto grupos precisam dizer "não" com mais frequência, e é mais provável que isso aconteça quando há apoio da estrutura e dos processos do time.

A equipe que diz "não" para proteger o foco e evitar fazer várias coisas ao mesmo tempo cria espaço para os indivíduos realizarem seus trabalhos. Os indivíduos têm mais dificuldade para fazer trabalhos estratégicos importantes quando vivem dizendo "sim" para demandas urgentes. Um exemplo simples de como decisões de equipe podem ser úteis é quando um grupo concorda que é possível dizer "não" a e-mails (ou outros canais de comunicação) durante partes do dia, para que as pessoas consigam fazer trabalhos estratégicos. Do contrário, a troca constante de contextos acabará com a produtividade e a motivação do time, atrasando projetos importantes.

Quanto menos conseguimos recusar,
mais automatizados nos tornamos.

– GAVIN FLOOD

No Capítulo 9, explicamos outra forma de o time ajudar seus membros. Quando esclarecemos os papéis de cada indivíduo, estabelecemos interfaces claras entre seus papéis, e isso os torna aptos a dizer "não" a trabalhos que não sejam de sua alçada. Eles sabem que, se um trabalho não é sua responsabilidade, basta transferi-lo para o lugar certo ou pedir esclarecimentos a um superior.

A PODA DE PROJETOS DE EQUIPE

Qualquer jardineiro sabe que, para otimizar a saúde e a beleza das plantas, não é possível manter os brotos e galhos aleatórios que nascem naturalmente. Eles sugam a energia que deveria ser canalizada para outro ponto da planta, para que ela cresça bela e equilibrada. A arte de podar é tão importante para as atividades do time quanto para um jardim.

Podar a lista de projetos de equipe é sempre uma boa estratégia. Sempre que as coisas mudam dentro da empresa ou no ambiente ao redor dela, é inevitável que novos projetos apareçam, porém é raro que os projetos existentes sejam revistos, e isso leva a equipe a ficar sobrecarregada de tarefas que não consegue resolver. Lagos saudáveis têm uma entrada e uma saída de água, e compromissos precisam do mesmo sistema. Lagos que não contam com um escoamento rápido se transformam em pântanos - a água entra quando chove, mas não sai. A história desses corpos d'água não é animadora. Talvez o mais conhecido deles seja o mar Morto.

Sistemas saudáveis têm um fluxo equilibrado, não uma preponderância de entradas ou saídas. Para que esse equilíbrio se sustente, é preciso que o time complete seus projetos de forma consistente e faça a poda de outros compromissos com regularidade.

> Dizer "sim" para muitas coisas "legais" fará com que você fique soterrado de trabalho e se transforme num profissional medíocre, mesmo que tenha habilidades extraordinárias. No começo, para ganhar vantagem, você aprende a determinar prioridades; depois, para manter essa vantagem, precisa se defender das prioridades dos outros.
>
> – TIM FERRISS

COMO GERAR UM PODEROSO "NÃO" COLETIVO

Conforme mencionamos, as equipes mais ocupadas e frustradas costumam ser as que fazem mais trabalho que em nada colabora para a concretização de seu propósito e sua visão. Se você tem uma equipe cheia de pessoas que dizem "sim" para todas as demandas de stakeholders mas não contam com um inventário central – ou mesmo distribuído – daquilo que o time faz como um todo, fica impossível saber quantas tarefas o grupo está encarando. A única forma de escapar dessa furada é descobrir a real capacidade da equipe e quanto ela prometeu entregar.

> Não saber tudo que você precisa fazer é como ter um cartão de crédito do qual você não sabe o saldo nem o limite – fica bem mais fácil ser irresponsável.
>
> – DAVID ALLEN

A base da boa priorização é manter uma visão geral consistente de todos os compromissos atuais. Seja em um quadro-branco, em um quadro Kanban digital ou físico, ou numa planilha simples, é mais fácil determinar prioridades se a equipe tiver um único local para visualizar suas obrigações.

Quando tudo estiver visível, o grupo poderá debater a lista. Nesse momento, as perguntas que ele deve se fazer não são complicadas: onde estamos? Qual é a situação? Onde estão os desafios? Onde faltam recursos? Tendo em mente o objetivo da empresa, o que é importante, e o que não é prioridade? O que vamos deixar de lado, pelo menos por enquanto? De que podemos nos livrar de vez? Não basta perguntar apenas "O que nos levará ao nosso objetivo?". O questionamento precisa ser refinado: "O que nos levará mais rápido ao objetivo?" ou "Quais dessas possibilidades facilitarão mais a conclusão do trabalho e nos proporcionarão mais vantagens estratégicas?".

Nas revisões de equipe, o grupo precisa avaliar o quadro geral e verificar consistentemente se as promessas feitas continuam sendo viáveis.

A partir do momento em que todos estão a par de quem está fazendo o quê, as conversas podem se tornar desafiadoras. Começam a surgir perguntas do tipo "Por que você está fazendo isso se precisamos fazer aquilo?" (ou sua versão mais diplomática, "Qual é a relevância dos projetos em que você está trabalhando com relação aos nossos objetivos?"). A questão é que, quando as prioridades são decididas pelo coletivo, todos sabem o que cada um está fazendo e sabem como os trabalhos se relacionam com os resultados gerais.

Ao determinar as prioridades de forma coletiva, diminuímos a possibilidade de conflitos – reduzimos o desequilíbrio entre a pessoa A, que acha que *isso* é uma prioridade, e a pessoa B, que acha que *aquilo* é uma prioridade. Quando a equipe tem essas conversas em grupo, se torna muito mais apta do que qualquer indivíduo a dizer "não" e manter a decisão quando questionada. Como a decisão é conjunta, o indivíduo se sentirá mais resiliente do que se sentiria se tomasse a decisão sozinho.

Não estamos sugerindo que a equipe revise todos os projetos com *p* minúsculo de cada membro (embora isso também seja útil), e sim que revise todos os projetos com *P* maiúsculo. Não nos preocupamos com a tecnologia usada para isso, mas é preciso que o exercício seja feito com certa regularidade. É possível que a cada revisão o trabalho do time *diminua*, mas esse exercício serve para impedir a equipe de aceitar novos projetos quando não é possível e proporciona a clareza necessária para renegociar os prazos dos que já foram aceitos. Conforme já apontamos, é fundamental que, ao cogitar novos projetos, a equipe se questione: "Se aceitarmos essa tarefa, de que precisaremos abrir mão?"

O importante é que a poda consistente da lista de projetos passe a fazer parte da cultura da equipe, e não que seja apenas uma medida de emergência. Ao fazer esse exercício de forma consistente ao longo do tempo, a equipe desenvolverá a compreensão do que é uma capacidade saudável sustentável.

Ao determinar prioridades em equipe, muitas vezes é melhor usar abordagens diferentes das que sugerimos para indivíduos. Caso o grupo se reúna com frequência, qualquer processo minimamente transparente dará certo, contanto que envie itens da lista para a lista do Algum Dia/Talvez e priorize o restante, mas a seguir elencamos outras possibilidades.

ALGUNS MODELOS ÚTEIS PARA DETERMINAR PRIORIDADES EM EQUIPE

A "matriz Eisenhower"

Trata-se de um modelo de quatro blocos, com "Importância" em um eixo e "Urgência" no outro. A ideia é que se você posicionar todos os seus compromissos nos blocos classificados como "muita importância, pouca urgência" ou "pouca importância, muita urgência", por exemplo, determinará prioridades com mais eficiência. Embora seja necessário prestar atenção imediata nos tópicos posicionados no quadrante "muita importância, muita urgência", a melhor maneira de evitar incêndios é prestar mais atenção nos itens do quadrante "muita importância, pouca urgência". É resolvendo os itens dele que a equipe pode parar de apenas reagir aos trabalhos que recebe e começar ela a própria a determinar sua pauta.

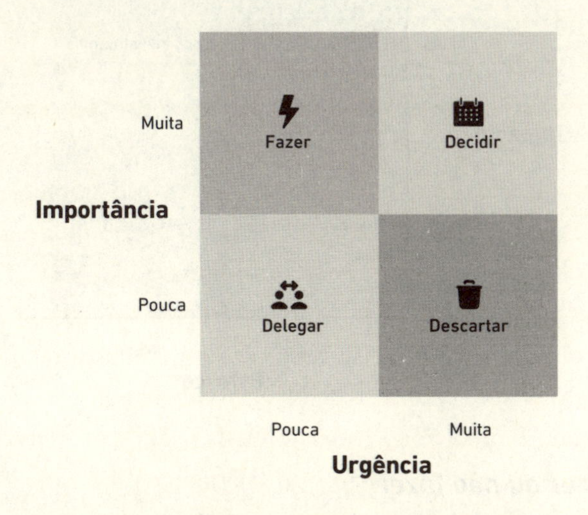

No dia a dia, esta forma de determinar prioridades funciona melhor na teoria do que na prática, mas tem seus méritos para planos de longo prazo. Quando a equipe reserva um momento uma vez por mês – ou por trimestre, por exemplo – para refletir sobre quais projetos merecem atenção e quais devem ser abandonados ou deixados de lado por ora, ela passa a concentrar a energia e a atenção onde é mais importante e alcança seu propósito e sua visão mais rápido.

Modelo: Impacto × Esforço

Trata-se de um modelo simples, porém eficiente, que identifica por onde começar em um novo projeto. Para saber qual é o ponto de partida ideal, basta alocar projetos, subprojetos e próximas ações numa matriz de dois por dois que tenha "Impacto" no eixo X e "Esforço" no eixo Y. Tarefas com "muito impacto" e "pouco esforço" são as "vitórias rápidas". Podem ser úteis para ganhar impulso e chamar atenção para a iniciativa. Elementos no quadrante "muito esforço" e "pouco impacto" podem ser importantes quando o projeto estiver bem adiantado, mas por ora devem ser alocados na categoria Algum Dia/Talvez.

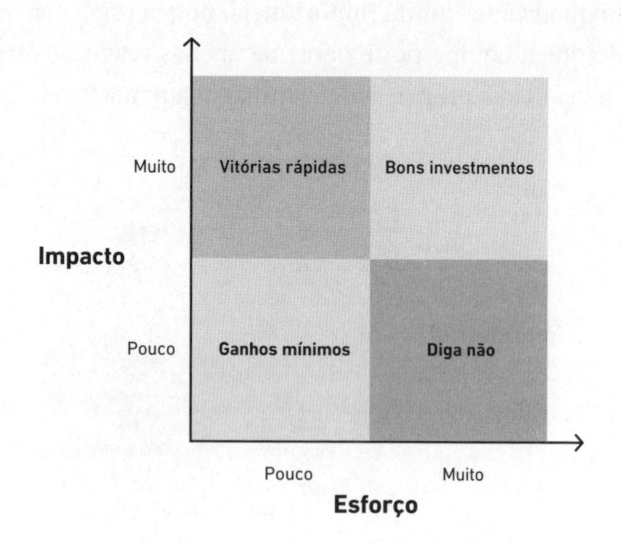

Modelo: Fazer ou não fazer

Este é um sistema ainda mais fácil de usar, empregado por um de nossos clientes numa multinacional de mídia para priorizar de forma simples e, com isso, levar a equipe a administrar seus esforços: concentre-se nisto, talvez foque nessa outra coisa mais tarde, abandone aquilo por completo. Usando apenas essas categorias, eles conseguiram cortar 25% dos projetos da lista do time numa só tacada.

Apoio da equipe para priorização individual

Parte do motivo pelo qual os indivíduos têm dificuldade para confiar nas próprias decisões sobre o que fazer é a ausência de prioridades claras determinadas pela liderança. Neste mundo em que impera o Novo Trabalho sem hierarquias, híbrido e não sincronizado, é ainda mais importante ter total clareza sobre as reais prioridades, porque hoje em dia as pessoas contam com menos estruturas e supervisão para ajudá-las a tomar decisões rápidas e sem planejamento.

Para tomar essas decisões é preciso ter clareza sobre as prioridades, e para isso é importante que o propósito, a visão e os objetivos sejam bem articulados e comunicados. Assim, como a equipe já decidiu em conjunto quais são seus compromissos, é como se esses elementos viessem de fábrica com vários "nãos" embutidos. Quando o time recebe um pedido que não deveria, simplesmente não aceita. Sem esses filtros, ele não tem clareza e acaba aceitando novas tarefas aleatórias.

Esses fatores não só precisam *ser* os critérios para a tomada de decisões, como também precisam ser *vistos* como os critérios para a tomada de decisões. Essa é outra área em que o líder exerce um impacto superdimensionado. Se ele não cita constantemente os horizontes mais elevados, talvez seja até melhor que a equipe não tenha propósito e visão. Em termos de motivação do grupo, esclarecer propósito e visão e depois ignorá-los é *pior* que não esclarecê-los para começo de conversa. O ideal é que alguém pergunte algo como "Isso nos aproxima ou nos afasta da nossa visão?" sempre que a equipe for tomar uma decisão importante. Quando o questionamento ocorre em ambientes públicos, as pessoas ficam mais propensas a torná-lo uma parte intuitiva do seu processo de priorização.

O essencial é fazer menos melhor.

– MARCO AURÉLIO

Outra forma de os líderes ajudarem seus comandados a dizer "não" ocorre durante conversas individuais. Bons líderes interferem quando veem que um membro da equipe está sobrecarregado, mas não precisam esperar que ele esteja realmente mal para ajudá-lo a repensar suas prioridades. Além de debater as prioridades das listas de projetos com os membros do time, os líderes podem observar a lista da pessoa como um todo e refletir se é realista esperar que um único ser humano faça aquilo tudo.

> O trabalho em si nem sempre é a parte mais difícil de um emprego e do sucesso – e sim as decisões, concessões e escolhas que precisam ser feitas.
>
> – BARBARA ABRAMS MINTZER

Tanto para o líder quanto para seu subordinado, esse é um dos momentos em que uma lista completa de Projetos mostra seu verdadeiro poder. Se um subordinado chega a uma reunião com o chefe e apenas diz que está se sentindo sobrecarregado, corre o risco de ser ignorado. É bem provável que o chefe se sinta da mesma forma, e, se o subordinado apenas comenta que está atolado, sem mostrar exatamente os motivos, pode até dificultar uma oferta de ajuda do chefe. No entanto, se ele aparece na reunião com a lista de 87 projetos que precisa completar, fica mais fácil debater o que pode ser adiado ou cortado. Sem essa clareza, fica quase impossível ter uma conversa eficaz.

Outra forma de o líder se mostrar essencial para o processo eficaz de determinação de prioridades é ao defender a equipe de novas demandas irrelevantes. Após elencar as prioridades, o ideal é que o líder autorize os membros da equipe a dizer "não" para pedidos vindos de fora. Mas isso costuma ir por água abaixo quando o líder entra numa reunião com colegas de mesmo nível hierárquico e diz "sim" sem antes checar se o time tem capacidade de assumir um novo projeto.

Se o grupo continuar dizendo "sim" para agradar colegas e superiores, toda a iniciativa de manter o foco nas prioridades irá por água abaixo. Na verdade, o saldo será negativo, porque a equipe se tornará cética *e* sobrecarregada. Sugerimos que o chefe nunca se comprometa com prazos antes de ter clareza total sobre a capacidade de sua equipe.

O grupo precisa começar a dizer "não" com frequência e mostrar a seus membros que, pelo menos em certos momentos, sua vida é controlável, sustentável e divertida. Do contrário, de que adianta implementar mais um software colaborativo, meditar ou fazer ioga? Tudo isso só serve para tapar o sol com a peneira. Não são iniciativas erradas em si, mas não vão solucionar nada. Na verdade, estão mais para um curativo. É como dizer "Continue soterrado de trabalho até adoecer e, quando isso acontecer, faça essas coisas para se recuperar". A solução real é focar – e proteger – nossa energia e nossa atenção.

CAPÍTULO 13

A delegação que funciona

Já se perguntou por que tantas equipes parecem trabalhar em constante estado de estresse, sempre se limitando a reagir à última urgência? No capítulo anterior, falamos sobre como algumas delas aceitam tarefas demais, porém outra possível culpada dessa situação é a delegação de trabalhos malfeita. Vejamos a situação a seguir.

Um gerente recebe um e-mail da diretoria solicitando uma apresentação para a reunião da equipe de liderança sênior no mês seguinte sobre um tema que faz parte do escopo da sua equipe. É uma entrega importante, mas não urgente no momento. O líder tem um sistema para esse tipo de demanda: deixa o e-mail marcado para cuidar dele depois e prioriza pedidos mais urgentes.

Ao longo dos dias seguintes, ele vê o e-mail marcado sempre que abre a caixa de entrada, mas nunca tem tempo de lidar com a demanda. Com o tempo, ele para de enxergá-lo, mesmo quando olha diretamente para o e-mail. Agora a demanda não passa de mais um e-mail marcado entre tantos outros, parte do papel de parede de uma vida corrida. Quando o e-mail sai da primeira tela de e-mails marcados e passa para a segunda, e depois para a terceira, acaba saindo de vista de verdade. Agora ele é apenas um frio na barriga quase imperceptível quando o líder analisa seu calendário para as próximas semanas. Parte dele não consegue se esquecer completamente do trabalho, mas isso não basta para fazê-lo entrar na lista de urgências do dia a dia.

Então, a desagradável surpresa: na semana antes da reunião o diretor reencaminha o e-mail original solicitando os materiais de leitura e visuais que serão usados na apresentação, para que os participantes se preparem. O deadline iminente gera uma onda de adrenalina, que finalmente proporciona ao gerente o foco para pensar com clareza na tarefa. "O que eu faço agora? Seria bom ter slides, mas não sou bom nisso. Quem pode criá-los?" E é assim que uma de suas subordinadas – que costuma lidar com o assunto da reunião – recebe um e-mail de três frases na noite de quinta-feira pedindo que faça os slides para a reunião da próxima terça. A colaboradora não tem tempo livre nesse ínterim, mas quer ajudar, então responde que cuidará disso. Como terá um monte de reuniões na sexta, não lhe resta alternativa senão fazer a tarefa durante o fim de semana. Na folga entre compromissos já marcados com parentes e amigos, ela faz os slides e os envia logo na manhã de segunda. Como o gerente não chegou a ter uma conversa esclarecedora sobre o que esperava dos slides, ela faz um trabalho razoável, mas nada muito longo e detalhado. O gerente não tem tempo de devolvê-lo para pedir alterações, então ele mesmo passa boa parte da tarde de segunda ajeitando os slides. O arquivo de apresentação é enviado no fim do dia para o diretor, sem o material de leitura pedido. Na reunião com a diretoria, ele consegue fazer uma apresentação razoável, mesmo que um pouco nervoso, virando para a tela toda vez que o slide muda para descobrir o que precisará explicar.

Resultado: uma relação fragilizada entre gerente e subordinada, outro aumento de estresse na equipe e mais um minúsculo baque na reputação do gerente com os stakeholders. Tudo isso poderia ter sido evitado se ele tivesse delegado o trabalho no momento certo e com explicações claras.

Assim como a liderança, a delegação é uma habilidade que raramente é ensinada e quase nunca recebe a atenção merecida quando novos líderes recebem suas primeiras responsabilidades como gestores de pessoas. Pressupõe-se que, se a pessoa tem assistente ou subordinados diretos, é porque sabe intuitivamente usar essa capacidade extra com eficiência. Só que isso quase nunca se concretiza, porque delegar muitas tarefas é uma habilidade nova.

Em *A arte de fazer acontecer*, delegar é uma parte essencial do controle do fluxo de trabalho pessoal, uma habilidade apontada como uma das três opções para lidar com trabalhos que exigem ação ao esclarecer o fluxo de trabalho diário.

O primeiro livro não se aprofunda nas mecânicas da delegação sob o ponto de vista do indivíduo, apenas sugere que a distribuição de tarefas seja controlada mediante uma lista de Aguardando Resposta ou de projetos delegados. Essa decisão não foi à toa. Para muitos dos nossos clientes, essa simples ideia preencheu o maior buraco em seu sistema: o de entregas que estavam esperando de terceiros. Quando o dono da lista começava a registrar esses itens em listas fora da cabeça, não só reduzia o próprio estresse como evitava causar interrupções no sistema ao buscar os trabalhos que havia delegado. Sem uma lista confiável para acompanhar os trabalhos e projetos, o responsável por delegá-los só recebia atualizações de status quando se lembrava deles, mas voltava a esquecê-los depois.

Seja como for, *A arte de fazer acontecer* não entra em detalhes sobre por que, como e o que delegar. Aqui, porém, o foco aqui passou a ser a equipe, e neste capítulo vamos nos aprofundar nas orientações do livro anterior sobre os princípios da delegação eficaz.

Fora a preguiça e a incompetência, o maior assassino de carreiras é a relutância – ou incapacidade – ao designar tarefas com eficiência à medida que o mundo recompensa seus sucessos lhe dando mais e mais responsabilidades. Se você souber delegar, aumentará seu alcance de forma quase exponencial. Se não souber, acabará soterrado, se preocupando com detalhes que o impedem de fazer o trabalho estratégico que multiplicará seu próprio impacto. Mesmo assim, é comum que nossos clientes tenham listas com itens que nitidamente já deveriam ter sido delegados a outras pessoas.

Existem muitos motivos que levam os líderes a ficarem sobrecarregados no trabalho. Um deles, claro, é o enorme volume de demandas que recebem, mas o problema oculto com frequência é uma resistência inconsciente à delegação. De certa forma, faz sentido. O raciocínio é: se outra pessoa pudesse ajudar, eles certamente aceitariam distribuir as tarefas. Só que mesmo aqueles com muitas possibilidades de delegar nem sempre as aproveitam. Nós dois já vimos pessoas nessa situação, mas que sentiam tanta necessidade de manter o controle de tudo que preferiam continuar sendo um gargalo. E, mesmo quando delegavam, em geral eles não refletiam sobre os resultados que desejavam alcançar e por isso não usavam os recursos à disposição de forma eficiente. Em outras palavras, ao não reservar alguns minutos no começo para esclarecer os próprios trabalhos, essas pessoas não tinham como capacitar seus assistentes e colaboradores a ajudá-las. E isso vale para assistentes de inteligência artificial ou humanos. Sem orientações claras, ou eles ficarão à toa porque o líder não lhes explica o trabalho ou farão das tripas coração para mostrar que são úteis.

As sementes do problema são plantadas no começo da carreira. Quando entramos no mercado de trabalho, outra pessoa toma decisões sobre o que precisa ser feito, e as tarefas são cumpridas por nós e nossos colegas. Somos julgados pela quantidade e pela qualidade das entregas, e qualquer esforço extra tem um impacto direto em quanto produzimos. Uma das maneiras de nos destacarmos é trabalhar mais do que as pessoas ao redor. Quando nos dedicamos entre 10% e 20% a mais que os outros, em geral isso fica visível nos resultados.

Quando esse esforço extra é recompensado com uma promoção – e uma equipe a ser liderada –, algo estranho acontece: em tese, nosso alcance se multiplica, mas nossa habilidade pessoal de afetar o resultado total da equipe cai drasticamente. Digamos que você lidere um grupo de nove pessoas. A soma dos esforços coletivos delas tem o potencial de ser nove vezes maior do que o seu esforço individual, porém a sua contribuição potencial como indivíduo para a entrega total de um time com 10 pessoas é bem menor. Se você aumenta em 10% seu ritmo de trabalho, em vez de gerar 10% mais entregas, seu impacto será de 1% nos resultados da equipe. E o irônico é que agora os resultados da equipe – não só os seus – são a nova medida da sua eficiência na empresa.

Esse foi um exemplo hipotético, e os cálculos não são exatos. Mas com esses números gerais é fácil entender que se trabalharmos o dobro – mais 100% – elevaremos em 10% as entregas da equipe.

Digamos que você não tenha acabado com a sua saúde e receba outra promoção. Agora, seu time é ainda maior – 99 pessoas para alcançar os objetivos do grupo. Em tese, a nova equipe multiplicou seu alcance. Só que, agora, se você estiver ansioso por causa da promoção e aumentar seu ritmo de trabalho em 20%, seu impacto extra na produtividade geral da equipe cairá para incríveis 0,2%. Levando em conta que o grupo dobraria a produtividade caso todos os membros fizessem apenas 1% mais do que já fazem, 0,2% é um retorno minúsculo por todo o seu trabalho extra.

Mesmo que você não queira ser promovido para um cargo mais importante, esperamos que esse exercício tenha deixado claro que não vale a pena se dedicar mais ao trabalho sempre que recebemos responsabilidades adicionais. Mesmo que o líder pare de dormir para trabalhar, esse esforço extra não é o fator mais importante para o desempenho total de um grande número de colaboradores. Mesmo assim, a todo momento deparamos com pessoas que acordam cada vez mais cedo, dormem cada vez mais tarde e trabalham nos fins de semana, em vez de refletir com mais cuidado sobre como delegar tarefas de maneira eficiente para tirar o máximo proveito da sua equipe.

A única maneira de obter os melhores resultados de uma equipe maior é abrir mão da suposta necessidade de permanecer superocupado e começar a usar o tempo para pensar de forma estratégica sobre o trabalho do grupo. Refletir sobre a melhor maneira de aproveitar os recursos da equipe é a essência do trabalho do conhecimento do líder.

Sabemos que falar é fácil, mas o fato é que vale mais a pena encontrar tempo para pensar e delegar tarefas de maneira estratégica do que mergulhar de cabeça no trabalho sem questionar nada.

A seguir listamos sugestões sobre o que se deve levar em conta para delegar da maneira certa:

- O que deve ser delegado.
- Como delegar (os mecanismos do acordo).
- Poder pessoal (qual é a sua credibilidade ao fazer o pedido).

O QUE DEVE SER DELEGADO

[ED] Em trabalhos de consultoria com executivos que não delegam o suficiente, uma das intervenções que acho mais interessantes para interromper esse padrão é uma frase que me ocorreu no começo da carreira, ao trabalhar com um líder sênior que estava sobrecarregado: "Faça apenas o que só você pode fazer."

Não é uma autorização para ser preguiçoso. Pelo contrário, é pedir que a pessoa se afaste das tarefas que gosta de fazer em prol das tarefas de equipe para as quais ela é mais capacitada. Líderes de todos os níveis costumam ser promovidos por serem bons no cargo anterior e em geral tendem a seguir fazendo a mesma coisa de antes. Eles mostraram que são bons naquilo – em geral, os melhores na empresa –, e foi por isso que receberam a promoção. Não só se sentem emocionalmente atraídos pelo que sabem fazer bem como podem se sentir desconfortáveis com as habilidades completamente novas necessárias para ir bem no novo cargo.

A ideia do "Faça apenas o que só você pode fazer" não é ser uma regra intransponível, e sim um filtro para tudo com que decidirmos nos comprometer. Se outra pessoa pode fazer algo, devemos passar o trabalho para ela, mesmo com a certeza de que ela não o fará tão bem quanto nós. Se você é promovido e passa a comandar uma equipe da qual fazia parte, é fundamental que a pessoa que herdou seus papéis os assuma de verdade. Ficar se apegando a detalhes do trabalho dela apenas a desmotivará e manterá você ocupado com coisas que não são mais o foco do seu tempo e da sua energia. Em grande parte, você se destacou por ter muita prática no trabalho, e a outra pessoa precisa dessa oportunidade – e das suas orientações – para se tornar tão boa quanto você. Seu trabalho não é mais continuar com aquilo que já conquistou, mas entender quem deve assumir a responsabilidade por essas tarefas agora, oferecer-lhe orientações claras e recursos adequados, guiá-la sobre o que deve ser feito e, vez ou outra, resolver pepinos quando ela errar.

A outra parte do novo papel de líder de equipe é se ocupar das coisas que os subordinados simplesmente não são capazes de fazer. Eles não podem consultar o chefe do chefe ou o chefe de um cliente, por exemplo. Precisam que você tenha disponibilidade para fazer essas coisas.

Nunca diga às pessoas como elas devem fazer as coisas. Diga o que você quer alcançar, e elas o surpreenderão com sua engenhosidade.

– GEORGE S. PATTON

Conforme detalhamos nos capítulos sobre propósito, visão, padrões de trabalho e liderança, entre as maiores responsabilidades de um líder estão:

- Comandar a criação do propósito, da visão e dos padrões de trabalho.

- Transmitir esses valores de modo consistente, usando-os como uma ferramenta para tomar decisões no dia a dia.
- Estabelecer e nutrir a cultura que a equipe decidiu adotar.
- Esclarecer o que precisa ser feito e delegar tarefas para as pessoas competentes.
- Coordenar e controlar quem faz o quê e em que prazo.
- Resolver conflitos e oferecer suporte às pessoas que fazem o trabalho.

Apenas o líder pode fazer essas coisas, e os itens dessa lista são um trabalho em tempo integral por si sós. Se o chefe não sabe delegar, a missão se torna impossível. É por isso que muitos de nossos clientes em cargos de liderança mudam a ordem das perguntas que David sugeriu em *A arte de fazer acontecer*, com o intuito de esclarecer o trabalho. Em vez de começarem questionando "Qual é a próxima ação?" antes de checar se podem delegá-la, eles perguntam "Eu *posso* delegar isso?". Se concluírem que sim, eles tentam delegar a maior parte possível das responsabilidades. Em vez de distribuir próximas ações, eles tentam distribuir projetos inteiros – às vezes até Áreas de Foco inteiras pelas quais eram responsáveis.

> **[DAVID]** Durante meus anos de consultoria no início da década de 1980, antes da era digital, passei inúmeras horas com executivos e gerentes, ensinando-lhes a Capturar e Esclarecer, naquilo que se tornaria o processo GTD. À medida que eles analisavam a infinidade de coisas que tinham por fazer, eu pedia que decidissem as próximas ações desejadas ou necessárias para cada item. Se não pudessem ser concluídas imediatamente (usando a Regra de Dois Minutos), eu perguntava "Isso pode ser delegado?", e não "Você *gostaria* de delegar isso?". Se a resposta fosse sim, eu entregava um formulário em papel, o qual eles preenchiam imediatamente e colocavam na bandeja de saída de documentos. Os assistentes deles eram instruídos a pegar as folhas e distribuir as tarefas de acordo com o que estava escrito. No segundo dia de trabalho com os executivos e gerentes, eu notava algo fenomenal: as bandejas recebiam respostas, refletindo um progresso imediato nos trabalhos delegados. Em geral eles ficavam fascinados ao ver o trabalho sendo bem-feito antes de se transformar numa emergência.

COMO DELEGAR

Assim como acontece com o fluxo de trabalho, o processo de delegação conta com uma sequência de passos necessários. Eles podem ser malfeitos, ignorados ou seguir as melhores práticas. Se você conhecer a sequência e usar mais as melhores práticas do que as piores, delegará de maneira mais eficaz e alcançará melhores resultados.

Aqui fazemos referência ao trabalho de Fernando Flores, que durante muitos anos se dedicou a descobrir como a fala, algo que fazemos todos os dias, pode ser usada de maneira mais consciente e precisa para aumentar a probabilidade de alcançarmos os resultados desejados trabalhando com outras pessoas. A aplicação mais prática de seu trabalho talvez seja na delegação.

Na prática, Flores fez pela delegação de trabalhos aquilo que David fez pelo fluxo de trabalho. Ambos identificaram os componentes de atividades em que não enxergamos com clareza o que está acontecendo, pois estamos mergulhados nelas. Ao esclarecer e ordenar os componentes – no fluxo de trabalho para o GTD e na delegação para o modelo de Flores –, os dois mostraram como alcançar resultados melhores e criar relações de trabalho mais eficientes.

Assim como ocorre na metodologia GTD, Flores não pensava na delegação de trabalhos como uma dinâmica iniciada sempre de cima para baixo. Um líder pode delegar algo para seu subordinado direto, mas o inverso também pode ocorrer. O líder costuma receber pedidos de seus comandados, e o ideal é que eles também sejam feitos com extrema clareza.

Para explicar todas as vantagens do trabalho de Flores, precisaríamos de mais tempo e atenção do que podemos oferecer aqui, mas a seguir resumimos algumas ideias bastante úteis. Para se aprofundar no assunto, comece com o livro *Conversations for Action and Collected Essays* (Conversas para a ação e uma coletânea de ensaios). A seguir, apresentamos um resumo de seus conceitos mais fáceis de aplicar:

Fase 1: Preparação – Reserve pelo menos alguns momentos para se preparar para a conversa com a pessoa a quem delegará tarefas. Reflita sobre o resultado desejado, o prazo de entrega e os recursos que ela pode acessar enquanto trabalha.

Fase 2: Negociação – A melhor prática é falar pessoalmente, não mandar um e-mail ou uma mensagem. Pense na delegação como uma conversa para negociar – ou "coprojetar" – o resultado. Essa dinâmica colaborativa permeia todo o processo. Por exemplo, enquanto a maioria das pessoas que recebe uma solicitação acredita que só pode dizer "sim", Flores identifica quatro outras opções. A primeira é clara – dizer "não" –, porém as outras são menos óbvias:

- Pedir mais informações ou esclarecimentos sobre a importância do projeto.
- Comprometer-se a responder depois, para verificar se é capaz de aceitar o projeto.
- Apresentar uma contraproposta, se achar que existe a possibilidade de alcançar um resultado melhor ou usar um método superior.

Caso o projeto seja mantido, vale estabelecer aquilo que Flores chama de "condições de satisfação" – uma lista de detalhes acordados entre as partes sobre o que representa uma entrega bem-sucedida, seu prazo, os recursos disponíveis para a pessoa que fará o trabalho e como ela informará seu progresso. O maior motivo de frustrações na delegação de tarefas que dão errado é a falta de um tempo mínimo necessário para esclarecer e alinhar esses pontos.

Fase 3: Entrega/Término – A pessoa que aceitou executar o projeto põe a mão na massa e informa seu progresso (caso isso tenha sido negociado). Se as circunstâncias mudarem de forma drástica e ela não conseguir fazer a entrega, deverá avisar imediatamente e oferecer uma alternativa. Da mesma maneira, se a pessoa que delegou o trabalho não precisar mais dele, deverá informar quanto antes. A delegação de trabalhos é uma parceria em que ambas as partes não só desejam concluir um trabalho com sucesso como também respeitam o tempo e a energia uma da outra. Ao encerrar o trabalho, a pessoa encarregada informará no dia combinado da entrega – ou antes dele, caso consiga se adiantar.

Fase 4: Satisfação (ou não) – Após analisar o que foi entregue, a pessoa que delegou o trabalho pode gostar ou não do que recebeu: caso goste, todo mundo fica feliz; caso não goste, pode solicitar alterações. De toda maneira, quem delegou o trabalho deve agradecer a quem o executou.

Os elementos descritos podem variar conforme cada delegação, independentemente da sua importância, e nem sempre são reconhecidos ou usados. Mas saber que eles existem – e saber a sequência em que ocorrem – nos oferece mais possibilidades e aumenta nossa chance de alcançar bons resultados. Isso vale para quando você delega tarefas e para quando recebe tarefas. Ao delegar um trabalho, será mais fácil você conseguir o que deseja; ao receber, será mais fácil alcançar seu objetivo de primeira, em vez de precisar fazer várias tentativas para satisfazer a pessoa que delegou o trabalho.

Vejamos como o exemplo do começo do capítulo poderia ter sido diferente:

Solicitam ao gerente que ele faça uma apresentação para a diretoria. No dia seguinte, enquanto esvazia a caixa de entrada – e ciente dos compromissos que terá nas próximas semanas –, ele percebe que não dará conta de tudo. Então reflete sobre o que fazer e conclui que, embora seja uma apresentação importante, não precisa ser ele a fazê-la. Uma de suas subordinadas diretas tem feito um ótimo trabalho nessa área, e seria uma boa recompensa oferecer a ela esse contato direto com o alto escalão da empresa. Com algumas orientações, o projeto inteiro – incluindo a apresentação – pode ser designado a ela. Assim, na reunião entre os dois, o líder passa cinco minutos falando sobre a apresentação – que informações deseja transmitir, quais são suas expectativas em relação a tempo, formato e tom. A colaboradora, que também está cheia de trabalho, não diz sim de imediato – em vez disso, faz algumas perguntas para entender como o projeto se encaixa com as outras prioridades pelas quais ela é responsável. Após uma breve discussão, ela se compromete a dar uma resposta dentro de 24 horas. Na tarde seguinte, faz uma contraproposta: aceitará se puder pausar ou passar adiante outros projetos com prazos próximos ao da apresentação. Os dois chegam a um acordo sobre os elementos de uma boa apresentação, prazos para envio do material que será usado e quando a primeira versão do trabalho será entregue. Ao longo das semanas seguintes, o líder dedica um total de 25 minutos à revisão de esboços do material e mais meia hora fazendo um ensaio com a subordinada. Os slides e o material de leitura são enviados para os superiores com uma semana de antecedência, a colaboradora faz um ótimo trabalho na apresentação, e o gerente aproveita o tempo do encontro para observar as reações da diretoria sobre o que é dito e tomar notas sobre o desempenho da colaboradora para mencionar na próxima reunião individual.

Nesse exemplo, embora seja urgente, o trabalho exerce um impacto mínimo sobre a equipe, a relação entre gerente e subordinada provavelmente melhora, e tanto a qualidade da apresentação quanto a identidade da equipe ganham destaque. Claro que esse é o cenário ideal, mas ele é fácil de alcançar. É mais desafiador que dizer "sim" para tudo, porém provavelmente produzirá resultados mais satisfatórios.

[ED] Ao avaliar projetos fracassados – ou que geram mais frustração do que o normal para todos os envolvidos –, esse modelo simples facilita a revisão sistemática e costuma deixar claro que o problema surgiu porque os participantes erraram em algum passo da sequência ou a ignoraram por completo. Às vezes, o problema é o envolvimento de pessoas demais, levando à falta de alinhamento de expectativas e responsabilidades. Boa parte da confusão é causada pela pressa na fase de negociação, sem permitir que ela de fato aconteça. Pessoas com pressa costumam tentar cortar caminhos no processo e entregar o trabalho sem se esforçar para detalhar exatamente o que significaria sucesso e que recursos são necessários para alcançá-lo. Quase sempre que ocorre um fracasso retumbante houve alguém que em algum momento teve certeza de que a "negociação" poderia se resumir a encaminhar um e-mail curto enviado por um terceiro.

Uma das coisas que sugerimos que você sempre negocie é o prazo da entrega. Embora pareça contraintuitivo, com um deadline claro você tem mais espaço para a fazer o trabalho do que se a data for deixada em aberto ou for simplesmente para "assim que possível". À primeira vista pode parecer que um prazo flexível empodera o colaborador, mas a verdade é que, no fundo, ele acaba sendo mais pressionado. Se o líder não especifica a data de entrega, podem surgir dois efeitos igualmente negativos: os colaboradores concluem que o trabalho é mais urgente do que realmente é; ou não é tão importante quanto outros, por isso dedicam a ele menos atenção do que a necessária. Essa falta de clareza é resultado de uma delegação preguiçosa, e, quando os trabalhos começam a se amontoar sem prazos específicos, o time passa a ter dificuldade para determinar quais são suas prioridades.

PODER PESSOAL

É fundamental entender a importância de delegar trabalhos e como fazer isso da forma correta, mas vale apontar que há outro elemento importante nessa questão. Outros fatores – como o contato visual, o tom de voz e a capacidade de tolerar o desconforto de delegar o trabalho a outra pessoa e de lidar com os próprios compromissos – exercem um papel importante na forma como nossos pedidos são encarados pelas pessoas a quem delegamos os trabalhos. Embora não seja o foco deste livro, nosso comportamento ao delegar trabalhos e acompanhar sua execução afeta drasticamente a chance de sucesso. Para saber mais sobre esse assunto, os trabalhos do Dr. Richard Strozzi-Heckler sobre liderança e corpo são um bom ponto de partida.

Adoro pequenos sucessos. Grandes fracassos não levam a nada; pequenos sucessos podem levar a sucessos não tão pequenos assim.

– ARNOLD BENNETT

Aprender a delegar do jeito certo é uma habilidade essencial para evitar desentendimentos e decepções em uma equipe. Porém sua maior diferença está no fato de que ela nos proporciona a liberdade de observar o contexto mais amplo em que o time trabalha. Pelo bem do grupo, alguém precisa estar em destaque, atento e buscando padrões sobre o que acontece na empresa. A equipe está ocupada cumprindo sua missão e precisa que alguém vigie esse horizonte, identificando oportunidades e riscos, e mantendo relacionamentos importantes antes de eles se tornarem aparentes. É uma tarefa que pode parecer desconfortável; talvez nem pareça “trabalho”, pelo menos não no sentido do trabalho realizado no começo de uma carreira, mas é uma atividade essencial, que, se ignorada, pode derrubar a eficiência da equipe e aumentar a probabilidade de erros táticos. Muitas vezes, o líder deixa de fazer essas tarefas mais estratégicas que só ele é capaz de executar, pois está apegado demais a detalhes que outra pessoa poderia e deveria estar resolvendo. Para a equipe alcançar o sucesso, esses detalhes precisam ser delegados.

CAPÍTULO 14

E agora?

Na Introdução, sugerimos que este livro fosse visto como um cardápio, em que alguns pratos lhe agradam mais que outros. Boa parte do que escrevemos se aplica a situações mais complexas típicas de times. É possível que alguns leitores tenham desistido ao longo do caminho por achar que não estavam nesse nível de trabalho, mas a verdade é que os princípios e as melhores práticas aqui apresentados se aplicam a qualquer grupo, até a reuniões e eventos informais – reunião de pais e mestres, passeios em família ou a associação de moradores do bairro. Nosso editor disse que a primeira versão do livro estava "enxuta" (de um jeito bom). E de fato está, no sentido de que qualquer frase, em qualquer página deste livro, pode ser útil. Caso você esteja envolvido num processo de fazer as coisas acontecerem com outras pessoas, seja em que estrutura for, e escolher um parágrafo aleatório, é bem possível que encontre algo aplicável à sua vida, seja aprendendo as melhores práticas ou aprimorando as que já segue.

O ideal é que você tenha tranquilidade para escolher por onde começar e a ordem em que prefere ler o livro. Ao longo dos capítulos, sugerimos passos que você pode dar, mas, se você chegou até aqui, provavelmente já tem algumas ideias importantes – ou pelo menos interessantes – para colocar em prática.

O ideal é não comer tudo que está no cardápio de primeira. Escolha o que parecer mais relevante para sua equipe no momento, faça experimentos, então volte em busca de mais quando os conceitos anteriores estiverem bem instaurados. Este é um livro que vale uma releitura, assim como milhares de pessoas fizeram com *A arte de fazer acontecer*.

Não recomendamos que você termine de ler este livro e simplesmente o risque da sua lista de leitura. Há quem diga que conhecimento é poder, mas aquilo que alguns chamam de conhecimento pode se tornar uma grande barreira para o aprendizado real. Como professores e coaches, a todo momento nós dois deparamos com alunos que se veem diante de novas oportunidades de aprendizado e têm uma postura do tipo "Isso não é novidade, já sei de tudo". A impressão é de que essas pessoas se decepcionam porque não estão diante de um brinquedo novo para seu córtex frontal. A verdade é que, se nós fizemos bem o nosso trabalho, você terá reconhecido boa parte do que leu aqui. E isso porque você deparou com essas questões ao longo da sua vida, o que significa que capturamos bem os princípios do trabalho em equipe.

É fazendo que aprendemos aquilo que deveríamos aprender antes de fazer.

– ARISTÓTELES

Então, é possível que você "conheça" o conteúdo deste livro. Que bom. Esse é o primeiro passo. Em geral, quando as pessoas dizem que já sabem algo, na verdade querem dizer que sabem da *existência* do assunto em questão. Só que isso é radicalmente diferente de saber usar o conhecimento com eficácia. O conhecimento real (ou o aprendizado real) é a capacidade de usar aquilo que sabemos com consistência, mesmo em circunstâncias diferentes e adversas. O simples conhecimento é alcançado com a leitura de livros ou artigos; o conhecimento real, apenas com a prática, até o "aprendizado mental" ser usado com consistência no mundo real.

Pense, por exemplo, num professor de anatomia e fisiologia que sabe absolutamente tudo sobre o desenvolvimento da musculatura no corpo humano, mas não pratica exercícios físicos. Embora tenha grande conhecimento teórico, ele não o utiliza para manter a própria saúde. Entender como os músculos se desenvolvem é ótimo, mas, numa partida de futebol, é melhor torcer para o time que treina todo dia do que para o time de especialistas em anatomia e fisiologia. Da mesma forma, é importante saber o que podemos fazer com e por nossa equipe, mas se não aplicarmos esse conhecimento teremos um desempenho medíocre. Em termos de benefício pelo tempo investido, talvez seja até melhor não ter ideia do que fazer, porque, quando sabemos e não fazemos, nos martirizamos. Os verdadeiros benefícios surgem apenas quando trabalhamos no mundo real.

As sugestões que apresentamos não são complicadas, e não necessariamente precisamos fazer transformações radicais para alcançar ótimos resultados: pequenas mudanças, concretizadas ao longo do tempo, podem levar a uma melhoria drástica nos seus resultados.

Também é importante que você reflita sobre seus objetivos no trabalho em equipe. Em outras palavras, que problema você está tentando solucionar coletivamente? Qual é o estado final desejado que você visualiza para a equipe? O que você quer gerar dentro dela? Mais organização? Mais confiança? Mais agilidade? Menos desperdício? Mais clareza de papéis? Melhor comunicação? Melhor gestão do conhecimento, de forma que as informações necessárias sejam encontradas mais rápido por qualquer membro do time?

Tudo isso é importante saber. Todos os desafios listados podem ser resolvidos, mas não ao mesmo tempo. É preciso priorizar (para isso, leia o Capítulo 12, sobre dizer "não").

Tudo isso se torna mais fácil quando a equipe central é comprometida a fazer avanços. Se você ainda não trabalha com pessoas assim, talvez seu primeiro projeto possa ser este.

POR FIM...

Nós dois estamos em êxtase por termos criado um manual tão solicitado e necessário em tantos setores fundamentais do nosso mundo. E ficaremos exultantes se você trilhar esse caminho conosco, utilizando qualquer conteúdo deste livro para melhorar as condições ao seu redor. Talvez você tenha se sentido assoberbado com o volume de detalhes sobre o trabalho em equipe, mas foi com a melhor das intenções que compartilhamos tudo que já vimos e aprendemos de bom e ruim sobre o tema ao longo da vida.

Estamos todos juntos nessa empreitada.

POR FIM

Agradecimentos

Gostaríamos de agradecer às inúmeras pessoas que treinamos, ensinamos e com quem nos conectamos neste trabalho ao longo dos anos. Elas nos ofereceram a experiência de aprender o que de fato funciona e faz sentido para melhorar nossas condições de vida. Obrigado também a todos que perguntaram sobre o tema deste livro e, ao ouvirem a resposta, disseram algo como "Ah, publiquem logo, por favor! Meu time precisa disso". É bom saber que o problema que nos propomos a resolver é importante.

Muitíssimo obrigado a todos os especialistas, líderes e membros de equipe que cederam seu tempo e sua experiência para tirar nossas dúvidas sobre o que funciona para equipes na vida real: Sebastian Luge, Bruce Faulkner, Simon Collins, Nick Chism, Sarah von Nordheim, Kerstin Wagner, Annamaria Dahlmann, Alexander Gisdakis, Clemens Dachs, Frode Odegard, Jan Arve Haugan, Marion Horstmann, Martin Murgas, Nicolas von Rosty, Randal Fulhart, Robert Peake, Stefan Graff-Lonnevig, Thomas Leubner, Max D'Huc, Craig Jennings, Matthias Reuter, Tobias Winkler, Stu Foster, Marx Acosta-Rubio, Robert Hendriksen, Pete Hamill, Andrew Ward, Kevin Wilde, Michael Stenberg, Scott Joslin, Spencer Hanlon, Aksel Van der Wal, Andreas Helget, Tim Sismey, Judy Goldberg, Konstantin Wiethaus, Jonas Langeteig, Stuart Corrigan, Lawton Harper, Andy Denne, Wilhelm Lange, Dan Haygeman, Morton Rovik, Paul Vahur, Peter Yaholkovsky, Eric Mack, Stefan Pista Godo, Peter Byrom, Viacheslav Sukhomlynov e Imran Rehman. Queremos fazer uma menção especial a Robert Peake e Moni Danner por suas contribuições para o apêndice sobre softwares colaborativos. Um obrigado especial para nosso incansável editor e grande amigo Rick Kot, da Penguin, por sua paciência, sagacidade editorial e incentivos; para nossa nova editora, Laura Tisdel, e a equipe de marketing e relações públicas da Penguin; e para nosso talentoso agente, Doe Coover, que lidou com a parte burocrática de colocar o GTD no papel em todos os formatos possíveis e apoiou e conduziu este livro desde a ideia inicial até a publicação.

[DAVID] Tenho muitas pessoas a quem agradecer, mas as principais são:

A Ed, grande amigo e colega de trabalho, que conduziu a organização geral deste livro e escreveu a maior parte do texto. Uma pessoa que me inspirou com sua dedicação aos métodos que descrevemos neste livro e sua capacidade de articulá-los.

E a Kathryn, minha companheira, pelas observações que fez durante o processo e por aturar minha ansiedade na tentativa de fazer este livro do jeito certo.

[ED] Este livro não existiria sem a ajuda do grupo incrível de pessoas que dedicaram tempo e energia a sua criação. Além de todos os que já citamos, também quero agradecer às seguintes pessoas:

A David, amigo, mentor e coautor, por estar aberto a reinterpretações de suas ideias originais e pela capacidade de desenvolvê-las a serviço do projeto. A Linda Roser, que ajudou a estruturar e proteger meu tempo, e, com rapidez e sagacidade, encontrou materiais de pesquisa quando necessário. A meu sócio Todd Brown e meus colegas na Next Action Associates, pela paciência no momento em que diminuí meu ritmo em outros projetos para me concentrar neste trabalho. A Sönke Ahrens, por seu livro *Como escrever boas notas* e por seu apoio e suas orientações sobre como estruturar grandes quantidades de informações e entrevistas que ameaçavam acabar com este projeto antes mesmo de ele ganhar forma. Aos monges da abadia de Worth, por nos oferecerem um lugar tranquilo para escrever nosso rascunho, e aos amigos pacientes, que me apoiaram quando, para permanecer focado neste projeto, eu dizia "não" a eles com mais frequência do que gostaria.

Por fim, à minha companheira, Paula, por tolerar longas ausências, aturar minha chatice quando eu estava em casa e as coisas pareciam empacadas, e por revisar e melhorar rascunhos ruins.

APÊNDICE 1

Afinal, o que é GTD?

Como citamos vários aspectos da metodologia *Getting Things Done* ao longo deste livro, talvez seja interessante conhecer seus princípios básicos. Não é preciso compreendê-los por completo, uma vez que o conteúdo dos capítulos anteriores é autoexplicativo, mas um certo entendimento sobre os ingredientes do GTD pode melhorar sua experiência de ler este livro.

O GTD EM RESUMO

Existem dois elementos essenciais para a produtividade sem estresse: controle e foco. Os dois são entrelaçados. Sem controle, perdemos o foco. Sem foco, perdemos o controle. No entanto, as práticas para alcançar o foco são diferentes das práticas para alcançar o controle.

A metodologia descreve as melhores práticas para termos clareza e confiança sobre aquilo que estamos fazendo – tanto individualmente (como descrito por David nos livros anteriores) quanto como equipe (que explicamos neste livro). Por mais simples que o conceito pareça, foram necessários vários livros para explicar todas as variáveis que devem ser levadas em conta para desenvolver confiança na maneira como você interage com o mundo.

Os três modelos poderosos do GTD que lidam com essa questão são os seguintes:

- Os cinco passos para manter o controle
- Os seis Horizontes de Foco
- O Modelo de Planejamento Natural

Essas práticas não exigem qualquer tecnologia para ser implementadas e podem ser usadas por qualquer um, em qualquer nível profissional ou pessoal. Embora exijam raciocínios e processos de tomada de decisão sofisticados, em geral elas não se fazem presentes de forma automática nas situações em que são necessárias. Elas podem e devem ser aprendidas e praticadas, em contextos apropriados, mesmo por seus usuários mais competentes (muitas vezes, eles são quem mais precisa praticar).

Essas técnicas não são difíceis de entender ou incorporar e representam princípios e práticas universais relacionados a questões que todo mundo enfrenta. Nesse sentido, elas são como a força da gravidade. Uma criança lida com a gravidade para quicar uma bola; um piloto de automobilismo faz o mesmo quando realiza curvas bruscas na pista. Não há situação em que algum desses modelos não seja aplicável para melhorar a eficácia.

OS CINCO PASSOS PARA ALCANÇAR O CONTROLE

Para deixar uma situação "sob controle" é necessário percorrer cinco etapas:

- Capturar
- Esclarecer
- Organizar
- Refletir
- Engajar

Elas valem para tudo: andar de bicicleta, pilotar uma lancha, preparar um grande jantar, gerir uma equipe, etc. Vamos ilustrá-las com o exemplo de uma situação hipotética fora de controle, porém muito comum:

Você receberá convidados para o jantar, mas só chega em casa no fim da tarde, e parece que um furacão passou pela sua cozinha.

Capturar

O primeiro passo essencial é identificar o que chama sua atenção na situação. Em 99% das ocasiões, isso significa que há algo "estranho", diferente ou que liga um alerta interno – algo saiu do esperado, não faz parte do esquema normal (ainda). Talvez isso seja causado por um erro; talvez, por um acontecimento inesperado – que pode ser bom ou ruim; ou talvez por algo que notamos e que exige nosso foco ou uma ação.

Imediatamente, você percebe que a cozinha está um caos. Quase tudo está errado, fora do lugar. Tem pratos sujos na pia, condimentos jogados na bancada e alguns produtos velhos na geladeira.

Esclarecer

Para aumentar o controle, é preciso tomar decisões sobre os elementos que chamaram sua atenção. Algo demanda ação? Se a resposta é não, é porque ela é desnecessária (lixo) ou é algo que pode servir de referência em algum momento ou usado como um lembrete? Se a resposta é sim, qual é a próxima ação? E se uma única ação não concluir o compromisso associado a ela, qual é o resultado desejado a longo prazo? Se a próxima ação puder ser executada em menos de dois minutos, deve ser feita imediatamente; caso contrário, é preciso esclarecer se ela deve ser delegada a outra pessoa.

Os pratos estão sujos. Os condimentos estão aqui. Estes alimentos estão estragados e esses outros ainda estão bons. Certo, vamos lidar com cada um desses elementos conforme necessário.

Organizar

Aquilo que foi esclarecido mas não pode ser concluído no momento precisa ser colocado em seu lugar correto. O lixo vai para o lixo; as referências vão para um local onde podem ser acessadas quando necessário; os lembretes de ações a serem executadas e de projetos a serem concluídos devem ser colocados em suas respectivas categorias em algum sistema externo.

Certo, os pratos sujos estão na lava-louça, os condimentos voltaram ao armário, a comida estragada foi para o lixo, e a comida boa voltou para a geladeira.

Refletir

Para determinar o que deve ser alvo de sua atenção e que ações devem ser executadas, faça uma revisão do inventário de opções que você organizou – e também de qualquer outro conteúdo relevante.

Que horas são? Cadê a receita do prato principal? Os utensílios e ingredientes estão à mão?

Engajar

Por fim, você executa a atividade.

Pegue a manteiga na geladeira e derreta-a.

É assim que você controla a cozinha. E também é assim que você controla uma equipe ou um projeto. Embora aconteçam de forma natural e provavelmente rápida na situação da cozinha, os cinco passos não mudam. A maioria das equipes e dos indivíduos pode melhorar muito a forma de capturar, esclarecer, organizar, refletir e engajar.

Numa situação mais complexa do que uma simples limpeza de cozinha, é necessário ter mais rigor e capacidade de externalização do processo. A maioria das pessoas – tanto individualmente quanto como líderes e participantes de equipes – tende a manter boa parte da gestão de si mesma e de grupos dentro da cabeça. O problema é que a cabeça é um péssimo escritório. Pesquisas sobre ciência cognitiva concluíram que o máximo de coisas que a mente consegue lembrar, priorizar e conectar é quatro. Qualquer número acima disso leva a resultados inferiores em todos os aspectos. Por exemplo, tiramos notas mais baixas nas provas e passamos a tomar decisões mais influenciados por informações recentes e enfáticas, e não pelo pensamento estratégico intuitivo.

Nós dedicamos literalmente milhares de horas à implementação desse modelo de cinco passos na vida das pessoas, afetando suas vidas pessoais e profissionais – tanto individualmente quanto em equipe. A seguir, explicamos como isso costuma acontecer.

Capturar – O primeiro passo essencial

Quando trabalhamos com indivíduos, primeiro nós os instruímos a reunir qualquer material físico que chame sua atenção – coisas que não estão no lugar certo ou que possam exigir uma tomada de decisão. Nós as colocamos na caixa de entrada, se couberem nela, ou escrevemos um bilhete para representar o item. Em geral, estamos falando de objetos sobre a mesa, dentro das gavetas, ao redor da mesa e espalhados pelo escritório que costumam formar uma pilha alta.

Então fazemos algo que chamamos de "varredura mental", para que o cliente literalmente esvazie a cabeça, anotando numa folha de papel tudo que chamou sua atenção – coisas bobas ou importantes, pessoais ou profissionais. Tudo, desde "Preciso de uma nova extensão em casa" até "Tenho que tomar uma decisão sobre uma oportunidade de fusão da minha empresa".

Esse processo de captura costuma durar de uma a seis horas, e os resultados dessa primeira parte costumam, por si sós, gerar consequências impressionantes para o indivíduo. Às vezes esse exercício é intimidador, à medida que o cliente se conscientiza de centenas de coisas que chamaram sua atenção. Por outro lado, o alívio gerado pelo ato de colocar todas as suas "coisas" num só lugar costuma ser extraordinário.

Ao aplicarmos este modelo em equipes, a etapa de captura se traduz em registrar tudo aquilo que chame atenção da equipe.

O resultado dessa etapa não é uma lista de tarefas para a equipe, embora possa parecer num primeiro momento. E, para o processo ser mais eficiente, o ideal é não priorizar nem organizar as decisões nesse momento, pois isso limitaria a liberdade de enxergar tudo com clareza. A captura ideal deve se limitar a reunir todas as "coisas".

Depois disso é natural que surja a pergunta: "O que fazer com isso tudo?" Ela nos leva ao próximo passo.

Esclarecer – Deixar claro o que cada coisa significa

Após a captura de tudo que exige análise, é hora de tomar decisões.

O ideal é que os itens da lista de elementos capturados sejam examinados um a um, do início ao fim. (Não vale pular!) O processo de reflexão é relativamente simples:

- O que é isso?
- Demanda alguma ação?
- Se a resposta for não, é lixo, material de referência ou algo a ser avaliado/revisado mais tarde?
- Se demanda alguma ação, qual é a próxima ação?
- Se há uma próxima ação, ela pode ser executada agora, em menos de dois minutos?
- Se a resposta é não, ela pode ser delegada?
- Se a resposta também for não, então há uma ação pendente a ser executada num momento mais apropriado.
- Se uma ação não conclui o compromisso, de que projeto ela faz parte?

Por mais direta e produtiva que essa fórmula pareça, uma das coisas mais surpreendentes que aprendemos ao longo dos anos é como ela é negligenciada para a maioria das coisas que chama a atenção das pessoas, e estamos falando de algumas das pessoas mais talentosas, inteligentes e ocupadas do planeta. Em geral, após dedicarem tempo à captura, os executivos a quem ensinamos esse método precisam de pelo menos dois dias de esclarecimentos para tomar as decisões certas sobre o significado de todo o conteúdo.

A equipe pode precisar de um prazo um pouco maior para pensar em tudo que identificou do que o usado para capturar. Ela deve fazer as mesmas perguntas, porém com o acréscimo de "Quem é responsável por isso?", em relação às ações e aos projetos identificados, e de "Onde isso se encaixa?", quando se tratar de referências ou de algo que a equipe precise revisar com frequência.

Em seguida, é natural que surja a necessidade de organizar o conteúdo resultante do esclarecimento.

Organizar – Colocar as coisas no lugar certo

Após capturados e esclarecidos, os elementos precisam ser organizados para manter a situação sob controle. Assim como, no exemplo da cozinha, os condimentos devem ser colocados no lugar certo, projetos identificados precisam de lembretes em uma lista de projetos, itens relativos a ações precisam ser colocados nos contextos corretos, materiais de referência e informações precisam estar em locais de fácil acesso, etc.

É aqui que entra em jogo uma infinidade de opções e ferramentas de organização. Para indivíduos, isso costuma significar listas localizadas nos lugares mais convenientes para acessar seu conteúdo quando necessário. No exemplo do jantar, basta usar um post-it para anotar os alimentos que estão faltando na geladeira e colar na porta, anotar numa folha de caderno ou registrar em qualquer um dos inúmeros aplicativos de organização pessoal.

Para algumas equipes, talvez o ideal seja usar um software de gestão de projetos poderoso. Para outras, basta um simples quadro Kanban com post-its. A questão é: onde você precisa deixar esse lembrete/conteúdo para que a pessoa certa possa consultá-lo sempre que necessário? Sinceramente, poucos indivíduos ou times implementam esse passo como deveriam, mas ele é necessário para a equipe alcançar a eficiência máxima.

O próximo passo lógico para manter o controle é garantir que o conteúdo relevante seja revisado e analisado de acordo com um sistema confiável, pelas pessoas certas, nos momentos certos, e atualizado conforme necessário.

Refletir – Manter uma visão geral dos seus compromissos

Essa parte do processo de controle pode acontecer – e com frequência acontece – em todo lugar, a qualquer momento, e é conduzida por qualquer membro da equipe. Em geral precisamos nos afastar da agitação e mudar de perspectiva para nos localizarmos e orientarmos nosso foco e nossas atividades da melhor maneira possível no tempo e no espaço. Uma forma de fazer essa reflexão é checar a agenda para ver onde e quando precisa estar e o que precisa fazer nos próximos dias.

Caso você ou sua equipe tenham capturado, esclarecido e organizado as informações, alguma versão da revisão desse conteúdo será importante para manter o esclarecimento e o foco. No exemplo da cozinha, você pode passar os olhos nos bilhetes autoadesivos colados na sua geladeira sempre que for ao mercado. No trabalho, pode revisar seus objetivos anuais antes da reunião trimestral com a diretoria.

A frequência dessas revisões depende da situação. Há momentos em que é preciso fazer uma rápida reunião diária com a equipe para que todos se mantenham atualizados. Nesse caso, um membro deve revisar os compromissos marcados para o dia seguinte, de modo a resolver tudo que for necessário antes da reunião. E certos elementos não precisam ser alvo de reflexão com tanta frequência para trazer a confiança de que tudo está nos eixos. Nesses casos, a revisão pode ser semanal, mensal, trimestral ou até anual. Mas a reflexão regular é um passo necessário para que a equipe mantenha a sensação de controle.

Conforme mencionamos no Capítulo 4, criar e usar o tempo de reflexão é uma das práticas mais importantes, porém mais ignoradas, para times e indivíduos.

Engajar – Tomar decisões confiáveis sobre o que fazer na sequência

Quando as quatro primeiras peças do quebra-cabeça se unem, a pessoa ou equipe se torna capaz de tomar decisões confiáveis sobre a que deve dedicar sua atenção e quais devem ser suas atividades. Quando uma soneca é a melhor coisa que eu posso fazer por mim? Quando é necessário marcar um happy hour com a equipe? Quando devemos nos concentrar totalmente em determinado projeto? E assim por diante.

É bem mais fácil nos divertirmos com nossos convidados para o jantar quando capturamos, esclarecemos, organizamos e refletimos sobre a realidade atual. O propósito de todo esse trabalho é conseguir tomar decisões intuitivas sobre o que fazer. Quando o mesmo processo é aplicado num ambiente de equipe, fica muito mais fácil controlar situações difíceis e complexas.

Então naturalmente surge a questão: como podemos priorizar nossas tarefas de forma confortável?

OS SEIS HORIZONTES DE FOCO

Conforme mencionado, precisamos de controle e foco para seguir no caminho certo. Além dos cinco passos que usamos para manter o controle, precisamos de pontos de referência para garantir que estamos controlando as "coisas certas".

> **[DAVID]** Quando comecei a estudar as práticas de produtividade pessoal nos anos 1980, notei que havia uma questão inevitável e óbvia associada a elas. Com tantas coisas a fazer, como determinar prioridades? Busquei a melhor maneira de responder a essa pergunta. Embora útil até certo ponto, a classificação simples por letras – "A, B, C" – não batia com a realidade. Por exemplo, nenhuma dessas letras englobava a atividade de assistir a TV para relaxar. Embora útil em certos contextos, a matriz de Eisenhower de importante/urgente vale mais para alguém que precisa pesquisar se sua filha deveria fazer aulas de caratê, por exemplo. E nenhuma das duas acompanhava o ritmo das mudanças na vida das pessoas, na medida em que cada nova mensagem que recebemos ao longo do dia pode gerar uma reclassificação das listas baseadas nesses modelos. Assim, simplifiquei a questão o máximo que pude. Ela exigia a percepção e a integração de vários níveis de acordos que fazemos com nós mesmos.

Temos muito mais para "fazer acontecer" do que consta em listas de tarefas simples. Nosso inventário de compromissos pessoais e profissionais pode ser dividido em vários níveis – cinco alturas e o térreo. Talvez você nem tenha consciência deles, mas o fato é que eles existem e determinam seu foco e suas prioridades.

Para ter certeza absoluta de que está seguindo suas prioridades tanto individualmente quanto como equipe, você deve garantir que suas ações estejam alinhadas com um ou mais desses níveis de acordos que firmamos com nós mesmos.

Esses compromissos podem ser agrupados, de cima para baixo, da seguinte forma:

- Horizonte 5 – Propósito e princípios
- Horizonte 4 – Visão

- Horizonte 3 – Objetivos
- Horizonte 2 – Áreas de foco e responsabilidades
- Horizonte 1 – Projetos
- Térreo – Próximas ações

Horizonte 5 – Propósito e princípios

O principal motivador de qualquer atividade, consciente ou não, é o grande "Por quê?", ou "Por qual motivo isso é importante?". Precisamos trocar um pneu furado porque queremos continuar dirigindo até o destino em segurança. Queremos testar e talvez lançar esse novo produto porque ele pode solucionar um problema importante para clientes e ter sucesso no mercado. Em geral, situações óbvias levam a respostas óbvias. Porém elas não são tão óbvias em situações mais sutis, em que precisamos acessar um "por quê" mais elevado para melhorar o pensamento criativo e a priorização. Para se aprofundar nesse tema, leia o Capítulo 5.

Horizonte 4 – Visão

Se alcançássemos o sucesso absoluto no nosso propósito, o que seria verdade? Quais seriam nossa carreira e nosso estilo de vida ideais? Profissionalmente, como queremos agir e ser vistos daqui a, digamos, cinco anos? Como o sucesso soaria, faria você se sentir ou se pareceria caso tudo desse certo com esse projeto/essa equipe?

Este é o nível seguinte, mais operacional, de pensamento e conteúdo a oferecer direção e foco. O propósito pode ser abrangente e geral, como "fazer o bem no mundo", mas a visão de como pôr isso em prática pode significar uma infinidade de coisas, desde "dar aulas para crianças em situações precárias" até "descobrir a cura para uma doença grave".

Horizonte 3 – Objetivos

Neste horizonte, o foco está em um nível ainda mais específico e operacional. O que precisa ser concluído nos próximos um a dois anos para concretizar a visão? Esse costuma ser o horizonte das sessões de planejamento, de orçamento e estratégicas que ocorrem todos os anos dentro da empresa.

Horizonte 2 – Áreas de foco e responsabilidades

Que elementos precisam se manter em determinados patamares ou padrões para podermos seguir em frente da maneira mais eficaz? Exemplos: nosso nível de instrução, nossa capacidade de lidar com tecnologias, nossas vendas e nosso lucro, nossos processos de trabalho. Não são coisas que completamos ou concluímos – são apenas os meios que precisam ser mantidos em boas condições.

Descrições de cargo e responsabilidades bem definidas se enquadram aqui. Numa equipe, isso se traduz como: *Quem é responsável por qual atividade importante da equipe?*

Horizonte 1 – Projetos

Conforme nos aproximamos do térreo em nossos compromissos, a questão passa a ser: *O que precisamos fazer nos próximos meses ou semanas para engajar da melhor forma possível em todos os outros horizontes? O que precisa ser resolvido, concluído, pesquisado, implementado?*

A maioria das pessoas tem entre 30 e 100 projetos, somando os âmbitos pessoal e profissional. Os times têm tantos quantos forem necessários para cumprir seu papel coletivo.

Térreo – Próximas ações

Operacionalmente, este é o nível de comprometimento mais detalhado. É aqui que "o bicho pega". O que precisa ser feito física e visivelmente *agora* sobre qualquer um dos horizontes anteriores? E quem é responsável? Muitas vezes essas perguntas são evitadas e ignoradas em reuniões e sessões de planejamento.

Para aplicar os Horizontes de Foco e o térreo a uma situação real, vamos voltar ao exemplo do jantar, começando por baixo:

Ações – Você vai receber as pessoas para o jantar pelo simples motivo de que seu companheiro marcou o compromisso.

Projetos – Você quer preparar um jantar gostoso para seus convidados.

Áreas de foco – Entre os convidados está um novo colega de trabalho com quem você quer desenvolver uma relação mais informal e positiva.

Objetivos – Você quer garantir que desenvolveu uma ótima equipe de trabalho para o próximo ano.

Visão – Você quer ser levado em consideração para um cargo muito importante porque tem um ótimo histórico na construção de equipes.

Propósito e princípios – Você quer usar seu trabalho para fazer a diferença no mundo, gerando um estilo de vida que resulte em fartura e saúde para si e para sua família.

Manter a clareza sobre qualquer um desses pontos pode ser suficiente para você se manter presente e produtivo naquilo que está fazendo. Ao mesmo tempo, porém, qualquer uma das perspectivas de horizontes mais elevados pode acrescentar grande criatividade e valor ao seu foco e às suas prioridades, mesmo no nível das ações. O mesmo vale para equipes.

A verdade é que poucos indivíduos ou equipes fazem o inventário completo de todos esses horizontes e o mantêm atualizado, e, mesmo se fizessem, provavelmente ele mudaria – sobretudo nos níveis inferiores e mais operacionais. Na hora da priorização, você precisará revisitar – e talvez atualizar – um ou mais desses horizontes, para então integrá-los ao processo de tomada de decisão.

FOCO SITUACIONAL – O MODELO DE PLANEJAMENTO NATURAL

O terceiro modelo essencial para o GTD é uma prática que objetiva manter situações ou projetos sob controle, recebendo o foco apropriado. Se, por um lado, os Horizontes de Foco são descritores atuais e realistas, porém estáticos, das perspectivas em diferentes altitudes, úteis na apresentação do contexto geral com foco na priorização, por outro, o Modelo de Planejamento Natural é focado em criar conteúdo para alcançar a produtividade otimizada nas realidades do momento. É como o modelo de horizontes, porém mais centrado em atividades intencionais.

[DAVID] Outra pergunta comum no início do meu trabalho de consultoria era: qual é a melhor maneira de planejar alguma coisa? Procurei em todos os cantos por algum modelo ou treinamento que respondesse a essa questão, mas não encontrei nada universal o suficiente para meu propósito e interesse. Até perguntei a algumas pessoas que trabalhavam com treinamento e desenvolvimento corporativo se elas conheciam algum bom treinamento de gestão de projetos. Nada. Certas empresas chegaram ao ponto de criar os próprios treinamentos internos de gestão de projetos, com foco específico em temas de seu interesse, mas não encontrei nada que pudesse ser aplicado a qualquer situação.

Então, certo dia, eu estava refletindo sobre planejamento e me dei conta de que todos nós fazemos planos o tempo todo. Nós planejamos como nos vestir, como preparar o almoço, como falar com um amigo ou vizinho, e até como sair do quarto. Temos um propósito para executar o ato, temos uma imagem de como ele acontecerá, refletimos sobre tudo que precisa ser considerado, então nos organizamos e vamos em frente. Fazemos isso com naturalidade. É o nosso Modelo de Planejamento Natural.

Esse modelo poderia ser materializado e usado universalmente? Com certeza. Identifique o propósito, os princípios e o resultado (visão); faça um brainstorm de informações e perspectivas potencialmente relevantes; organize os pensamentos e o foco; e decida quais serão as próximas ações (e as execute).

Nós dois usamos esse modelo simples como um guia para discussões individuais e coletivas, e para a tomada de decisões, com resultados surpreendentemente bons em todos os casos. O que torna esse modelo incrível são sua simplicidade e sua flexibilidade – ele serve tanto para iniciativas colossais quanto para projetos simples, nos âmbitos pessoal e profissional.

O Capítulo 10 apresenta mais detalhes sobre como usar esse modelo.

APÊNDICE 2

Uma abordagem atemporal sobre o uso de softwares colaborativos

Os softwares colaborativos para equipes (também chamados de groupwares) têm sido uma das maiores tendências da TI nos últimos anos, à medida que as empresas se esforçam para facilitar o trabalho em equipe, ter uma gestão mais eficiente do conhecimento e gerar mais produtividade do que era possível com as antigas ferramentas de foco individual.

Neste apêndice, queremos apresentar uma maneira de lidar com a incrível quantidade de recursos e papéis que acompanham os muitos softwares colaborativos disponíveis no mercado e mostrar como grupos podem usá-los para aumentar a produtividade individual e do time. Incluímos esse material como apêndice, e não na parte principal do livro, porque nem todos os leitores têm acesso a softwares colaborativos nem precisam usá-los, ao passo que outros já trabalham com configurações organizadas, funcionais e fáceis de usar. Para esses dois grupos, os detalhes a seguir são opcionais. Além disso, como a vanguarda desse tipo de software avança a cada dia, é possível que novas opções surjam a qualquer momento e tornem este apêndice desatualizado.

Também quisemos separar essas ideias da parte principal do livro porque, em grande medida, nos baseamos no conhecimento e no raciocínio de Robert Peake e Monika Danner, e nos pareceu mais correto destacar as colaborações dos dois.

Softwares colaborativos podem causar um grande impacto nas equipes e nos indivíduos que as integram. O impacto pode ser positivo, negativo ou ambíguo, dependendo de como a ferramenta é usada, e não devido à natureza dela.

> Se até um leigo compreende nosso ambiente de trabalho com facilidade, fica mais fácil coletar a sabedoria de todos.
>
> – KIYOSHI SUZAKI

Muitos aplicativos foram criados com o propósito de oferecer um foco digital coordenado a uma equipe ou grupo. No começo, muitos só pretendiam oferecer um sistema de referências compartilhado, porém hoje muitas dessas ferramentas oferecem formas de gerenciar projetos e ações do time, além de várias formas de comunicação. Sabemos que algumas equipes – sobretudo em empresas de tecnologia com fluxos de trabalho bem definidos – fazem ótimo uso de parte dessas ferramentas, porém, em geral, as taxas de sucesso são baixas mesmo nas condições ideais. No mundo mais ambíguo do trabalho do conhecimento, em que projetos e processos são menos definidos (exemplos: organizar a festa anual do escritório, encontrar o melhor consultor de redes sociais disponível no mercado, otimizar a governança da diretoria, etc.), os resultados e as atividades não se encaixam tão bem nas classificações disponíveis oferecidas pelos softwares colaborativos.

Apesar de terem recebido grandes investimentos, essas ferramentas não deram certo para a maioria das equipes a que foram oferecidas. Pelo menos em parte devido à falta de orientações claras sobre como usá-las, muitos sentem que acabam trabalhando para o software colaborativo, e não o contrário. Tendo em vista que essas ferramentas acabaram se tornando acréscimos a uma lista já infinita de canais de comunicação, muitas pessoas e organizações apenas transferem sua dificuldade em lidar com e-mails para essas novas plataformas. O impacto geral delas pode minar seriamente a clareza necessária para se administrar com eficácia os compromissos individuais e coletivos.

O simples ato de criar mais locais de armazenamento de informações, por exemplo, não as torna mais fáceis de encontrar. Da mesma forma, por si só, o ato de armazenar dados relacionados a projetos importantes em locais melhores não cria objetivos claros nem esclarece quem é o responsável por cada um deles. Para a equipe conseguir trabalhar em colaboração com eficácia em um projeto, não basta manter o material de suporte atualizado e fácil de acessar – é preciso definir bem quais resultados devem ser alcançados e ter fácil acesso ao status atual do projeto. Para não passar a eternidade buscando as informações de que precisamos nos tópicos de discussão e nos quadros de digitais, é preciso fazer a distinção entre três elementos. São eles: *onde estamos agora*, *para onde estamos indo* e *de que informações precisaremos ao longo do caminho*.

Então, não é que falte algum recurso específico. O time vai decidir como é seu fluxo de trabalho e como a ferramenta pode ajudá-lo. O que falta são protocolos bem definidos sobre os níveis de detalhamento que devem constar no groupware, além das políticas sobre delegação de trabalhos, frequência de atualização, etc. As ferramentas também podem causar trabalho dobrado: projetos e atividades delegados precisam ser responsabilidade de alguém, e, se o indivíduo passar o tempo todo recebendo lembretes no próprio sistema e ao mesmo tempo no aplicativo da equipe, vai acabar se incomodando. A obrigação de inserir dados e revisá-los em dois diferentes sistemas pode gerar grande desmotivação. Parte do desafio de usar softwares colaborativos com eficácia é obter as informações necessárias para a equipe sem prejudicar a eficácia individual.

Esses produtos contêm muitas armadilhas, mas para alguns pode valer a pena pelo menos testá-los para ver se algo funciona e se torna útil. Contudo, por tudo que já vivenciamos e observamos, sugerimos que a nova ferramenta não seja encarada como uma bala de prata, e sim como uma pequena parte de uma solução mais ampla. É muito comum que o hype em torno de tecnologias revolucionárias leve equipes e empresas a caírem no erro de achar que elas resolverão todos os problemas causados por dinâmicas humanas. Parafraseando Bruce Schneier, se você acha que a tecnologia é capaz de solucionar seus problemas de produtividade, não entendeu os problemas nem a tecnologia.

Quando a equipe entende o encaixe entre um confiável sistema GTD e sua solução de groupware, ela se torna capaz de fazer os dois interagirem e, mais importante, de usar o groupware de forma produtiva.

Em geral, a maioria das soluções de groupware é projetada para aumentar a eficácia da equipe. Uma forma de mensurar essa eficácia é observar a rapidez e a facilidade com que um grupo que usa um desses aplicativos consegue responder a quatro perguntas:

- Qual é o nosso objetivo e quem é responsável por ele?
- Quem fará o quê em que prazo?
- Qual é a situação de...?
- Onde posso encontrar informações sobre...?

Respostas rápidas e claras ajudam os seguintes elementos:

- Visibilidade de objetivos.
- Responsabilização por esses objetivos.
- Acompanhamento do progresso.
- Gestão eficiente de informações de referência compartilhadas.

No escritório moderno, somos todos pilotos de caça.

– PAUL TOUGH

As respostas para essas quatro perguntas-chave nos ajudarão a entender como os diferentes elementos da nossa solução de groupware podem ajudar o trabalho da equipe. As perguntas a seguir nos ajudarão a entender como as peças se encaixam e qual é a melhor maneira de usar o software – ou partes dele – para melhorar a clareza do sistema para indivíduos e para a equipe.

O SOFTWARE OFERECE UMA MANEIRA RÁPIDA DE CRIAR E MANTER LISTAS E/OU COMPROMISSOS EM UM CALENDÁRIO?

Se a resposta é sim, a solução de groupware pode constituir parte de um sistema GTD individual, ou mesmo todo ele. Se ela não puder acomodar tudo que for necessário para isso, membros da equipe terão que decidir se alocarão tarefas e reuniões em seus sistemas pessoais (para acompanhar os próprios resultados e ações) ou no sistema do software (que acompanha resultados e atividades da equipe). Por exemplo, no caso de um vendedor, as oportunidades de vendas que constam no groupware do time do comercial podem representar uma parte de sua própria lista de projetos, ou toda ela.

AS PESSOAS PUBLICAM NO GROUPWARE INFORMAÇÕES QUE SEJAM ACIONÁVEIS E NÃO CONSTAM EM OUTRO LUGAR?

Se a resposta é sim, trata-se de uma caixa de entrada. Membros da equipe terão que verificá-la com regularidade para capturar entradas que possam se tornar resultados ou próximas ações no seu próprio sistema. A equipe precisa reduzir ao mínimo o número de lugares onde precisa fazer buscas, para diminuir a perda de tempo. Uma forma de fazer isso é transferir as informações de um groupware usado por muitas pessoas para alguns poucos lugares selecionados em que os indivíduos possam esclarecer e organizar as informações no seu próprio sistema GTD. Caso as conexões do groupware com os sistemas individuais permitam, os dados podem ser transferidos diretamente. Do contrário, talvez seja preciso adotar uma forma alternativa (como enviar capturas de tela por e-mail para si mesmos ou fazer uma anotação e deixar na caixa de entrada física). A pior prática seria simplesmente deixar o conteúdo onde está, de modo que ele seja o único gatilho para ações futuras. Isso multiplica os locais a serem checados antes da ação e dificulta a priorização.

É possível usar filtros, regras e até notificações por e-mail para auxiliar o processo de descoberta, porém isso pode ser uma faca de dois gumes. Em geral, é melhor analisar manualmente os dados importantes do que contar com filtros imperfeitos para encontrar aquilo de que precisamos (e esconder aquilo que eles acham que não precisamos ver). Isso é ainda mais importante nas situações em que informações deixadas de lado podem causar consequências graves.

A EQUIPE PARTICIPA DE REUNIÕES OU CONVERSAS NO GROUPWARE QUE POSSAM RESULTAR EM PRÓXIMAS AÇÕES OU PRÓXIMOS PROJETOS?

Se a resposta é sim, mais uma vez, trata-se de uma caixa de entrada. A questão essencial é: a comunicação por esse canal gera compromissos que precisam ser capturados? Assim como um e-mail tem filtro de spam, a equipe precisa de um "filtro de ações". Com frequência, as pessoas apenas socializam e trocam atualizações nos canais de softwares colaborativos, como fariam em reuniões presenciais ou em bate-papos pelos corredores da empresa. Mas é preciso ficar de olho nos pedidos que você (ou qualquer pessoa da equipe) faz ou recebe. Um membro do grupo precisa assistir ou ouvir a gravação ou transcrição das reuniões e tomar notas dos compromissos que demandam ação, para que depois todos possam, por conta própria, esclarecer os resultados e as próximas ações.

UMA OU MAIS EQUIPES DE QUE VOCÊ FAZ PARTE GERAM INFORMAÇÕES COMPARTILHADAS RELATIVAS A PROJETOS ESPECÍFICOS?

Se a resposta é sim, elas precisam ter acesso a informações de referência para o projeto. Os membros da equipe precisam conectar esses dados ao resultado que definiram em suas listas de projeto. Caso o sistema permita, isso pode ser feito por integração; do contrário, basta copiar o link ou fazer uma anotação do tipo: "Consultar tal pasta nos arquivos compartilhados."

O SISTEMA CONTÉM INFORMAÇÕES ÚTEIS PARA O TIME COMPLETAR PRÓXIMAS AÇÕES?

Se a resposta for sim, os membros da equipe precisarão fazer referência a esses dados nas próximas ações de suas listas, tal como fizeram para acessar as informações de referência para o projeto na pergunta anterior.

Sempre que possível, o ideal é criar links de "listas mestres" (em um sistema GTD individual confiável) para oferecer apoio a ações e projetos da equipe, e informações para listas Aguardando Resposta. Caso não exista uma solução de integração atrelada à tecnologia, é possível usar permalinks em um campo de texto. Na pior das hipóteses, copie as partes importantes do conteúdo usando o recurso de copiar e colar ou com capturas de tela. O objetivo principal é primeiro conseguir tomar decisões com base em uma visão geral do seu próprio sistema confiável e a partir daí ser encaminhado para outras fontes relevantes de informação, em vez de usar dados discrepantes no sistema da equipe como gatilhos para a priorização pessoal.

A EQUIPE FAZ PEDIDOS ESTRUTURADOS A OUTRAS POR MEIO DESSE SISTEMA (POR EXEMPLO, RASTREADORES DE TICKETS)?

Se a resposta é sim, é preciso aguardar informações complementares. Algumas pessoas preferem usar esses dados como referência em suas próprias listas Aguardando Resposta, porém muitas se limitam a encarar o sistema como uma extensão de suas listas pessoais. Não há problema nenhum nisso, contanto que elas se disponham a revisá-los com regularidade, assim como suas outras listas.

O SISTEMA CONTÉM INFORMAÇÕES IMPORTANTES SOBRE ATIVIDADES COM PRAZO PARA A EQUIPE OU SEUS MEMBROS?

Se a resposta é sim, trata-se de um calendário. Se for tecnicamente possível, vale a pena consolidá-lo e integrá-lo aos outros calendários usados por membros da equipe. Se não for, é preciso revisá-lo regularmente como uma extensão do calendário principal.

A EQUIPE ORGANIZA REUNIÕES REGULARES PARA AS QUAIS É NECESSÁRIO MANTER UMA LISTA DE ASSUNTOS A TRATAR?

Se você faz reuniões pelo groupware, elas podem ser auxiliadas por uma lista de Assuntos a Tratar atualizada que fique em algum lugar acessível a todos. Isso permite a captura de ideias à medida que os membros da equipe pensam neles, em vez de tentar fazer um brainstorm – ou se lembrar – delas pouco antes do começo da reunião. Qualquer lista compartilhada e acessível funciona.

O SOFTWARE COLABORATIVO PERMITE O ARMAZENAMENTO DE INFORMAÇÕES GERAIS A QUE TODA EQUIPE DEVERIA TER ACESSO?

Se a resposta é sim, trata-se de uma referência geral. São informações não atreladas a projetos ou ações específicos, mas que devem ser de fácil acesso, pois podem ser úteis – ou até essenciais. Conforme mencionamos no Capítulo 4, sobre os cinco passos do GTD para uma equipe, quando o grupo decide onde manter os dados de referência da equipe, bem como sua forma de classificá-los e armazená-los, ele minimiza o tempo necessário para buscar essas informações.

O ser humano tem a tendência incontrolável a enxergar significado na confusão vibrante de imagens e sons que assolam seus sentidos; quando não consegue encontrar esse significado, ele o inventa na própria imaginação.

– ARTHUR KOESTLER

A tarefa do artista atual é encontrar uma
forma que acomode a bagunça.

– SAMUEL BECKETT

EXEMPLOS DE PROTOCOLOS PARA O USO DE SOFTWARES COLABORATIVOS

Esperamos que os princípios e as perguntas anteriores ajudem a esclarecer os tipos de fator que devem ser levados em conta quando você começar a usar softwares colaborativos – ou passar a usá-los com seriedade. Para mostrar como uma organização faz isso, a seguir apresentamos um exemplo de padrões documentados para o uso de groupwares por equipes que deram certo para a cultura da Leroy, que mencionamos no capítulo sobre padrões de trabalho:

Princípios para o uso de nosso software colaborativo na Leroy Way Office (LWO)

Apresentamos aqui alguns princípios sobre como o software colaborativo deve ser usado na LWO. O objetivo da ferramenta é garantir um bom fluxo interno de informações no departamento. Todos devem se manter atualizados.

Alerte apenas as pessoas a quem a mensagem é direcionada

Com o groupware, é fácil enviar uma mensagem a todos, porém, da mesma maneira que só enviamos e-mails a quem é necessário, só devemos direcionar mensagens às pessoas que precisam tomar conhecimento delas. Ao contrário do que acontece com o e-mail, todos os tópicos ficam disponíveis para acesso geral, o que significa que qualquer um pode encontrar as informações, caso deseje.

Antes de iniciar um novo tópico de discussão, reflita se ele é adequado para um debate por escrito

Às vezes, uma ligação ou uma reunião são soluções mais eficientes do que tentar resolver uma situação complexa por escrito.

Em caso de dúvida sobre onde publicar algo, crie um tópico

O software colaborativo permite duas formas de comunicação: tópicos e mensagens.

No começo, pode ser difícil entender se é necessário criar um tópico ou enviar uma mensagem. Em caso de dúvida, o padrão é abrir um tópico. Quanto mais debates ocorrerem em tópicos públicos, mais informações ficarão acessíveis à equipe e mais fácil será seu trabalho.

QUANDO USAMOS TÓPICOS?	QUANDO USAMOS NOTIFICAÇÕES?
• Quando publicamos atualizações inéditas. • Quando fazemos uma proposta nova. • Quando precisamos de feedback sobre um documento que criamos, por exemplo. • Quando precisamos fazer um anúncio.	• Perguntas rápidas do interesse de poucas pessoas. • Feedbacks rápidos. • Conversas particulares.

Escolha o canal certo

No software colaborativo, temos muitos canais. Assim, ao fazer publicações, escolha o que parecer mais adequado. Mas, se você iniciar um tópico no canal errado, não tem problema – é fácil movê-lo para outro.

Os tópicos devem ter títulos claros e descritivos

Como exemplo, use prefixos como [?] ou [PSC] para deixar claro o objetivo do seu tópico. O prefixo [?] significa que você precisa da resposta para uma pergunta, e [PSC] significa que você está oferecendo apenas informações e não precisa de resposta.

Quando necessário, resuma o contexto e o conteúdo para os outros no departamento, caso eles sejam inseridos no tópico no meio da discussão

A pessoa até pode ler o tópico inteiro a qualquer momento para entender o contexto, mas muitas vezes isso gera confusão, sobretudo se ela precisa se localizar em tópicos mais longos e complexos. Ela responderá mais rápido caso você reserve um momento para explicar de forma breve e clara o que é preciso fazer.

FAÇA ASSIM	NÃO FAÇA ASSIM
@Jonas: Já comparamos as duas propostas. Em anexo, envio um resumo das vantagens e desvantagens delas. Pode me informar os dias e horários mais adequados para fazermos uma reunião por vídeo e discutirmos esse tema na semana que vem?	@Jonas: Por favor, dê uma olhada aqui no tópico e me informe as datas.

Encerre tópicos e interrompa o compartilhamento de documentos

Quando a conversa terminar, encerre o tópico e acrescente uma conclusão detalhada, para que outras pessoas em busca da mesma informação consigam entender rapidamente qual foi o resultado e por quê.

Também é importante encerrar tópicos duplicados. Não apague o tópico, apenas o encerre e acrescente um link para o tópico original na conclusão.

Assim, se alguém buscar o assunto e encontrar o tópico duplicado no futuro, encontrará o link para o original com facilidade.

Não crie expectativas

Quando você souber que não conseguirá responder a uma solicitação no próximo dia útil, pelo menos responda para explicar o motivo, para que os outros não criem expectativas.

Divirta-se!

A comunicação entre a equipe não se resume a fazer coisas. Também é produtivo conhecer os colegas e descobrir interesses em comum! Se você teve uma experiência que outras pessoas possam apreciar, compartilhe-a!

As orientações anteriores não são sugestões, e sim um exemplo de algo que deu certo. Essa abordagem também pode dar certo para sua equipe – ou não. A questão não é essa. O importante é que essa equipe se deu ao trabalho de debater e elaborar protocolos para que os membros atuais tenham uma referência sobre como usar o software colaborativo e para que novos membros não demorem meses para aprender a usá-lo.

COMO LIDAR COM CAIXAS DE ENTRADA COLETIVAS

Por fim, vejamos um caso específico: a caixa de entrada de e-mail coletiva. Quem leu os livros anteriores sobre o GTD conhece nossa sugestão para indivíduos: a caixa de entrada é apenas um ponto temporário de coleta que deve ser esvaziado regularmente. Pessoas eficazes não tentam *trabalhar* a partir de sua caixa de entrada; a cada 24 ou 48 horas, elas *esclarecem* tudo que chegou, executam as ações que levam no máximo dois minutos, arquivam referências, registram as boas ideias numa lista Algum dia/Talvez para mais tarde, identificam próximas etapas e resultados desejados nas que sobraram e as colocam nas listas apropriadas. Só então conseguem determinar prioridades com confiança e trabalhar com a mente desobstruída.

Infelizmente, cada vez mais pessoas têm uma segunda caixa de entrada. Não uma caixa pessoal, e sim uma que dividem com colegas de trabalho. Em geral os endereços começam com info@, escritorio@, recrutamento@, comercial@, etc. A caixa de entrada de um sistema de acompanhamento de tickets tem o mesmo papel. Os nomes variam, porém o princípio é o mesmo: se você manda um e-mail para um desses endereços, não sabe quem vai responder; pode ser uma única pessoa ou 15 diferentes. E você não precisa saber. Como "cliente", a única coisa que importa é receber uma resposta rápida que solucione seu problema.

Para equipes com muito contato interdepartamental e com clientes, as vantagens da caixa compartilhada são claras:

- Cobertura constante – nunca há uma mensagem de "fora do escritório", como as que podemos receber de indivíduos.
- Endereço consistente – mesmo que ocorram mudanças na equipe que cuida da conta, o endereço se mantém.
- Maior equilíbrio na distribuição da carga de trabalho – para os momentos em que surgirem muitas demandas gerais.

A caixa coletiva só vira um problema quando não está claro quem é responsável por quê (e em que prazo). Na melhor das hipóteses, isso causa "apenas" a leitura repetida de mensagens, o envio ocasional de respostas redundantes e a leve frustração dos envolvidos com a caixa de entrada. Na pior, o e-mail coletivo se torna um "cemitério" de mensagens que não gera nenhuma resposta, porque ninguém se sente responsável por esse trabalho. Em vez de satisfação, ela acaba gerando frustração nos clientes.

Para evitar isso, caso uma equipe pretenda abrir – ou já tenha – uma caixa de entrada compartilhada, recomendamos que ela se faça algumas perguntas simples antes:

- Qual é o objetivo do endereço?
- Onde guardaremos as informações e o material de referência?
- Qual é a regra para esvaziamento da caixa de entrada?

PERGUNTA: QUAL É O OBJETIVO DO ENDEREÇO? (ISTO É, PRECISAMOS MESMO DO E-MAIL COMPARTILHADO?)

Aqui, é preciso refletir bem sobre que tipo de coisa – pedidos/mensagens/informações – a equipe deseja receber na caixa de entrada. Quem deve ter acesso ao endereço? Isso também determinará onde – ou se – ele é publicado. Aqui, as possibilidades vão de "Na verdade, é um endereço secreto, só usamos para documentar e-mails com cópia oculta" até "Não usamos mais e-mails pessoais na equipe, agora todo mundo usa o mesmo endereço". Em geral, quanto mais amplo for o filtro usado, mais esperado será o volume de e-mails e mais recursos da equipe serão necessários para processá-los.

PERGUNTA: ONDE GUARDAREMOS AS INFORMAÇÕES E O MATERIAL DE REFERÊNCIA?

Essa questão ganha importância quando a caixa de entrada precisa fazer mais do que lidar com pedidos rápidos e é deliberadamente usada como ponto de entrada para informações e material de referência. Por exemplo, talvez a equipe precise pelo menos documentar o status dos casos encerrados. Em algumas situações, ela precisa usar um sistema de arquivamento com proteção de dados exigido por lei.

Sendo assim, é difícil determinar regras gerais sobre a estrutura de pastas ideal, além das seguintes: assegurar que não haja nada no material de referência que ainda exija ações; garantir que seja fácil guardar e encontrar coisas; e fazer uma organização de vez em quando. Conforme falamos sobre referências para a equipe no Capítulo 4, a melhor solução que encontramos é apontar alguém como responsável pelo sistema e vez ou outra fazer um "tour" para a equipe, esclarecendo onde está cada coisa.

PERGUNTA: QUAL É A REGRA PARA ESVAZIAMENTO DA CAIXA DE ENTRADA?

Há muitas vantagens em esvaziar a caixa de entrada com regularidade: todo mundo desperdiça menos energia porque evita ler a mesma coisa duas vezes sem querer. O estresse de ter muitas pontas soltas diminui, porque as listas de coisas a fazer têm ações claras identificadas. E a caixa de entrada passa a ser usada do modo correto: como um local para encontrar coisas novas, não como um sistema de referência ou uma lista altamente ineficaz de coisas a fazer.

Para alcançar esse objetivo em equipe, enxergamos três possibilidades. A melhor delas é a que for mais adequada às ações que o grupo deve realizar de acordo com o volume de mensagens, com a quantidade de integrantes e com resposta para a primeira pergunta: "Qual é o objetivo do endereço?".

VARIANTE 1: O PRINCÍPIO DA ROTAÇÃO

Uma ou duas pessoas trabalhando em conjunto são completamente responsáveis pela conta de e-mail por um período específico (um turno, um dia, uma semana, etc.) e lidam com *tudo* que chega nela. Essa variante é a que mais corresponde a um sistema de registro de tickets – o que ocorre, por exemplo, com um suporte de TI.

Uma vantagem dessa variante é aumentar ao máximo os benefícios para o consumidor mantendo o máximo anonimato para quem processa a solicitação. O sistema é bem-sucedido quando os pedidos são comparáveis e exigem respostas uniformes, mas pouco conhecimento especializado. É adequado para unidades maiores e para o processamento de um alto volume de e-mails. Para reduzir a quantidade de questões que passam batidas, ao fim da rotação é preciso assinalar os casos que continuam "em aberto".

VARIANTE 2: O PRINCÍPIO DE "CHEGOU-LEVOU"

Os membros da equipe checam a caixa de entrada com regularidade e escolhem por conta própria as mensagens que mais se adequam a eles (com base em recursos de tempo, responsabilidades profissionais, habilidades, etc.). Tecnicamente, as mensagens identificadas podem ser marcadas como uma categoria pessoal e transferidas para uma pasta com o nome da pessoa encarregada. Dessa maneira, o trabalho de esvaziar a caixa se torna quase automático.

Para esse método funcionar bem, a equipe precisa manter diálogo contínuo. Ele pode dar certo se o volume geral se mantiver razoável e os especialistas forem igualmente responsáveis por "escolher seus" e-mails e classificá-los. A equipe deve debater as regras do jogo e as expectativas da comunicação por e-mail. Por exemplo, que desempenho prometemos ao consumidor em termos de tempo de resposta? E qual é o processo – ou quem é o responsável – para lidar com os e-mails que restarem após todo mundo selecionar seus preferidos?

VARIANTE 3: O PRINCÍPIO DO DESPACHANTE

Uma ou mais pessoas são responsáveis por esvaziar a caixa de entrada e distribuir os e-mails entre a equipe (o que também pode ser feito por rotação). Os critérios para distribuição podem variar de acordo com disponibilidade de tempo, equidade, regionalidade, conhecimento especializado ou outra forma útil de classificar as mensagens recebidas.

Tecnicamente, isso pode ser feito mediante a criação de pastas no Outlook para cada membro da equipe: @Tim_ação, @Jenny_ação, etc. Cada agente busca apenas "seus" e-mails e responde apenas a eles. Ao final, as mensagens são transferidas (@Tim_encerrado, @Jenny_encerrado) ou as tarefas são classificadas como finalizadas, de modo que o despachante saiba que há gente livre.

A vantagem dessa variante é que alguém vai delegar e alocar claramente a responsabilidade pelos e-mails que chegam – evitando bolas divididas ou transferências malfeitas entre várias pessoas. Além disso, em caso de pedidos incomuns, pode ser mais eficaz designá-los a um especialista logo de cara ou acelerar o processamento fazendo uma distribuição de trabalho igualitária dentro da equipe. O fator essencial para o sucesso é a responsividade de quem recebe o trabalho.

Quando a equipe debate essas questões básicas, evita desentendimentos e frustrações tanto para si – independentemente de ela usar ou não a metodologia GTD – como para seus clientes.

APÊNDICE 3

Como trabalhar bem em um mundo virtual

POR QUE TANTO ESTARDALHAÇO?

Nos anos seguintes à pandemia, o mundo do trabalho mudou. Encontrar a proporção ideal entre trabalho presencial e remoto – o trabalho híbrido – se tornou o assunto preferido de jornais e publicações especializadas. Empregadores começaram a buscar a melhor fórmula para trazer as pessoas de volta ao escritório em meio expediente e continuar oferecendo a flexibilidade que elas começaram a esperar após dois anos trabalhando sobretudo de casa.

Só que esse estilo de trabalho nunca foi novo. Pelo menos desde a metade do século XX, consultores e representantes de vendas trabalham da maneira que a maioria das pessoas só começa a explorar agora. Para eles, o trabalho em escritório não era esperado nem valorizado. Eles iam aonde havia trabalho a ser feito ou aonde os clientes precisavam que fossem. Às vezes, isso significava ir trabalhar no escritório, mas, se eles passavam tempo demais lá, podiam transmitir a impressão de não estar vendendo muito ou não estar dando grande atenção aos clientes. Se as coisas fossem bem, boa parte do trabalho era feita nos clientes. Alguns trabalhos eram feitos em casa (por exemplo, porque não fazia sentido ir ao escritório de manhã se o almoço com o cliente ficava na direção oposta) e outros ocorriam em hotéis, trens e aviões. Para as pessoas que tinham esses empregos, o trabalho híbrido não mudou muita coisa; para elas, o "novo normal" era apenas normal.

O que mudou foi a quantidade de pessoas que passaram a trabalhar dessa maneira e a velocidade com que a mudança aconteceu. Da noite para o dia, um monte de trabalhadores do conhecimento tentava entender onde e como trabalhar.

O conceito não é complicado. O trabalho híbrido e seu parente próximo, o trabalho virtual, são apenas formas de trabalhar do lugar mais adequado para os envolvidos, usando todas as ferramentas disponíveis para otimizar tempo e esforço numa equipe que não precisa se encontrar com tanta frequência no tempo e no espaço.

Já sabemos que esse método de trabalho é ótimo para certos tipos de atividade profissional e personalidade. O que ainda não ficou claro é se ele dará certo para todos que o desejam ou são obrigados a adotá-lo. O trabalho híbrido sempre favoreceu pessoas motivadas, disciplinadas e capazes de organizar o trabalho da forma que considerem mais adequada. Porém muita gente prefere "ir para o trabalho" devido à estrutura e à hierarquia que a poupam de ter que se organizar e se motivar. Estamos no meio de um experimento imenso e de longo prazo para descobrir se trabalhar de casa é o melhor para as pessoas e se elas entenderão e aceitarão que é assim que se trabalha agora, deixando de contar com as estruturas do escritório para manter o foco.

Esse método de trabalho não desaparecerá, mas é provável que seu nome mude. Acreditamos que, daqui a alguns anos, o "trabalho híbrido" será conhecido apenas como "trabalho". Há quem queira voltar ao jeito como as coisas eram antes, mas não há como reverter o trabalho flexível. Após demonstrar que consegue fazer bem seu trabalho de casa mesmo sob muita pressão, a maioria das pessoas espera um novo esquema de seus empregadores. Elas estão dispostas a ir ao escritório quando necessário, mas qualquer empregador que tente obrigá-las a voltar à sua mesa precisará de um argumento muito convincente ou de um exército de recrutadores para preencher um mar de mesas vazias.

Por outro lado, a menos que outra epidemia global aconteça, é improvável que o trabalho 100% remoto prospere. Talvez você só precise encontrar seus colegas uma vez por semana, ou por trimestre, mas a maioria das pessoas terá o trabalho híbrido como o novo normal. A tecnologia simplesmente é útil demais quando usada com sabedoria. Não é que reuniões presenciais sejam boas e as virtuais sejam ruins. Para atividades que exijam conexão humana ou foco coletivo, o presencial costuma ser melhor; porém, para uma reunião importante e repentina com um grupo em localizações geográficas distantes, uma opção "pior" é preferível a nada. Em vez de encarar o virtual como algo inferior ao presencial, é mais interessante enxergar as oportunidades oferecidas pelo trabalho virtual e pelo trabalho híbrido como um aumento no leque de opções.

Uma de nossas clientes prefere reuniões presenciais com a equipe sempre que possível, mas adora as vantagens oferecidas pelas chamadas de vídeo rápidas que realiza com sua equipe – mais de mil pessoas espalhadas pelo país. Algo que levaria semanas ou meses e um orçamento enorme para ser organizado – se é que seria financeiramente possível – pode ser combinado em questão de dias, quase de graça.

> **[DAVID]** Na década de 2010 conseguimos diminuir nossa empresa para um grupo muito pequeno e próximo de pessoas – amigos e colegas de trabalho de décadas –, nos tornando basicamente um empreendimento de licenças de propriedade intelectual. Durante a pandemia nos anos 2020, funcionamos bem de maneira virtual, espalhados pela Colômbia, Califórnia, Colorado e Holanda. Mas todos sentíamos falta de nos ver, nos tocar, sentir a presença uns dos outros. Assim, fizemos um grande investimento financeiro num retiro, em um local real, reservando uma pequena parte do tempo para falar de trabalho e muito tempo para diversão e bate-papo. Isso fez com que o "virtual" se tornasse bem mais divertido e comunicativo quando necessário.

CONTRAS

Nos primeiros estágios do experimento em massa do trabalho virtual, a maioria das empresas simplesmente embalou e mandou o trabalho do escritório para a casa de cada colaborador. Se as pessoas passavam o dia inteiro em reuniões no escritório, começaram a passar o dia inteiro em reuniões virtuais. Milhões de inocentes terminavam o dia exaustos sem entender por quê. Desde então, nossa compreensão aumentou. Sabemos que não é produtivo usar as tecnologias existentes para replicar em casa aquilo que fazemos no escritório. Se você participa de 8 ou 10 reuniões uma atrás da outra só porque consegue fazer isso com um clique, está trabalhando do jeito errado. Fazer reuniões em sequência é uma má ideia no escritório e é uma ideia pior ainda em casa.

Nós acreditamos que a tecnologia é incrível – e a infraestrutura em que ela ocorre também. É um milagre moderno permitir que centenas de milhares de pessoas se vejam, se comuniquem e colaborem umas com as outras onde quer que estejam se tiverem uma conexão de internet decente. Por outro lado...

Aprendemos que a tecnologia funciona bem para certos tipos de comunicação, mas não tanto para coisas que têm muitos componentes não verbais. Ela com certeza avançará, porém, por enquanto, existe uma dificuldade com elementos simples que são essenciais para a conexão e comunicação humanas. Para começo de conversa, não dá para olhar para alguém e ser visto olhando para essa pessoa ao mesmo tempo. Quando você olha para seu interlocutor na tela, ele vê você olhando para a tela, de modo a observar as reações dele. Não sabemos se isso é melhor do que a alternativa: dar a impressão de estar olhando diretamente para ele, mas na verdade estar encarando sua câmera. Talvez seu olhar profundo para a lente acima da tela até seja convincente, mas impede você de receber o feedback ao observar as reações dele. Uma solução de meio-termo entre as duas alternativas é variar entre os dois modos durante a conversa, mas com isso a pessoa passa a ver você olhando de um lado para outro da tela a todo momento, podendo dar a impressão de que está sob efeito de alguma substância.

Isso vale para conversas particulares, entre duas pessoas. Quando a tela está cheia de rostos, porém, ninguém sabe para quem ou que os outros estão olhando. Esses problemas podem parecer insignificantes, mas o contato visual e a interpretação da linguagem corporal foram a base da construção da confiança humana por centenas de milhares de anos. Reuniões por vídeo oferecem apenas um simulacro, uma cópia tão boa que parece nos oferecer o suficiente daquilo de que precisamos. Mas conversar por vídeo é, em parte, como assistir ao noticiário sobre uma guerra: transmite um pouco a sensação de que você sabe o que está acontecendo porque "viu" os eventos, porém no fundo adquiriu esse conhecimento de uma forma muito pobre em informações.

Mas se por um lado é pobre em informações, por outro demanda alta concentração. Parte do desafio é o fato de que a tecnologia não só demanda uma atenção mais focada para absorver mais ou menos a mesma quantidade de informações captadas em uma conversa ou reunião, mas também permite que o foco se perca por qualquer motivo. Nos distraímos com outros aplicativos que estamos usando e também com as notificações que aparecem na tela. Isso fora o mundo inteiro de realidade não virtual com que cada participante lida em casa, da qual a reunião é transmitida, na melhor das hipóteses, por uma tela grande de alta definição.

Essa realidade inclui toda a vida doméstica das pessoas, a menos que elas tenham um home office separado, com isolamento acústico, num cômodo afastado da área principal da casa. Isso traz à tona questões de privacidade e identidade, pois na prática estamos permitindo que nossos colegas de trabalho entrem na nossa casa, vejam nosso espaço e testemunhem nossa vida doméstica. Alguns participantes naturalmente terão orgulho de seus lares, mas outros vão preferir que seus contatos profissionais não vejam nem ouçam nada sobre suas casas. Por outro lado, o fato de eles próprios estarem em casa, acompanhados, funciona como um freio subconsciente ao que podem ou querem falar e fazer na esfera profissional.

Tudo isso antes de contabilizarmos os desafios físicos de passar horas seguidas olhando na mesma direção, para o mesmo ponto focal: dores nas costas, músculos do pescoço tensos, enxaqueca. Fora o fato de que a falta de movimentos prejudica a cognição. É fácil entender por que a tecnologia faz as pessoas se sentirem sugadas após passarem horas usando algo que – repito – é uma façanha da engenharia humana.

Levando tudo em consideração, temos nas mãos algo bem diferente daquilo que precisamos que a ferramenta seja, e isso tem consequências profundas na forma de usá-la.

OUTROS DESAFIOS

O viés de proximidade, uma característica extremamente humana, faz com que as pessoas que mantêm mais contato com a equipe e a liderança sejam mais bem tratadas do que as que fazem trabalho remoto. Somos a favor da igualdade, mas, se eu quisesse ser promovido, passaria o máximo de tempo possível no escritório, me encontrando com pessoas, construindo confiança e relacionamentos da maneira como nosso DNA foi programado para fazer. Você pode ser incrível no seu trabalho, mas, se nunca aparecer no escritório porque decidiu cortar gastos mudando de cidade, ou de país, correrá o risco de ser substituído por um trabalhador razoável numa localização com custo ainda menor.

E isso significa que corremos o risco de ter uma força de trabalho com duas camadas, sendo a de baixo composta por pessoas que trabalham de casa com mais frequência – sofrendo desvantagens em relação às inevitáveis politicagens corporativas – e por pessoas mais novas com menos capacidade de interação do que aquelas com mais tempo de casa e relacionamentos mais sólidos.

Fica parecendo que o pessoal com mais experiência está em uma situação melhor, o que é verdade em certo sentido. Porém outra coisa que ficou clara durante nosso experimento global de trabalho remoto foi que trabalhadores virtuais se conectam e trabalham bem com pessoas que já conhecem, porém são menos propensos a se conectar com pessoas novas. É impossível avaliar as consequências disso, porque é impossível saber que possibilidades não desenvolvemos com as pessoas que deixamos de conhecer.

O trabalho de casa gera desafios estruturais e disciplinares. Parece que as pessoas usam pelo menos parte do tempo que usariam no transporte para trabalhar mais. Isso é bom, talvez, se você for o dono da empresa, mas nem tanto se é você quem está fazendo hora extra. Nos primeiros meses da pandemia, houve um aumento de produtividade quando as pessoas começaram a trabalhar de casa; porém, estudos mais recentes mostram que a produtividade acaba sofrendo quando os colaboradores não estabelecem limites para a vida profissional, e o tempo extra de trabalho acaba levando a mais faltas por doença.

Ainda estamos no começo da fase seguinte desse experimento de trabalho. Ao longo dos próximos anos, o mercado sofrerá uma revolução. Tanto empresas quanto trabalhadores decidirão como querem conduzir o trabalho híbrido. Certas companhias optarão por ter funcionários no escritório em tempo integral, e quem não gostar terá que ir para outro lugar. Outras organizações acabarão com escritórios, terão abordagens superflexíveis e descobrirão que pessoas que moram sozinhas na verdade gostam de ter um pouco de companhia no trabalho. O experimento continuará por anos, e há muito a ser decidido. Hoje, temos um mercado de trabalho aquecido, e os talentos estão em vantagem, por isso as empresas não admitem o que realmente querem por medo de perder bons funcionários. Como um meio-termo até chegarem a um consenso razoável, algumas chegaram a oferecer comida de graça nas segundas e sextas-feiras, para incentivar as pessoas a aparecer e ajudam a pagar o aluguel do local.

Só nos resta torcer para as decisões sobre o futuro do trabalho não serem decretos, e sim baseadas em necessidades reais. O ideal seria que equipes e departamentos tomassem as decisões para seus casos específicos, com base naquilo que mais os ajude a concretizar seu propósito e sua visão de forma sustentável.

Uma das maiores questões que vemos é a forma como o modelo virtual/híbrido afetará a manutenção da cultura das empresas e a lealdade dos colaboradores. Será que (muito) mais trabalho virtual impedirá a manutenção dos relacionamentos e da lealdade em relação à empresa/equipe? Se você não conhece seus colegas ou chefe de verdade e passa a maior parte do tempo trabalhando sozinho, o que o impede de sair pela porta virtual e ir trabalhar com outros desconhecidos por um aumento salarial de 15%? A mesa de trabalho será a mesma, as tarefas serão as mesmas, o pijama será o mesmo – as únicas mudanças são no logotipo e na conta bancária. Esses impactos só se tornarão visíveis aos poucos nos próximos anos, se é que serão mensuráveis. Caso a tendência a subcontratações e redução de camadas gerenciais continue, será ainda mais importante que a equipe do alto escalão siga os comportamentos e tenha meios para comunicar a cultura e os valores da empresa rapidamente para os novos membros do grupo – que talvez nem permaneçam por muito tempo nela.

PRÓS

Chega de falar dos desafios. Como já dissemos, nós dois ficamos fascinados com as possibilidades. O trabalho virtual/híbrido oferece oportunidades incríveis tanto para os gerentes quanto para os gerenciados, caso todos aceitem a mudança do gerenciamento por observação do trabalho pela liderança segundo objetivos. Com a eliminação da capacidade de observar o trabalho sendo executado, os líderes precisam encontrar uma forma diferente de comandar seus colaboradores. Na prática, existem duas opções: instalar spywares nos computadores da equipe para ver o que as pessoas fazem durante o expediente ou determinar objetivos claros e orientá-las a buscar resultados, em vez de mais trabalho. É preciso escolher entre o controle e a confiança conjugada com o empoderamento.

O primeiro pode ser resumido pela mensagem implícita que é transmitida quando o chefe faz o colaborador ir ao escritório desnecessariamente: "Venha logo para cá e sente-se em qualquer canto para eu poder ficar de olho em você durante o tempo que lhe pagamos para trabalhar." Ninguém usará esses termos, mas nem precisa. Compare isso com a mensagem que é transmitida ao deixar os colaboradores trabalharem onde e quando quiserem, contanto que entreguem no prazo combinado: "Confiamos em você para fazer o trabalho pelo qual pagamos. Aqui está o que eu quero que faça. Quando consegue me entregar?"

Essa flexibilidade é muito valorizada pela força de trabalho. Dependendo do estudo consultado, ela vale aproximadamente entre 5% e 8% do salário atual. Isto é, as pessoas aceitariam um corte dessa magnitude para manter a flexibilidade que têm agora. Ou trocariam de emprego por outro que pague menos, porém ofereça mais liberdade – o que é mais provável.

A liderança virtual é uma oportunidade para uma mudança essencial no modelo de liderança, deixando de lado a observação direta e a gestão da maneira como trabalhadores usam seu tempo e passando a delegar resultados claros, porém ambiciosos. Aqueles que conhecem a definição de projeto do GTD já saberão trabalhar assim, embora qualquer líder possa se beneficiar dessa abordagem.

Existe uma oportunidade de usar uma forma de comunicação mais frequente e abrangente com a equipe – ainda que mais superficial –, por meio de atualizações por transmissões/podcasts, e também com stakeholders, pelas redes sociais. A equipe ganha a possibilidade de trabalhar de qualquer lugar, embora nem todos possam aproveitar essa vantagem (por exemplo, quem tem filhos na escola não costuma querer ser um nômade digital). Por fim, todos observarão uma redução drástica no tempo e nos custos de deslocamento, diminuindo também a emissão de poluentes.

COMO FAZER DAR CERTO – FORMAS DE TRABALHAR NO NOVO MUNDO PARA MAXIMIZAR AS FERRAMENTAS À NOSSA DISPOSIÇÃO

A forma mais óbvia de o GTD estimular a adoção do trabalho virtual e híbrido está na definição do trabalho a ser feito. Em vez de delegar tarefas, o líder e seu time reservam um momento no começo do projeto para definir o resultado esperado e os recursos disponíveis para concretizá-lo, e então os indivíduos podem colocar a mão na massa onde quer que estejam.

Equipes virtuais precisam de mais clareza em todos os aspectos, desde a definição do trabalho, quem fará o quê, em que prazo, até como os membros irão se reunir. Um aspecto mais sutil, porém importante, do modelo GTD para esse novo mundo é o convite que ele nos faz para definir o estado final desejado da condução ideal do processo. O que aconteceria se essa nova realidade deparasse com a nova realidade da cultura do trabalho? Sem dúvida, a resposta será diferente para cada empresa e as pessoas que a comandam. "Como nós estaríamos, e como agiríamos, se essa mudança não fosse um problema e estivéssemos engajados nela?" Essa é uma questão associada ao foco no nível da visão, debatido no Capítulo 7. Algumas sugestões de resposta:

Varie os métodos de comunicação para evitar que as equipes se cansem por passar tempo demais em chamadas de vídeo. Assim como o pessoal de TI que volta a fazer coisas no papel porque prefere essa "sensação", muitos começaram a pedir a volta das antigas ligações telefônicas, em vez de chamadas por vídeo, ou preferem participar da reunião com a câmera desligada.

Deixe claro quando as pessoas devem ir ao escritório, se necessário. Informar à equipe que ela deve ir três dias quaisquer da semana pode inviabilizar a organização de reuniões importantes. Exigir que as pessoas compareçam dois ou três dias ao escritório e permitir a flexibilização nos outros é uma estratégia que parece funcionar bem para muitas empresas.

Invista na melhor iluminação e qualidade de som possíveis. O trabalho virtual/híbrido não vai desaparecer num futuro próximo, então as pessoas ainda passarão muito tempo assistindo a você trabalhar de casa. Anos após a primeira quarentena, ninguém tem mais desculpa para não ter as ferramentas de trabalho corretas. O ideal é ter um fundo de tela (background) profissional e apropriado (algo que hoje os próprios softwares oferecem), e se você tem grandes responsabilidades também é importante que conte com mais de uma forma de se conectar, para ter opções de entrar na hora marcada nas reuniões caso haja algum problema. É preciso ter um plano de contingência para imprevistos. Você será visto como um profissional negligente caso sua ligação caia no meio de uma reunião com um cliente porque seu filho estava jogando vídeo game on-line e "roubou" sua internet.

Coloque todos no mesmo patamar. Hoje em dia a maioria das reuniões é híbrida. Algumas pessoas estão na mesma sala, outras participam por acesso remoto. Em vez de colocar todos os participantes da sala em uma câmera, é melhor que cada um se conecte e fique visível para todos. Embora possa parecer que você estará obrigando todos a baixar o nível para o grupo inteiro, essa abordagem incentiva a participação das pessoas que não estão fisicamente presentes.

Até as empresas que funcionam sobretudo no mundo virtual têm notado que precisam encontrar formas de desenvolver relações presenciais para que seu modelo funcione melhor. Elas precisam ter consciência dos pontos fortes e fracos desse modelo. Em geral, isso significa fazer um esforço extra para nutrir a cultura e os relacionamentos no ambiente virtual, bem como prestar mais atenção na saúde mental dos colaboradores nos novos ecossistemas.

Call Daniel

A Call Daniel foi selecionada por David Allen e pela Crucial Learning para representar exclusivamente a metodologia GTD® no Brasil. Com sede em São Paulo, mas atuando em todo o país, já treinou mais de 40 mil profissionais de grandes empresas e executivos no Brasil. Entre seus clientes estão gigantes corporativos como Siemens, Microsoft, Telefónica Tech, Nestlé e Abbott. Oferece treinamentos nos formatos presencial e à distância, com foco em produtividade por meio da metodologia GTD®, e em liderança, com as soluções Blanchard®, para capacitar indivíduos e organizações a atingir seu máximo potencial.

Para mais informações sobre como aplicar o método de produtividade mais renomado do mundo, seja em sua empresa, em grupos ou individualmente, consulte www.calldaniel.com.br, escreva para contato@calldaniel.com.br ou acesse o WhatsApp (11) 95479-1836.

CONHEÇA OS LIVROS DE DAVID ALLEN

A arte de fazer acontecer

A arte de fazer acontecer: Guia prático (*com Brandon Hall*)

Time: A arte de fazer acontecer com sua equipe (*com Edward Lamont*)